Sur les principes de l'économie politique et de la fiscalité

David Ricardo

Writat

Cette édition parue en 2023

ISBN : 9789359250120

Publié par
Writat
email : info@writat.com

Contenu

PRÉFACE.

LE PRODUIT de la terre, tout ce qui provient de sa surface par l'application conjointe du travail , des machines et du capital, est divisé entre trois classes de la communauté ; à savoir, le propriétaire de la terre, le propriétaire du capital ou du capital nécessaire à sa culture, et les ouvriers par l'industrie desquels elle est cultivée.

Mais selon les différents stades de la société, les proportions du produit total de la terre qui seront attribuées à chacune de ces classes, sous les noms de rente, de profit et de salaire, seront essentiellement différentes ; dépendant principalement de la fertilité réelle du sol, de l'accumulation de capital et de population, ainsi que de l'habileté, de l'ingéniosité et des instruments employés dans l'agriculture.

Déterminer les lois qui règlent cette distribution est le problème principal de l'économie politique : bien que la science ait été améliorée par les écrits de Turgot, Stuart, Smith, Say, Sismondi et autres, ils fournissent très peu d'informations satisfaisantes sur la nature naturelle de la distribution. cours du loyer, du profit et des salaires.

En 1815, M. Malthus, dans son « Enquête sur la nature et le progrès de la rente », et un membre du Collège universitaire d'Oxford, dans son « Essai sur l'application du capital à la terre », présentèrent au monde, presque en même temps moment, la vraie doctrine de la rente ; sans la connaissance de quoi il est impossible de comprendre l'effet du progrès de la richesse sur les profits et les salaires, ni de retracer de manière satisfaisante l'influence de l'impôt sur les différentes classes de la communauté, en particulier lorsque les marchandises taxées sont les productions immédiatement dérivées de la surface. de la terre. Adam Smith et les autres écrivains compétents auxquels j'ai fait allusion, n'ayant pas compris correctement les principes de la rente, ont, me semble-t-il, négligé de nombreuses vérités importantes, qui ne peuvent être découvertes qu'une fois que le sujet de la rente a été parfaitement compris.

Pour combler cette lacune, il faut des capacités bien supérieures à celles que possède l'auteur des pages suivantes ; mais après avoir accordé à ce sujet sa meilleure considération, — après l'aide qu'il a tirée des œuvres des écrivains éminents mentionnés ci-dessus — et après l'expérience précieuse que quelques dernières années, riches en faits, ont apporté à la génération actuelle — il ne sera pas, espère-t-il, jugé présomptueux de sa part d'exprimer ses opinions sur les lois des profits et des salaires, et sur le fonctionnement des impôts. Si les principes qu'il juge corrects s'avèrent tels, il appartiendra à d'autres, plus capables que lui, d'en remonter jusqu'à toutes leurs conséquences importantes.

L'auteur, en combattant les opinions reçues, a jugé nécessaire de s'intéresser plus particulièrement aux passages des écrits d'Adam Smith avec lesquels il voit des raisons de différer ; mais il espère qu'on ne soupçonnera pas pour cela qu'il ne participe pas, comme tous ceux qui reconnaissent l'importance de la science de l'économie politique, à l'admiration que suscite si justement l'œuvre profonde de cet auteur célèbre.

La même remarque peut s'appliquer aux excellents ouvrages de M. Say, qui non seulement fut le premier, ou parmi les premiers, des écrivains continentaux, qui apprécia et appliqua les principes de Smith, et qui a fait plus que tous les autres écrivains continentaux. les écrivains réunis, pour recommander aux nations de l'Europe les principes de ce système éclairé et bienfaisant ; mais qui a réussi à placer la science dans un ordre plus logique et plus instructif ; et l'a enrichi de plusieurs discussions originales, précises et profondes. Cependant le respect que l'auteur porte aux écrits de ce monsieur ne l'a pas empêché de commenter avec cette liberté qu'il croit que les intérêts de la science exigent, sur les passages de l'Economie Politique qui paraissaient en désaccord avec ses propres idées.

CHAPITRE I

SUR LA VALEUR.

ADAM SMITH A observé que « le mot valeur a deux significations différentes et exprime tantôt l'utilité d'un objet particulier, tantôt le pouvoir d'acheter d'autres biens que confère la possession de cet objet. *valeur d'usage* ; l'autre, *valeur d'échange* . Les choses, poursuit-il, qui ont la plus grande valeur d'usage, n'ont souvent que peu ou pas de valeur d'échange ; et, au contraire, celles qui ont la plus grande valeur d'échange. , ont peu ou pas de valeur d'usage." L'eau et l'air sont extrêmement utiles ; ils sont en effet indispensables à l'existence, mais, dans des circonstances ordinaires, rien ne peut être obtenu en échange. L'or, au contraire, bien que peu utile comparé à l'air ou à l'eau, s'échangera contre une grande quantité d'autres biens.

L'utilité n'est donc pas la mesure de la valeur échangeable, bien qu'elle lui soit absolument essentielle. Si une marchandise n'était en aucune façon utile, c'est- à-dire si elle ne pouvait en aucune façon contribuer à notre satisfaction, elle serait dépourvue de valeur échangeable, aussi rare soit-elle, ou quelle que soit la quantité de travail nécessaire pour se procurer . il.

Possédant une utilité, les marchandises tirent leur valeur échangeable de deux sources : de leur rareté et de la quantité de travail nécessaire pour les obtenir.

Il existe certaines marchandises dont la valeur est déterminée uniquement par leur rareté. Aucun travail ne peut augmenter la quantité de ces biens, et par conséquent leur valeur ne peut être diminuée par une offre accrue. Quelques statues et images rares, des livres et des pièces de monnaie rares, des vins d'une qualité particulière, qui ne peuvent être produits qu'à partir de raisins cultivés sur un sol particulier, et dont il existe une quantité très limitée, sont tous de cette description. Leur valeur est entièrement indépendante de la quantité de travail initialement nécessaire pour les produire, et varie avec la richesse et les inclinations de ceux qui désirent les posséder.

Ces marchandises ne constituent cependant qu'une très petite partie de la masse des marchandises échangées quotidiennement sur le marché. La plus grande partie des biens qui sont objets du désir est obtenue par le travail ; et ils peuvent être multipliés, non pas dans un seul pays, mais dans plusieurs, presque sans aucune limite assignable, si nous sommes disposés à fournir le travail nécessaire pour les obtenir.

En parlant donc des marchandises, de leur valeur échangeable et des lois qui règlent leurs prix relatifs, nous entendons toujours uniquement les marchandises qui peuvent être augmentées en quantité par l'effort de l'industrie humaine et sur la production desquelles la concurrence s'opère sans restriction. .

Dans les premiers stades de la société, la valeur échangeable de ces marchandises, ou la règle qui détermine quelle quantité d'une doit être donnée en échange d'une autre, dépend uniquement de la quantité relative de travail dépensé pour chacune .

"Le vrai prix de chaque chose ", dit Adam Smith, "ce que chaque chose coûte réellement à celui qui veut l'acquérir, c'est le travail et la peine de l'acquérir. Ce que chaque chose vaut réellement pour l'homme qui l'a acquis. , et celui qui veut s'en débarrasser ou l'échanger contre autre chose, c'est le travail et les ennuis qu'il peut s'épargner et qu'il peut imposer aux autres. « Le travail était le premier prix, l'argent d'achat originel qui était payé pour toutes choses. » Encore une fois, « dans cet état primitif et grossier de la société, qui précède à la fois l'accumulation de capitaux et l'appropriation de la terre, la proportion entre les quantités de travail nécessaires à l'acquisition de différents objets semble être la seule circonstance qui puisse fournir une règle quelconque pour Si parmi une nation de chasseurs, par exemple, il en coûte habituellement deux fois plus de travail pour tuer un castor que pour tuer un cerf, un castor devrait naturellement s'échanger contre deux cerfs, ou en valoir la peine. "Que ce qui est habituellement le produit de deux jours ou de deux heures de travail vaudra le double de ce qui est habituellement le produit d'un jour ou d'une heure de travail." [2]

Que ce soit réellement le fondement de la valeur échangeable de toutes choses, à l'exception de celles qui ne peuvent être augmentées par l'industrie humaine, c'est une doctrine de la plus haute importance en économie politique ; car de nulle part ne proviennent autant d'erreurs et tant de divergences d'opinions dans cette science que des idées vagues attachées au mot valeur.

Si la quantité de travail réalisée dans les marchandises règle leur valeur échangeable, toute augmentation de la quantité de travail doit augmenter la valeur de la marchandise sur laquelle elle s'exerce, comme toute diminution doit la diminuer.

Adam Smith, qui a défini si précisément la source originelle de la valeur échangeable, et qui était tenu, par cohérence, de soutenir que toutes choses devenaient plus ou moins précieuses à mesure que plus ou moins de travail était consacré à leur production, a lui-même érigé une autre mesure standard . de valeur, et parle de choses ayant plus ou moins de valeur, dans la mesure où elles s'échangeront contre plus ou moins de cette mesure standard. Parfois il parle du blé, à d'autres moments du travail , comme mesure étalon ; non pas la quantité de travail consacrée à la production d'un objet, mais la quantité qu'il peut commander sur le marché : comme s'il s'agissait de deux expressions équivalentes, et comme si le travail d'un homme était devenu doublement efficace, et qu'il pouvait donc produire deux fois. la quantité d'une marchandise, il recevrait nécessairement en échange le double de la première quantité.

Si cela était effectivement vrai, si la récompense du travailleur était toujours proportionnelle à ce qu'il produit, la quantité de travail accordée à une marchandise et la quantité de travail que cette marchandise achèterait seraient égales, et l'une ou l'autre pourrait mesurer avec précision les variations des autres choses : mais elles ne sont pas égales ; le premier est dans de nombreuses circonstances un étalon invariable, indiquant correctement les variations d'autres choses ; celle-ci est soumise à autant de fluctuations que les marchandises qui lui sont comparées. Adam Smith, après avoir très bien montré l'insuffisance d'un milieu variable, tel que l'or et l'argent, pour déterminer la valeur variable des autres choses, a lui-même, en se concentrant sur le blé ou le travail, choisi un milieu non moins variable .

L'or et l'argent sont sans doute sujets à des fluctuations, dues à la découverte de mines nouvelles et plus abondantes ; mais de telles découvertes sont rares, et leurs effets, quoique puissants, se limitent à des périodes de durée relativement courte. Ils sont également sujets à des fluctuations dues aux améliorations apportées aux compétences et aux machines avec lesquelles les mines peuvent être exploitées ; car en conséquence de telles améliorations, une plus grande quantité peut être obtenue avec le même travail . Ils sont en outre sujets aux fluctuations dues à la diminution du produit des mines, après qu'elles ont fourni un approvisionnement au monde, pendant une succession de siècles. Mais de laquelle de ces sources de fluctuation le blé est-il exempté ? Cela ne diffère-t-il pas également, d'une part, des améliorations apportées à l'agriculture, de l'amélioration des machines et des instruments utilisés dans l'agriculture, ainsi que de la découverte de nouvelles étendues de terres fertiles, qui dans d'autres pays peuvent être mises en culture et qui affecter la valeur du maïs sur tous les marchés où l'importation est libre ? N'est-il pas, d'autre part, sujet à augmenter en valeur à cause des prohibitions d'importation, de l'augmentation de la population et de la richesse, et de la plus grande difficulté d'obtenir des approvisionnements accrus, à cause de la quantité supplémentaire de travail qu'exige la culture des terres inférieures ? La valeur du travail n'est-elle pas également variable ? étant affecté non seulement, comme toutes les autres choses, par la proportion entre l'offre et la demande, qui varie uniformément avec chaque changement dans la condition de la communauté, mais aussi par la variation du prix de la nourriture et des autres produits de première nécessité, sur lesquels les salaires des le travail est-il dépensé ?

Dans le même pays, il peut être nécessaire de doubler la quantité de travail pour produire à un moment donné une quantité donnée de nourriture et de produits de première nécessité, qui peuvent être nécessaires à un autre moment et à un moment éloigné ; pourtant, la récompense du travailleur peut être très peu diminuée. Si le salaire de l'ouvrier à la période précédente était une certaine quantité de nourriture et de produits de première nécessité, il n'aurait probablement pas pu subsister si cette quantité avait été réduite. Dans ce cas, la nourriture et les produits de première nécessité auront augmenté de 100 pour cent. si estimé par la *quantité* de travail nécessaires à leur production, alors qu'ils n'auront guère augmenté de valeur, si on les mesure par la quantité de travail contre laquelle ils *échangeront* .

La même remarque peut être faite à propos de deux ou plusieurs pays. En Amérique et en Pologne, un an de travail produira beaucoup plus de blé qu'en Angleterre. Or, en supposant que tous les autres produits de première nécessité soient également bon marché dans ces trois pays, ne serait-ce pas une grande erreur de conclure que la quantité de blé accordée au travailleur serait , dans chaque pays, proportionnelle à la facilité de production ?

Si les chaussures et les vêtements des ouvriers pouvaient, grâce à des améliorations des machines, être produits par un quart du travail actuellement nécessaire à leur production, ils diminueraient probablement de 75 pour cent ; mais il est loin d'être vrai que l' ouvrier serait ainsi en mesure de consommer en permanence quatre habits ou quatre paires de chaussures au lieu d'une, que son salaire serait en peu de temps ajusté par les effets de la concurrence, et que stimuler la population, à la nouvelle valeur des biens de première nécessité pour lesquels ils ont été dépensés. Si ces améliorations s'étendaient à tous les objets de consommation du travailleur , nous le retrouverions probablement au bout de très peu d'années, en possession seulement d'une petite partie, voire aucune, en plus de ses jouissances, bien que la valeur échangeable de ces marchandises , comparativement à tout autre produit dont la fabrication n'avait pas été améliorée, avait subi une réduction très considérable ; et bien qu'ils fussent le produit d'une quantité de travail très sensiblement diminuée .

Il ne peut donc pas être exact, comme Adam Smith, de dire que « comme le travail peut *acheter tantôt* une plus grande quantité de biens, tantôt une plus petite quantité de biens, c'est leur valeur qui varie, et non celle du travail qui les achète » ; et donc, "ce travail *seul, ne variant jamais dans sa propre valeur* , est à lui seul le critère ultime et réel par lequel la valeur de toutes les marchandises peut être estimée et comparée à tout moment et en tout lieu ; " - mais il est correct de dire, comme Adam Smith l'avait dit précédemment, " que la proportion entre les quantités de travail nécessaires à l'acquisition de différents objets, semble être la seule circonstance qui puisse fournir une règle pour les échanger les uns contre les autres ; ou en d'autres termes, que c'est la quantité relative de marchandises que le travail produira, qui détermine leur valeur relative présente ou passée, et non les quantités comparatives de marchandises qui sont données au travailleur en échange de son travail .

Si l'on pouvait trouver une marchandise unique qui, aujourd'hui et à tout moment, exige exactement la même quantité de travail pour la produire, cette marchandise aurait une valeur invariable et serait éminemment utile comme étalon par lequel les variations d'autres choses pourraient être observées. Être mesuré. Nous n'avons aucune connaissance d'une telle marchandise et, par conséquent, nous sommes incapables de fixer un étalon de valeur. Il est cependant d'une utilité considérable, pour parvenir à une théorie correcte, de déterminer quelles sont les qualités essentielles d'un étalon, afin de connaître les causes de la variation de la valeur relative des marchandises et de pouvoir calculer la valeur relative des marchandises. degré dans lequel ils sont susceptibles d'opérer.

Cependant, en parlant du travail comme étant le fondement de toute valeur, et de la quantité relative de travail comme déterminant la valeur relative des marchandises, je ne dois pas croire que je sois inattentif aux différentes qualités du travail et à la difficulté de comparer la durée d'une heure. , ou une journée de travail , dans un emploi, avec la même durée de travail dans un autre. L'estimation des différentes qualités de travail vient bientôt être ajustée sur le marché avec une précision suffisante pour toutes les fins pratiques, et dépend beaucoup de l'habileté relative du travailleur et de l'intensité du travail effectué. L'échelle, une fois formée, est susceptible de peu de variations. Si la journée de travail d'un bijoutier en activité a plus de valeur que la journée de travail d'un ouvrier ordinaire , elle a depuis longtemps été ajustée et placée à sa juste place dans l'échelle des valeurs. [3]

Par conséquent, lorsqu'on compare la valeur d'une même marchandise à différentes époques, il n'est guère nécessaire de s'intéresser à la compétence comparative et à l'intensité du travail requise pour cette marchandise particulière, car elle s'applique également aux deux périodes. Une description du travail à un moment donné est comparée à la même description du travail à un autre moment ; si un dixième, un cinquième ou un quart a été ajouté ou retranché, un effet proportionnel à la cause se produira sur la valeur relative de la marchandise.

Si une pièce de tissu vaut maintenant deux pièces de toile, et si, dans dix ans, la valeur ordinaire d'une pièce de tissu devait être de quatre pièces de toile, nous pouvons conclure avec certitude qu'il faut plus de travail . pour faire le drap, ou moins pour faire le linge, ou que les deux causes ont opéré.

Comme l'enquête sur laquelle je désire attirer l'attention du lecteur porte sur l'effet des variations de la valeur relative des marchandises, et non sur leur valeur absolue, il sera de peu d'importance d'examiner le degré comparatif d'estimation dans lequel les différents types de travail humain sont détenus. Nous pouvons raisonnablement conclure que, quelle que soit l'inégalité qu'il y ait eu à l'origine chez eux, quels que soient l'ingéniosité, l'habileté ou le temps nécessaire pour acquérir une espèce d'adresse manuelle plus qu'une autre, elle continue à peu près la même d'une génération à l'autre ; ou du moins, que la variation est très peu considérable d'une année à l'autre et, par conséquent, peut avoir peu d'effet pendant de courtes périodes sur la valeur relative des marchandises.

« La proportion entre les différents taux de salaire et de profit dans les différents emplois du travail et du capital ne semble pas être beaucoup affectée, comme nous l'avons déjà observé, par la richesse ou la pauvreté, l'état croissant, stationnaire ou décroissant de l'économie. De telles révolutions dans le bien public, bien qu'elles affectent à la fois les taux généraux des salaires et des profits, doivent en fin de compte les affecter également dans tous les différents emplois. La proportion entre eux doit donc rester la même et ne peut pas être modifiée, à tout moment. au moins pendant un temps considérable, par de telles révolutions. » [4]

On verra par l'extrait que j'ai fait à la page 4 de la « Richesse des nations », que bien qu'Adam Smith ait pleinement reconnu le principe selon lequel la proportion entre les quantités de travail nécessaires à l'acquisition de différents objets est la seule circonstance qui peut fournir n'importe quelle règle pour les échanger les uns contre les autres, mais il limite son application à « cet état précoce et grossier de la société, qui précède à la fois l'accumulation de capitaux et l'appropriation de la terre » ; comme si, lorsque les profits et la rente devaient être payés, ils avaient une certaine influence sur la valeur relative des marchandises, indépendamment de la simple quantité de travail nécessaire à leur production.

Adam Smith, cependant, n'a analysé nulle part les effets de l'accumulation du capital et de l'appropriation de la terre sur la valeur relative. Il est donc important de déterminer dans quelle mesure les effets qui sont manifestement produits sur la valeur échangeable des marchandises par la quantité relative de travail consacrée à leur production, sont modifiés ou altérés par l'accumulation du capital et le paiement de la rente.

Premièrement, en ce qui concerne l'accumulation du capital. Même dans cet état primitif auquel Adam Smith fait référence, un certain capital, bien que peut-être constitué et accumulé par le chasseur lui-même, serait nécessaire pour lui permettre de tuer son gibier. Sans arme, ni le castor ni le cerf ne pourraient être détruits, et donc la valeur de ces animaux serait réglée, non seulement par le temps et le travail nécessaires à leur destruction, mais aussi par le temps et le travail nécessaires pour fournir le capital du chasseur. , l'arme à l'aide de laquelle leur destruction a été effectuée .

Supposons que l'arme nécessaire pour tuer le castor ait été construite avec beaucoup plus de travail que celle nécessaire pour tuer le cerf, à cause de la plus grande difficulté de s'approcher du premier animal, et de la nécessité par conséquent qu'elle soit plus fidèle à sa marque ; un castor aurait naturellement plus de valeur que deux cerfs, et c'est précisément pour cette raison qu'il faudrait en somme plus de travail pour le détruire.

Tous les instruments nécessaires pour tuer le castor et le cerf pourraient appartenir à une classe d'hommes, et le travail employé à leur destruction pourrait être fourni par une autre classe ; cependant leurs prix comparatifs seraient proportionnels au travail réel consacré à la fois à la formation du capital et à la destruction des animaux. Dans différentes circonstances d'abondance ou de rareté du capital, par rapport au travail , dans différentes circonstances d'abondance ou de rareté de la nourriture et des produits de première nécessité essentiels à l'entretien des hommes, ceux qui ont fourni une valeur égale de capital soit pour un emploi soit pour l'autre , pouvait avoir la moitié, le quart ou le huitième du produit obtenu, le reste étant payé en salaire à ceux qui fournissaient le travail ; cependant cette division ne pouvait pas affecter la valeur relative de ces marchandises, car, que les profits du capital soient plus ou moins grands, qu'ils soient de 50, 20 ou 10 pour cent, ou que les salaires du travail soient hauts ou bas, ils seraient fonctionnent de manière égale sur les deux emplois.

Si nous supposons que les occupations de la société soient étendues, que certaines fournissent les canots et le matériel nécessaire à la pêche, d'autres les semences et les machines grossières utilisées pour la première fois dans l'agriculture, le même principe resterait vrai, à savoir que la valeur échangeable des marchandises produites serait en proportionnellement au travail consacré à leur production ; non seulement sur leur production immédiate, mais sur tous les instruments ou machines nécessaires pour donner effet au travail particulier auquel ils étaient appliqués.

Si nous considérons un état de société dans lequel de plus grands progrès ont été réalisés et dans lequel les arts et le commerce sont florissants, nous trouverons toujours que les marchandises varient en valeur conformément à ce principe : en estimant la valeur échangeable des bas, par exemple, nous Je constaterai que leur valeur, comparativement à d'autres choses, dépend de la quantité totale de travail nécessaire pour les fabriquer et les mettre sur le marché. Premièrement, il y a le travail nécessaire pour cultiver la terre sur laquelle le coton brut est cultivé ; 2° le travail de transport du coton jusqu'au pays où les bas doivent être fabriqués, qui comprend une partie du travail consacré à la construction du navire dans lequel il est transporté, et qui est facturé dans le fret des marchandises ; troisièmement, le travail du fileur et du tisserand ; quatrièmement, une partie du travail de l'ingénieur, du forgeron et du charpentier, qui ont érigé les bâtiments et les machines à l'aide desquels ils sont fabriqués ; cinquièmement, le travail du détaillant et de beaucoup d'autres, qu'il est inutile de détailler davantage. La somme globale de ces diverses sortes de travail détermine la quantité d'autres choses contre lesquelles ces bas seront échangés, tandis que la même considération des diverses quantités de travail qui ont été accordées à ces autres choses, gouvernera également la partie d'entre elles qui sera échangée. sera donné pour les bas.

Pour nous convaincre que c'est là le véritable fondement de la valeur échangeable, supposons qu'une amélioration soit apportée aux moyens de réduire le travail dans l'un des divers processus par lesquels le coton brut doit passer, avant que les bas fabriqués n'arrivent sur le marché. , à échanger contre d'autres choses; et observez les effets qui suivront. S'il fallait moins d'hommes pour cultiver le coton brut, ou si moins de marins étaient employés à la navigation, ou de charpentiers à la construction du navire dans lequel il nous était transporté ; si moins de mains étaient employées à élever les bâtiments et les machines, ou si celles-ci, une fois élevées, étaient rendues plus efficaces, les bas perdraient inévitablement de la valeur et, par conséquent, commanderaient moins d'autres choses. Ils tomberaient parce qu'une moindre quantité de travail était nécessaire à leur production, et ils échangeraient donc contre une plus petite quantité de choses pour lesquelles une telle réduction du travail n'avait pas été faite.

L'économie dans l'emploi du travail ne manque jamais de réduire la valeur relative d'une marchandise, soit que l'économie porte sur le travail nécessaire à la fabrication de la marchandise elle-même, ou sur celui nécessaire à la formation du capital, à l'aide duquel elle est utilisée. est produit. Dans les deux cas, le prix des bas baisserait, s'il y avait moins d'hommes employés comme blanchisseurs, fileurs et tisserands, personnes immédiatement nécessaires à leur fabrication ; ou en tant que marins, transporteurs, ingénieurs et forgerons, personnes plus indirectement concernées. Dans un cas, toute l'économie de travail reviendrait aux bas, parce que cette partie du travail était entièrement confinée aux bas ; dans l'autre, une partie seulement reviendrait aux bas, le reste étant appliqué à toutes les autres marchandises à la production desquelles les bâtiments, les machines et les transports étaient subordonnés.

Dans toute société, le capital employé à la production est nécessairement d'une durée limitée. La nourriture et les vêtements consommés par l' ouvrier , les bâtiments dans lesquels il travaille, les instruments avec lesquels son travail est assisté, sont tous de nature périssable. Il y a cependant une grande différence dans la durée de vie de ces différents capitaux : une machine à vapeur durera plus longtemps qu'un navire, un navire que les vêtements de l'ouvrier, et les vêtements de l'ouvrier plus longtemps que la nourriture qu'il consomme . il consomme.

Selon que le capital est rapidement périssable et a besoin d'être fréquemment reproduit, ou qu'il est d'une consommation lente, on le classe sous la rubrique du capital circulant ou du capital fixe. Un brasseur, dont les bâtiments et les machines sont précieux et durables, est censé employer une grande partie du capital fixe : à l'inverse, un cordonnier, dont le capital est principalement employé au paiement des salaires, qui sont dépensés en nourriture et en vêtements, en marchandises. plus périssable que les bâtiments et les machines, il emploie, dit-on, une grande partie de son capital comme capital circulant.

Deux métiers peuvent alors employer la même quantité de capital ; mais il peut être divisé très différemment selon la partie qui est fixe et celle qui circule.

De même, deux fabricants peuvent employer la même quantité de capital fixe et la même quantité de capital circulant ; mais la durabilité de leur capital fixe peut être très inégale. On peut posséder des machines à vapeur d'une valeur de 10 000 *l.* l'autre, des navires de même valeur.

de la valeur relative des marchandises, causée par le fait qu'il faut plus ou moins de travail pour les produire, elles sont également sujettes aux fluctuations dues à une augmentation des salaires et, par conséquent, à une baisse des profits, si les capitaux fixes employés sont soit de valeur inégale, soit de valeur inégale. , ou de durée inégale.

Supposons qu'aux premiers stades de la société, les arcs et les flèches du chasseur aient la même valeur et la même durabilité que le canot et les instruments du pêcheur, tous deux étant le produit de la même quantité de travail . Dans de telles circonstances, la valeur du cerf, produit de la journée de travail du chasseur , serait exactement égale à la valeur du poisson, produit de la journée de travail du pêcheur . La valeur comparée du poisson et du gibier serait entièrement réglée par la quantité de travail réalisé dans chacun; quelle que soit la quantité de production, ou quels que soient les salaires ou les profits généraux, élevés ou bas. Si par exemple les pirogues et les instruments du pêcheur valaient 100 *l.* et étaient calculés pour durer dix ans, et il employait dix hommes, dont le travail annuel coûtait 100 *l.* et qui en un jour obtenaient par leur travail vingt saumons : Si les armes employées par le chasseur étaient aussi de 100 *l.* valeur et calculée pour durer dix ans, et s'il employait en outre dix hommes, dont le travail annuel coûtait 100 *l.* et qui en un jour lui procura dix cerfs ; alors le prix naturel d'un cerf serait de deux saumons, que la proportion du produit total accordée aux hommes qui l'ont obtenu soit grande ou petite. La proportion qui pourrait être payée pour les salaires est de la plus haute importance dans la question des profits ; car il faut immédiatement voir que les profits seraient élevés ou faibles, exactement dans la mesure où les salaires seraient bas ou élevés ; mais cela ne pourrait en rien affecter la valeur relative du poisson et du gibier, puisque les salaires seraient à la fois élevés ou bas dans les deux professions. Si le chasseur invoquait le paiement d'une grande proportion, ou la valeur d'une grande partie de son gibier contre salaire, pour inciter le pêcheur à lui donner plus de poisson en échange de son gibier, ce dernier déclarerait que il était également affecté par la même cause ; et donc sous toutes les variations des salaires et des profits, sous tous les effets de l'accumulation du capital, aussi longtemps qu'ils continuaient par une journée de travail à obtenir respectivement la même quantité de poisson et la même quantité de gibier, le taux d'échange naturel resterait stable. soit, un cerf pour deux saumons.

Si, avec la même quantité de travail , on obtenait moins de poisson ou une plus grande quantité de gibier, la valeur du poisson augmenterait par rapport à celle du gibier. Si, au contraire, avec la même quantité de travail , on obtenait moins de gibier ou une plus grande quantité de poisson, le gibier augmenterait par rapport au poisson.

S'il existait une autre marchandise dont la valeur était invariable, exigeant à tout moment et dans toutes les circonstances exactement la même quantité de travail pour l'obtenir, nous serions en mesure de le constater, en comparant la valeur du poisson et du gibier avec celle-ci. matière première, quelle part de la variation devait être attribuée à une cause qui affectait la valeur du poisson, et quelle part à une cause qui affectait la valeur du gibier.

Supposons que l'argent soit cette marchandise. Si un saumon valait 1 *litre*. et un cerf 2 *l.* un cerf vaudrait deux saumons. Mais un cerf pourrait valoir trois saumons, car il pourrait falloir plus de travail pour obtenir le cerf, ou moins pour obtenir le saumon, ou encore ces deux causes pourraient agir en même temps. Si nous disposions de ce critère invariable, nous pourrions facilement déterminer dans quelle mesure l'une ou l'autre de ces causes agissait. Si le saumon continuait à se vendre 1 *l.* tandis que le cerf s'élevait à 3 *l.* nous pourrions conclure qu'il fallait plus de travail pour obtenir le cerf. Si le cerf continue au même prix de 2 *l.* et saumon vendu 13 *p.4* j . on pourrait alors être sûr qu'il faudrait moins de travail pour obtenir le saumon ; et si le cerf montait à 2 *l.* 10 *heures* et le saumon est tombé à 16 *heures* 8 *jours*. nous devrions être convaincus que les deux causes ont agi en produisant l'altération de la valeur relative de ces marchandises.

Aucune modification dans les salaires du travail ne pourrait produire une modification dans la valeur relative de ces marchandises ; car si les bénéfices étaient de 10 pour cent, alors remplacer les 100 *l.* capital circulant avec 10 pour cent. profit, il doit y avoir un retour de 110 *l.* : pour remplacer la part égale du capital fixe, lorsque les bénéfices sont au taux de 10 pour cent. il devrait être reçu annuellement 16,27 *l.* ; pour, la valeur actuelle d'une rente de 16,27 *l.* pendant dix ans, quand l'argent est à 10 pour cent, c'est 100 *l.* ; par conséquent, tout le gibier du chasseur devrait être vendu annuellement pour 126,27 *l.* Mais le capital du pêcheur étant le même en quantité, et divisé dans la même proportion en capital fixe et en capital circulant, et étant aussi de même durabilité, celui-ci, pour obtenir les mêmes profits, doit vendre ses marchandises pour la même valeur. Si les salaires augmentaient de 10 pour cent. et par conséquent 10 pour cent. Si davantage de capital circulant était nécessaire dans chaque métier, cela affecterait également les deux emplois. Dans les deux, 210 *l.* au lieu de 200 *l.* serait nécessaire pour produire la première quantité de marchandises ; et ceux-ci se vendraient précisément au même prix, à savoir 126,27 *l.* : ils seraient donc à la même valeur relative, et les profits seraient également réduits dans les deux métiers.

Les prix des marchandises n'augmenteraient pas, parce que la monnaie dans laquelle elles sont évaluées est, par la supposition d'une valeur invariable, exigeant toujours la même quantité de travail pour la produire.

Si la mine d'or d'où l'argent a été obtenu se trouvait dans le même pays, dans ce cas, après l'augmentation des salaires, 210 *l.* il pourrait être nécessaire d'employer, comme capital, pour obtenir la même quantité de métal que 200 *l.* obtenu auparavant : pour la même raison que le chasseur et le pêcheur avaient besoin de 10 *l.* en plus de leurs capitaux, le mineur aurait besoin d'une somme égale au sien. Aucune de ces occupations ne nécessiterait une plus grande quantité de travail , mais il serait payé à un prix plus élevé, et les mêmes raisons qui devraient pousser le chasseur et le pêcheur à s'efforcer d'augmenter la valeur de leur gibier et de leur poisson, provoqueraient la propriétaire de la mine pour augmenter la valeur de son or. Cette incitation agissant avec la même force sur ces trois occupations, et la situation relative de ceux qui les exercent étant la même avant et après l'augmentation des salaires, la valeur relative du gibier, du poisson et de l'or, resterait inchangée. Les salaires pourraient augmenter de vingt pour cent, et les profits diminueraient par conséquent dans une proportion plus ou moins grande, sans causer la moindre altération dans la valeur relative de ces marchandises.

Supposons maintenant qu'avec le même travail et le même capital fixe, on puisse produire davantage de poisson, mais plus d'or ni de gibier, la valeur relative du poisson diminuerait par rapport à l'or ou au gibier. Si, au lieu de vingt saumons, vingt-cinq étaient le produit d'une journée de travail , le prix d'un saumon serait de seize shillings au lieu d'une livre, et deux saumons et demi, au lieu de deux saumons, seraient donnés en échange de un cerf, mais le prix du cerf resterait à 2 *l.* comme avant. De la même manière, si moins de poisson pouvait être obtenu avec le même capital et le même travail , la valeur comparative du poisson augmenterait. La valeur échangeable du poisson augmentait ou diminuait alors, uniquement parce qu'il fallait plus ou moins de travail pour obtenir une quantité donnée ; et elle ne pourrait jamais augmenter ou diminuer au-delà de la proportion de la quantité de travail augmentée ou diminuée requise.

Si nous avions alors un étalon invariable, par lequel nous pourrions mesurer la variation des autres marchandises, nous constaterions que la limite extrême jusqu'à laquelle elles peuvent s'élever de manière permanente est proportionnelle à la quantité supplémentaire de travail requise pour leur production ; et que, à moins que leur production n'exige plus de travail , ils ne pourraient s'élever à aucun degré. Une augmentation des salaires ne les augmenterait pas en valeur monétaire, ni par rapport à aucune autre marchandise dont la production n'exigerait aucune quantité supplémentaire de travail , qui emploierait la même proportion de capital fixe et circulant, et un capital fixe de même durabilité. Si plus ou moins de travail était nécessaire à la production de l'autre marchandise, nous avons déjà dit que cela entraînerait immédiatement une modification de sa valeur relative, mais une telle modification est due à la quantité modifiée de travail requis et non à l'augmentation de la valeur relative. ose.

Si les capitaux fixes et circulants étaient dans des proportions différentes, ou si le capital fixe avait une durée de vie différente, alors la valeur relative des marchandises produites serait modifiée par suite d'une augmentation des salaires.

Premièrement, lorsque les capitaux fixes et circulants étaient dans des proportions différentes, supposons qu'au lieu de 100 *l.* capital fixe et 100 *l.* capital circulant, le chasseur doit employer 150 *l.* capital fixe et 50 *l.* capital circulant, et que le pêcheur ne devrait au contraire employer que 50 *l.* capital fixe et 150 *l.* capital circulant.

Si le bénéfice est de 10 pour cent, le chasseur doit vendre ses biens pour 79 *l.* 8 *s.* Pour,

Pour remplacer son capital circulant de 50 *l.* avec un bénéfice de 10 pour cent. nécessiterait une valeur de	55 *litres.*
Remplacer son capital fixe par 10 pour cent. bénéfice, la valeur actuelle d'une rente pour dix ans de 24,4 *l.* à 10 pour cent. soit 150 *l.*	24,4 *litres.*
	———
	79,4 *litres.*

Si le bénéfice est de 10 pour cent, le pêcheur doit vendre sa marchandise
pour 173 *l.* 2s.7j . _ _

Pour remplacer son capital circulant de 150 *l.* avec un
    bénéfice de 10 pour cent. nécessiterait une valeur
    de   165 *litres.*

Remplacer son capital fixe par 10 pour cent. profit,
    un tiers du chasseur'   8.13

                                                       ————

                                                   173,13 *litres.*

Or, si les salaires augmentent, même si aucune de ces marchandises ne
nécessiterait plus de travail pour leur production, leur valeur relative serait
néanmoins modifiée. Supposons que les salaires augmentent de 6 pour cent,
le chasseur n'aurait pas besoin de plus d'une augmentation de 3 *l.* à sa capitale,
pour employer le même nombre d'hommes et obtenir la même quantité de
gibier ; le pêcheur aurait besoin de trois fois cette somme, soit 9 *l.* Les
bénéfices du bétail tomberaient à 4 pour cent, le chasseur serait obligé de
vendre son gibier pour 73 *l.* 12 *p.2 j* .

Pour remplacer son capital circulant de 53 *l.* avec un
    bénéfice de 4 pour cent.   55,12 *litres.*

Pour remplacer le capital fixe, gaspillé
annuellement, la valeur actuelle d'une rente de 18,49
l. pendant dix ans, soit 150 *l.*   18h49

                                                   ————

                                                   73,61 £

                                                   ————

Le pêcheur vendait son poisson pour 171 *l.* 11 *p.5 j* .
à savoir.

Pour remplacer son capital circulant de 159 *l.* avec
un bénéfice de 4 pour cent.   165 360 £

Pour remplacer le capital fixe gaspillé annuellement,
la valeur actuelle d'une rente de 6.163 *l.* , pendant
dix ans à 4 pour cent., soit 50 *l.*   6 163

$$171\ 523\ \pounds$$

Avant, le jeu consistait à pêcher   comme 100 à 218.

Ce serait maintenant   comme 100 à 233.

Ainsi , nous voyons qu'à chaque augmentation de salaire, à mesure que le capital employé dans une profession quelconque consiste en capital circulant, son produit aura une plus grande valeur relative que les biens produits dans une autre profession, où une proportion moindre de capital circulant et une plus grande proportion de capitaux circulants seront produits. une plus grande proportion de capital fixe est employée.

Deuxièmement, supposons que les proportions de capital fixe soient les mêmes ; mais de différents degrés de durabilité. Dans la mesure où le capital fixe est moins durable, il se rapproche de la nature du capital circulant. Il sera consommé dans un délai plus court, et sa valeur reproduite afin de préserver le capital du fabricant. Nous venons de voir que, à mesure que le capital circulant est prépondérant dans une manufacture, lorsque les salaires augmentent, la valeur des marchandises produites dans cette manufacture est relativement plus élevée que celle des marchandises produites dans les manufactures où le capital fixe prépondère. A mesure que le capital fixe sera moins durable et se rapprochera de la nature du capital circulant, le même effet sera produit par la même cause.

Supposons que l'on fabrique un moteur qui durera cent ans et que sa valeur soit de 20 000 *l.* . Supposons aussi que cette machine, sans aucun travail , puisse produire annuellement une certaine quantité de marchandises, et que les profits soient de 10 pour cent : la valeur totale des marchandises produites serait de 2 000 *l par an. 2 p.11 d* . ; pour un bénéfice de 20 000 *l.*

à 10 pour cent. par an, c'est 10 pour cent. par an, est   2 000 £

Et une rente de 2 *s.11* d . remplacera, à l'issue de
cette période, un capital de 20.000 *l.*   2 11

Par conséquent, les marchandises doivent être
vendues pour   2 000 £ 2 11

Si le même montant de capital, à savoir. 20 000 *litres.* , être employé à soutenir un travail productif , et être consommé et reproduit chaque année, comme c'est le cas lorsqu'il est employé à payer un salaire, puis à donner un profit égal de 10 pour cent. sur 20 000 *l.* les marchandises produites doivent se vendre 22 000 *l.* Supposons maintenant que la main-d'œuvre augmente de telle manière qu'au lieu de 20 000 *l.* étant suffisant pour payer les salaires de ceux employés à la production de ces dernières marchandises, 20 952 *l.* est requis; alors les bénéfices tomberont à 5 pour cent. Car comme ces marchandises ne se vendraient pas plus cher qu'auparavant,

à savoir.   22 000 £

et de les produire   20 952 £ seraient nécessaires,

———————

il ne resterait plus que   1 048 £

sur un capital de 20 952 *l.* Si le travail augmentait ainsi, ces 21.153 *l.* étaient nécessaires, les bénéfices tomberaient à 4 pour cent. et s'il augmentait, alors que 21 359 *l.* était employé, les bénéfices tomberaient à 3 pour cent.

Mais comme aucun salaire ne serait payé par le propriétaire de la machine, cela durerait 100 ans, lorsque les bénéfices tomberaient à 5 pour cent. le prix de sa marchandise doit baisser à 1007 *l.* 13 *p.8 d .* à savoir. 1000l. pour payer ses bénéfices, et 7 *l.* 13 *p.8 d .* accumuler pendant 100 ans à 5 pour cent. pour remplacer son capital de 20 000 *l.* Quand les bénéfices sont tombés à 4 pour cent. ses marchandises doivent se vendre 816 *l.* 3s.2d . _ _ , et quand à 3 pour cent. pour 632 *litres.* 16 *p.7 j .* Par une hausse du prix du travail donc, au-dessous de 7 pour cent, qui n'a aucun effet sur les prix des marchandises entièrement produites par le travail , une baisse de pas moins de 68 pour cent. est effectuée sur les produits entièrement produits par des machines. Si le propriétaire de la machine a vendu sa marchandise pour plus de 632 *l.* 16 *p.7 j .* , il obtiendrait plus de 3 pour cent du bénéfice général des actions ; et comme d'autres pourraient se munir de machines au même prix de 20 000 *l.* ils seraient tellement multipliés, qu'il serait inévitablement obligé de baisser le prix de ses marchandises, jusqu'à ce qu'elles ne lui rapportent plus que les profits habituels et généraux du capital.

A mesure que cette machine serait moins durable, les prix seraient moins affectés par la baisse du profit et la hausse des salaires. Si, par exemple, la machine ne durait que dix ans, alors que les bénéfices seraient de 10 pour cent.

les marchandises doivent être vendues
pour   3254 £

quand à   5 pour cent.   2590

| 4 pour cent. | 2465 |
| 3 pour cent. | 2344 |

car telles sont les sommes nécessaires pour mettre ses bénéfices sur un pied d'égalité avec les autres, et pour remplacer son capital au bout de dix ans ; ou, ce qui revient au même, telles sont les rentes qui s'élèvent à 20 000 l. achèterait pendant dix ans à ces tarifs. Si la machine ne durait que trois ans, alors que les bénéfices seraient de 10 pour cent.

	le prix des marchandises serait	8042 £
à	5 pour cent.	7344
	4 pour cent.	7206
	3 pour cent.	7070

Si cela ne durait qu'un an, alors que les bénéfices seraient de 10 pour cent.

	les marchandises seraient vendues pour	22 000 £
à	5 pour cent.	21 000
	4 pour cent.	20 800
	3 pour cent.	20 600

C'est pourquoi les bénéfices chutent de 10 à 3 pour cent. les biens produits avec des capitaux égaux tomberaient

68 pour cent. si la machine pouvait durer	100 ans.
28 pour cent. si la machine pouvait durer	10 années.
13 pour cent. si la machine pouvait durer	3 années.
Et un peu plus de 6 pour cent. si c'était seulement la dernière	1 an.

Ces résultats sont d'une telle importance pour la science de l'économie politique, mais s'accordent si peu avec certaines de ses doctrines reçues, selon lesquelles toute augmentation des salaires est nécessairement transférée au prix des marchandises, qu'il n'est peut-être pas superflu d'élucider le sujet. toujours plus loin.

Un fabricant de chapeaux emploie une centaine d'hommes pour une dépense annuelle de 50 *l.* chacun, qui lui produit des marchandises d'une valeur de 8000 *l.* Une machine calculée pour durer précisément un an, et pour faire aussi bien le même travail que les 100 hommes, lui est proposée pour 5000 *l.* , la somme, exactement, qu'il dépense en salaires. Il sera indifférent au fabricant qu'il achète la machine ou qu'il continue à employer les hommes. Maintenant, si les salaires augmentent de 10 pour cent. et un capital supplémentaire de 500 *l.* il lui faudra par conséquent lui permettre d'employer la même main d'œuvre , tandis que ses marchandises continueront à se vendre à 8 000 *l.* , il n'hésitera plus, mais achètera immédiatement la machine et fera de même chaque année, tandis que les salaires continueront à dépasser les 5 000 *litres d'origine*. Mais pourra-t-il désormais acheter la machine au prix antérieur ? sa valeur n'augmentera-t-elle pas par suite de l'augmentation du travail ? Il augmenterait s'il n'y avait aucun capital employé à sa construction, et aucun profit à payer au fabricant. Si, par exemple, la machine était fabriquée par 100 hommes travaillant dessus pendant un an avec un salaire de 50 *l.* chacun, et son prix était de 5 000 *l.* , ce salaire devrait s'élever à 55 *l.* son prix serait de 5500 *l.* : mais cela ne peut pas être le cas ; moins de 100 hommes sont employés, ou bien il ne pourrait pas être vendu pour 5 000 *l.* ; pour sur les 5000 *l.* il faut payer les bénéfices des actions qui employaient les hommes. Supposons donc que quatre-vingt-cinq hommes seulement soient employés pour une dépense de 4 250 *l.* par an, et que les 750 *l.* Les profits que la vente de la machine rapporterait en sus des salaires avancés aux ouvriers constituaient les bénéfices du capital de l'ingénieur. Lorsque les salaires augmenteraient de 10 pour cent, il serait obligé d'employer un capital supplémentaire de 425 *l.* , et emploierait donc 4675 *l.* , au lieu de 4250 *l.* , sur lequel capital il ne réaliserait qu'un bénéfice de 325 *l.* s'il continuait à vendre sa machine à 5000 *l.* ; mais c'est précisément le cas de tous les fabricants et de tous les capitalistes ; l'augmentation des salaires les affecte tous. Si donc le constructeur de la machine devait augmenter le prix de sa machine en conséquence d'une augmentation des salaires, une quantité inhabituelle de capital serait employée dans la construction de telles machines, jusqu'à ce que leur prix ne soit plus abordable que pour les autres. les bénéfices habituels. Le fabricant de chapeaux, par l'emploi de la machine, s'il vend ses chapeaux 8000 *l.* , est précisément dans la même situation qu'avant ; il n'emploie plus de capital et obtient les mêmes profits. La concurrence commerciale ne le permettrait pas longtemps ; car, comme les capitaux afflueraient vers l'emploi le plus rentable, il serait obligé de baisser le prix des chapeaux, jusqu'à ce que ses profits soient tombés au niveau général. Ainsi donc le public profite de la machinerie : ces agents muets sont toujours le produit d'un travail bien moindre que celui qu'ils déplacent, même lorsqu'ils ont la même valeur monétaire. Par leur influence, une augmentation du prix des commissions qui élève les salaires affectera moins de personnes : elle atteindra, comme dans l'exemple ci-dessus, quatre-vingt-cinq hommes au lieu de cent ; et l'économie qui en résulte se manifeste dans le prix réduit de la marchandise fabriquée. Ni les machines ni aucune autre marchandise n'augmentent de prix, mais toutes les marchandises fabriquées par des machines chutent, et diminuent proportionnellement à leur durabilité.

Il apparaît donc que, proportionnellement à la quantité et à la durabilité du capital fixe employé dans tout genre de production, les prix relatifs des marchandises sur lesquelles ce capital est employé varieront en sens inverse comme les salaires ; ils diminueront à mesure que les salaires augmenteront. Il apparaît également qu'aucune marchandise, quelle qu'elle soit, n'augmente en prix absolu, simplement parce que les salaires augmentent ; qu'ils ne se lèvent jamais à moins qu'un travail supplémentaire ne leur soit accordé ; mais que toutes les marchandises à la production desquelles entre le capital fixe, non seulement n'augmentent pas avec une augmentation des salaires, mais diminuent absolument ; aussi une baisse jusqu'à 68 pour cent, avec une augmentation de 7 pour cent. en salaires, si le capital fixe est exclusivement employé, et est d'une durée de 100 ans.

L'affirmation ci-dessus, qui affirme la compatibilité d'une augmentation des salaires avec une baisse des prix, a, je le sais, l'inconvénient de la nouveauté, et les défenseurs doivent se fier à leurs propres mérites ; tandis qu'elle a pour adversaires des écrivains de réputation distinguée et méritée. Il convient cependant de se rappeler soigneusement que, dans toute cette argumentation, je suppose que l'argent a une valeur invariable ; en d'autres termes, être toujours le produit de la même quantité de travail non assisté . L'argent, cependant, est une marchandise variable ; et la hausse des salaires, aussi bien que celle des marchandises, est souvent causée par une baisse de la valeur de la monnaie. Une hausse des salaires résultant de cette cause sera en effet invariablement accompagnée d'une hausse du prix des marchandises : mais dans de tels cas, on constatera que le travail et toutes les marchandises n'ont pas varié les unes par rapport aux autres, et que la variation a été confiné à l'argent.

L'argent, parce qu'il est une marchandise obtenue d'un pays étranger, parce qu'il est le moyen d'échange général entre tous les pays civilisés, et parce qu'il est également distribué entre ces pays dans des proportions qui changent constamment à chaque progrès du commerce et des machines, et avec chaque difficulté croissante d'obtenir de la nourriture et des produits de première nécessité pour une population croissante, est sujet à des variations incessantes. En énonçant les principes qui régissent la valeur échangeable et le prix, nous devons soigneusement distinguer entre les variations qui appartiennent à la marchandise elle-même et celles qui sont occasionnées par une variation du moyen dans lequel la valeur est estimée ou le prix exprimé.

Une augmentation des salaires, due à une altération de la valeur de la monnaie, produit un effet général sur les prix, et pour cette raison elle ne produit aucun effet réel sur les profits. Au contraire, une augmentation des salaires, due au fait que le travailleur est plus libéralement récompensé, ou à la difficulté de se procurer les biens nécessaires pour lesquels les salaires sont dépensés, ne produit pas pour effet d'élever les prix, mais a un grand effet de baisse. bénéfices. Dans un cas, une plus grande proportion du travail annuel du pays n'est pas consacrée à l'entretien des ouvriers ; dans l'autre cas, une plus grande part y est consacrée.

C'est d'après la division de tout le produit de la terre et du travail du pays, entre les trois classes de propriétaires fonciers, de capitalistes et d'ouvriers , qu'il faut juger de la rente, du profit et des salaires, et non d'après la valeur. à laquelle ce produit peut être estimé dans un milieu qui est certes variable.

Ce n'est pas par la quantité absolue de produits obtenus par l'une ou l'autre classe que nous pouvons juger correctement du taux de profit, de la rente et des salaires, mais par la quantité de travail nécessaire pour obtenir ce produit. Par des améliorations dans les machines et l'agriculture, le produit total peut être doublé ; mais si les salaires, la rente et le profit sont également doublés, ces trois éléments auront les mêmes proportions les uns par rapport aux autres, et on ne peut dire qu'aucun d'eux n'ait varié relativement. Mais si les salaires ne participaient pas à la totalité de cette augmentation ; si au lieu d'être doublés ils n'étaient augmentés que de moitié, si les loyers, au lieu d'être doublés, n'étaient augmentés que des trois quarts, et que le reste de l'augmentation allait au profit, je crois que je serais correct de dire : que les loyers et les salaires avaient baissé tandis que les profits augmentaient ; car si nous avions un étalon invariable par lequel mesurer la valeur de ce produit, nous constaterions qu'une valeur moindre est tombée pour la classe des ouvriers et des propriétaires terriens , et une valeur plus grande pour la classe des capitalistes, que celle qui avait été donnée auparavant. Nous pourrions constater par exemple que, bien que la quantité absolue des marchandises ait été doublée, elles étaient précisément le produit de la précédente quantité de travail . Sur cent chapeaux, manteaux et quartiers de maïs produits,

si les ouvriers avaient	25
Les propriétaires	25
Et les capitalistes	25
	———
	100

Et si, après que ces marchandises eurent doublé en quantité, sur 100

| Les ouvriers n'avaient que | 22 |

Les propriétaires   22

Et les capitalistes   22

                                          ———

                                          100

Dans ce cas, je devrais dire que les salaires et les loyers avaient baissé et que les profits avaient augmenté ; bien qu'en conséquence de l'abondance des marchandises, la quantité payée à l'ouvrier et au propriétaire aurait augmenté dans la proportion de 25 à 44. Les salaires doivent être estimés par leur valeur réelle, à savoir. par la quantité de travail et de capital employée à leur production, et non par leur valeur nominale, ni en habits, ni en chapeaux, ni en argent, ni en blé. Dans les circonstances que je viens de supposer, les marchandises seraient tombées à la moitié de leur ancienne valeur ; et, si l'argent n'avait pas varié, jusqu'à la moitié de son ancien prix également. Si donc, dans ce milieu, dont la valeur n'a pas varié, le salaire de l' ouvrier se trouve avoir baissé, ce n'en sera pas moins une baisse réelle, parce qu'ils pourraient lui fournir une plus grande quantité de marchandises à bon marché que son salaire. anciens salaires.

La variation de la valeur de la monnaie, si grande soit-elle, n'a aucune incidence sur le *taux* des profits ; car supposons que les marchandises du fabricant s'élèvent à partir de 1000 *l.* à 2000 *litres.* , ou 100 pour cent., si son capital, sur lequel les variations de la monnaie ont autant d'effet que sur la valeur des produits, si ses machines, ses bâtiments et ses fonds commerciaux augmentent de plus de 100 pour cent., son taux de profits est tombé, et il dispose d'une quantité proportionnellement moindre du produit du travail du pays à sa disposition.

Si, avec un capital d'une valeur donnée, il double la quantité du produit, sa valeur diminue de moitié, et alors il sera dans la même proportion qu'auparavant avec le capital qui l'a produit.

Si, en même temps qu'il double la quantité de produit par l'emploi du même capital, la valeur de l'argent est, par accident, abaissée de moitié, le produit se vendra au double de sa valeur monétaire ; mais le capital employé pour le produire sera aussi du double de sa valeur monétaire antérieure ; et c'est pourquoi, dans ce cas aussi, la valeur du produit sera dans la même proportion qu'auparavant avec la valeur du capital ; et quoique le produit soit doublé, la rente, les salaires et les profits ne varieront que dans la mesure où varient les proportions dans lesquelles ce double produit peut être divisé entre les trois classes qui le partagent.

Il apparaît donc que l'accumulation du capital, en occasionnant l'emploi de proportions différentes de capital fixe et circulant dans différents métiers, et en donnant différents degrés de durabilité à ce capital fixe, introduit une modification considérable à la règle, qui est d'application universelle. dans les premiers états de la société.

Les marchandises, bien qu'elles continuent à monter et à descendre, proportionnellement à ce qu'il faut plus ou moins de travail pour leur production, sont également affectées dans leur valeur relative par une hausse ou une baisse des profits, puisque des profits égaux peuvent être tirés de marchandises qui se vendent 2 000 dollars. /. et parmi ceux qui se vendent 10 000 /. ; et par conséquent les variations de ces profits, indépendamment de toute augmentation ou diminution de la quantité de travail requise pour les biens en question, doivent affecter leurs prix dans des proportions différentes.

Il apparaît également que la valeur des marchandises peut diminuer à la suite d'une augmentation réelle des salaires, mais qu'elle ne peut jamais être augmentée pour cette raison. D'un autre côté, ils peuvent se relever d'une baisse des salaires, car ils perdent alors les avantages particuliers de la production que leur procuraient des salaires élevés.

CHAPITRE II

EN LOYER.

IL RESTE cependant à se demander si l'appropriation de la terre, et la création de rente qui en résulte, donneront lieu à une quelconque variation dans la valeur relative des marchandises, indépendamment de la quantité de travail nécessaire à la production . Pour comprendre cette partie du sujet, nous devons rechercher la nature de la rente et les lois par lesquelles sa hausse ou sa baisse est réglée. La rente est la part des produits de la terre qui est payée au propriétaire pour l'usage des puissances originelles et indestructibles du sol. On le confond cependant souvent avec les intérêts et les profits du capital, et dans le langage populaire, ce terme s'applique à tout ce qui est payé annuellement par un agriculteur à son propriétaire. Si, de deux fermes contiguës de même étendue et de même fertilité naturelle, l'une avait toutes les commodités des bâtiments de ferme, était en outre bien drainée et fumée, et avantageusement divisée par des haies, des clôtures et des murs, tandis que l'autre n'eût aucun de ces avantages, une rémunération plus élevée serait naturellement payée pour l'usage de l'un que pour l'usage de l'autre ; cependant, dans les deux cas, cette rémunération serait appelée rente.Mais il est évident qu'une partie seulement de l'argent à payer annuellement pour la ferme améliorée serait donnée pour les puissances originelles et indestructibles du sol ; l'autre partie serait payée pour l'utilisation du capital qui avait été employé à améliorer la qualité de la terre et à ériger les bâtiments nécessaires pour assurer et conserver les produits. Adam Smith parle parfois de rente, dans le sens strict auquel je désire le confiner, mais plus souvent dans le sens populaire dans lequel le terme est habituellement employé. Il nous dit que la demande de bois et son prix constamment élevé dans les pays les plus méridionaux de l'Europe ont entraîné le paiement d'une rente pour les forêts norvégiennes, qui auparavant ne pouvaient se permettre aucune rente. La personne qui a payé ce qu'il appelle ainsi le loyer, l'a payé en considération de la marchandise de valeur qui se trouvait alors sur le terrain, et qu'elle s'est effectivement remboursée avec un profit, par la vente du bois ? Si, en effet, après l'enlèvement du bois, une compensation quelconque était versée au propriétaire pour l'utilisation de la terre, dans le but de cultiver du bois ou tout autre produit, en vue d'une demande future, cette compensation pourrait simplement être appelée rente. parce qu'il serait payé pour les forces productives du pays ; mais dans le cas exposé par Adam Smith, la compensation était payée pour la liberté d'enlever et de vendre le bois, et non pour la liberté de le cultiver. Il parle aussi de la rente des mines de charbon et des carrières de pierre, auxquelles s'applique la même observation : que la compensation donnée pour la mine ou la carrière est payée pour la valeur du charbon ou de la pierre qui peut en être extraite, et n'a aucun lien avec les pouvoirs originels et indestructibles du pays. C'est une distinction de grande importance dans une enquête sur la rente et les profits ; car on constate que les lois qui règlent la progression de la rente sont très différentes de celles qui règlent la marche des profits, et opèrent rarement dans le même sens. Dans tous les pays améliorés, la somme payée annuellement au propriétaire, participant des deux caractères, rente et profit, est tantôt maintenue stationnaire par les effets de causes opposées, tantôt avance ou recule, selon que l'une ou l'autre de ces causes prépondère. Ainsi, dans les pages suivantes de cet ouvrage, chaque fois que je parlerai de la rente de la terre, je veux être compris comme parlant de cette compensation qui est versée au propriétaire de la terre pour l'usage de ses pouvoirs originels et indestructibles.

Lors de la première installation d'un pays dans lequel il y a une abondance de terres riches et fertiles, dont une très petite proportion doit être cultivée pour l'entretien de la population réelle, ou peut même être cultivée avec le capital que la population peut commander, il n'y aura pas de loyer ; car personne ne paierait pour l'usage de la terre, alors qu'il y en avait une quantité abondante non encore appropriée, et donc à la disposition de quiconque choisirait de la cultiver.

Selon les principes communs de l'offre et de la demande, aucune rente ne pourrait être payée pour de telles terres, pour la raison indiquée, pourquoi rien n'est donné pour l'usage de l'air et de l'eau, ou pour tout autre don de la nature qui existe en quantité illimitée. Avec une quantité donnée de matériaux, et avec l'aide de la pression de l'atmosphère et de l'élasticité de la vapeur, les machines peuvent accomplir du travail et abréger dans une très grande mesure le travail humain ; mais l'usage de ces secours naturels est gratuit, parce qu'ils sont inépuisables et à la disposition de chacun. De même le brasseur, le distillateur, le teinturier utilisent incessamment l'air et l'eau pour la production de leurs marchandises ; mais comme l'offre est illimitée, elle n'a pas de prix. Si toutes les terres avaient les mêmes propriétés, si elles étaient illimitées en quantité et uniformes en qualité, aucune redevance ne pourrait être exigée pour leur usage, à moins qu'elles ne possèdent des avantages particuliers de situation. C'est seulement alors que la terre est de qualités différentes par rapport à sa puissance productive, et que, dans le progrès de la population, des terres de qualité inférieure ou moins avantageusement situées sont mises en culture, qu'une rente est toujours payée pour l'usage de ces terres. il. Lorsque, dans le progrès de la société, des terres du deuxième degré de fertilité sont mises en culture, la rente commence immédiatement sur celle de la première qualité, et le montant de cette rente dépendra de la différence de qualité de ces deux portions de terre. .

Lorsqu'une terre de troisième qualité est mise en culture, la rente commence immédiatement sur la seconde qualité, et elle est réglée, comme auparavant, par la différence de leurs puissances productives. En même temps, la rente des premières qualités augmentera, car elle doit toujours être supérieure à la rente des secondes, de la différence entre les produits qu'elles rapportent avec une quantité donnée de capital et de travail . A chaque progrès de la population, qui obligera un pays à recourir à des terres de moins bonne qualité, pour lui permettre d'augmenter ses réserves de nourriture, la rente, sur toutes les terres les plus fertiles, augmentera.

Supposons donc la terre – Non. 1, 2, 3, — produire, avec un emploi égal du capital et du travail , un produit net de 100, 90 et 80 quarters de blé. Dans un pays nouveau, où il y a une abondance de terres fertiles par rapport à la population, et où par conséquent il suffit de cultiver du No. 1, la totalité du produit net appartiendra au cultivateur, et sera le profit du capital qu'il avance. Dès que la population eut augmenté au point de rendre nécessaire la culture du No. 2, dont quatre-vingt-dix quarts seulement peuvent être obtenus après avoir soutenu les ouvriers , le loyer commencerait au No. 1; car ou bien il faut qu'il y ait deux taux de profit sur le capital agricole, ou dix quarters, ou bien la valeur de dix quarters doit être retirée du produit du No. 1, dans un autre but. Que le propriétaire du terrain, ou toute autre personne, ait cultivé le No. 1, ces dix trimestres constitueraient également un loyer ; pour le cultivateur du No. Le n°2 obtiendrait le même résultat avec son capital, qu'il cultive le n°2. 1, payant dix trimestres de loyer, ou continuant à cultiver le No. 2, ne payant aucun loyer. De la même manière, on pourrait démontrer que lorsque le No. 3 est mis en culture, la rente du No. 2 doit être de dix trimestres, ou la valeur de dix trimestres, tandis que le loyer du No. 1 monterait à vingt quarts ; pour le cultivateur du No. 3 aurait les mêmes bénéfices s'il payait vingt quarters pour le loyer du No. 1, dix quarts pour le loyer du No. 2, ou cultivé No. 3 libres de tout loyer.

Il arrive souvent, et il arrive d'ailleurs couramment, qu'avant le numéro 1. 2, 3, 4 ou 5, ou si les terres inférieures sont cultivées, le capital peut être employé de manière plus productive sur les terres qui sont déjà en culture. On constatera peut-être qu'en doublant le capital initial employé sur le No. 1, quoique le produit ne soit pas doublé, ne soit pas augmenté de 100 quarters, il peut être augmenté de quatre-vingt-cinq quarters, et que cette quantité excède ce qu'on pourrait obtenir en employant le même capital sur la terre, Non. 3.

Dans ce cas, le capital sera employé de préférence sur les anciennes terres, et créera également une rente ; car la rente est toujours la différence entre le produit obtenu par l'emploi de deux quantités égales de capital et de travail . Si avec un capital de 1000 *l.* un fermier obtient 100 quarters de blé de sa terre, et par l'emploi d'un second capital de 1,000 *l.* s'il obtenait un nouveau rendement de quatre-vingt-cinq, son propriétaire aurait le pouvoir, à l'expiration de son bail, de l'obliger à payer quinze quarters, ou une valeur équivalente, pour supplément de loyer ; car il ne peut y avoir deux taux de profit. S'il se contente d'une diminution de quinze quarts du rendement de son deuxième 1000 *l.* , c'est qu'on ne peut lui trouver aucun emploi plus rémunérateur. Le taux de profit commun serait dans cette proportion, et si le locataire initial refusait, une autre personne se trouverait disposée à donner tout ce qui dépasse ce taux de profit au propriétaire du terrain d'où il l'a tiré.

Dans ce cas comme dans l'autre, le dernier capital employé ne paie aucune rente, même si les forces productives des premiers 1000 *litres sont plus grandes.* , quinze quarts sont payés en loyer, pour l'emploi du deuxième 1000 *l.* aucun loyer n'est payé. Si un troisième 1000 *l.* être employé sur le même terrain, avec un rendement de soixante-quinze quarters, le loyer sera alors payé pour les seconds 1000 *l.* et sera égal à la différence entre le produit de ces deux, ou dix quartiers ; et en même temps le loyer des premiers 1000 *l.* passera de quinze à vingt-cinq trimestres ; tandis que les derniers 1000 *l.* ne paiera aucun loyer.

Si donc les bonnes terres existaient en quantité beaucoup plus abondante que ne l'exige la production de nourriture pour une population croissante, ou si le capital pouvait être employé indéfiniment sans diminuer le rendement de l'ancienne terre, il ne pourrait y avoir d'augmentation de la rente ; car la rente provient invariablement de l'emploi d'une quantité supplémentaire de travail avec un rendement proportionnellement moindre.

La terre la plus fertile et la plus favorablement située sera d'abord cultivée, et la valeur échangeable de son produit sera ajustée de la même manière que la valeur échangeable de toutes les autres marchandises, par la quantité totale de travail nécessaire sous diverses formes, depuis le début. pour durer, le produire et le mettre sur le marché. Lorsque des terres de qualité inférieure sont mises en culture, la valeur échangeable des produits bruts augmente, car il faut plus de travail pour les produire.

La valeur échangeable de toutes les marchandises, qu'elles soient manufacturées, ou produites des mines, ou produits de la terre, est toujours réglée, non par la moindre quantité de travail qui suffira à leur production dans des circonstances très favorables et dont on jouit exclusivement. par ceux qui ont des facilités de production particulières ; mais par la plus grande quantité de travail nécessairement consacrée à leur production par ceux qui ne disposent pas de telles facilités ; par ceux qui continuent à les produire dans les circonstances les plus défavorables ; c'est-à-dire par les circonstances les plus défavorables , les plus défavorables dans lesquelles la quantité de produit requise rend nécessaire la poursuite de la production.

Ainsi, dans une institution charitable, où les pauvres sont mis au travail avec les fonds des bienfaiteurs, les prix généraux des marchandises qui sont le produit de ce travail ne seront pas gouvernés par les facilités particulières accordées à ces ouvriers, mais par les conditions particulières accordées à ces ouvriers. les difficultés communes, habituelles et naturelles que tout autre fabricant devra rencontrer. Le fabricant ne bénéficiant d'aucune de ces facilités pourrait en effet être complètement chassé du marché, si l'offre fournie par ces ouvriers privilégiés était égale à tous les besoins de la communauté ; mais s'il continuait le commerce, ce ne serait qu'à la condition qu'il en tirerait le taux habituel et général des profits sur les actions ; et cela ne pourrait se produire que lorsque sa marchandise se vendrait à un prix proportionnel à la quantité de travail consacrée à sa production. [6]

Il est vrai que sur la meilleure terre, le même produit serait toujours obtenu avec le même travail qu'auparavant, mais sa valeur serait augmentée par suite des revenus diminués obtenus par ceux qui emploieraient du travail et du bétail frais sur la terre la moins fertile. . Bien que les avantages des terres fertiles sur les terres inférieures ne soient en aucun cas perdus, mais seulement transférés du cultivateur ou du consommateur au propriétaire foncier, cependant, comme il faut plus de travail sur les terres inférieures et que ce n'est que de ces terres qu'il faut travailler . que nous sommes en mesure de nous fournir un approvisionnement supplémentaire en produits bruts, la valeur comparative de ces produits continuera en permanence au-dessus de son ancien niveau et les fera s'échanger contre davantage de chapeaux, de tissus, de chaussures, etc. etc. dont la production ne nécessite pas une telle quantité de travail supplémentaire.

La raison pour laquelle la valeur relative des produits bruts augmente, c'est parce que davantage de travail est employé à la production de la dernière portion obtenue, et non parce qu'une rente est payée au propriétaire. La valeur du blé est réglée par la quantité de travail consacrée à sa production sur cette qualité de terre, ou avec cette partie du capital, qui ne paie pas de rente. Le blé n'est pas élevé parce qu'une rente est payée, mais une rente est payée parce que le blé est payé. est haut; et on vient de remarquer qu'aucune réduction n'aurait lieu dans le prix du blé, bien que les propriétaires fonciers renonçaient à la totalité de leur fermage. Une telle mesure permettrait seulement à quelques fermiers de vivre comme des gentlemen, mais ne diminuerait pas la quantité de travail . Il est nécessaire de cultiver des produits bruts sur les terres cultivées les moins productives.

Rien n'est plus commun que d'entendre parler des avantages que la terre possède sur toute autre source de produits utiles, en raison du surplus qu'elle rapporte sous forme de rente. Pourtant, lorsque la terre est la plus abondante, la plus productive et la plus fertile, , il ne rapporte aucun loyer ; et ce n'est que lorsque ses forces décroissent et qu'il y a moins de rendement en échange du travail , qu'une part du produit originel des parties les plus fertiles est mise de côté pour la rente. Il est singulier que cette qualité du pays, qui aurait dû être remarquée comme une imperfection, comparée aux agents naturels par lesquels les fabricants sont aidés, aurait dû être signalée comme constituant sa prééminence particulière. Si l'air, l'eau, l'élasticité de la vapeur et la pression de l'atmosphère étaient de diverses qualités ; s'ils pouvaient être appropriés, et si chaque qualité n'existait qu'en abondance modérée, ils fourniraient, ainsi que la terre, une rente, à mesure que les qualités successives seraient utilisées. A mesure que l'on employait une qualité inférieure, la valeur des marchandises pour la fabrication desquelles elles étaient utilisées augmenterait, parce que des quantités égales de travail seraient moins productives. On ferait plus à la sueur de son front, et la nature ferait moins ; et le pays ne serait plus prééminent en raison de ses pouvoirs limités.

Si le surplus de production que le pays offre sous forme de rente constitue un avantage, il est désirable que, chaque année, les machines nouvellement construites soient moins efficaces que les anciennes, car cela donnerait sans aucun doute une plus grande valeur échangeable aux biens fabriqués. non seulement par cette machine, mais par toutes les autres machines du royaume ; et une rente serait versée à tous ceux qui possédaient les machines les plus productives. [7]

L'augmentation des rentes est toujours l'effet de la richesse croissante du pays et de la difficulté de nourrir sa population augmentée. C'est un symptôme, mais ce n'est jamais une cause de richesse ; car la richesse augmente souvent plus rapidement lorsque la rente est soit stationnaire, soit même en baisse. La rente augmente plus rapidement, à mesure que la terre disponible diminue dans sa puissance productive. La richesse augmente le plus rapidement dans les pays où les terres disponibles sont les plus fertiles, où les importations sont les moins restreintes et où, grâce aux améliorations agricoles, les productions peuvent être multipliées sans aucune augmentation de la quantité proportionnelle de travail, et où par conséquent la progression de la rente est lente . .

Si le prix élevé du maïs était l'effet, et non la cause, de la rente, le prix serait influencé proportionnellement selon que les rentes étaient élevées ou faibles, et la rente serait une composante du prix. Mais le blé qui est produit avec la plus grande quantité de travail est le régulateur du prix du blé, et la rente n'entre pas et ne peut pas entrer le moins du monde comme partie composante de son prix. Adam Smith ne peut donc pas avoir raison de supposer que la règle originelle qui régissait la valeur échangeable des marchandises, à savoir la quantité relative de travail par laquelle elles étaient produites, puisse être modifiée par l'appropriation de la terre et le paiement de la rente. La matière première entre dans la composition de la plupart des marchandises, mais la valeur de cette matière première, ainsi que celle du blé, est réglée par la productivité de la partie du capital employée en dernier lieu sur la terre et ne payant aucune rente ; et donc le loyer n'est pas une composante du prix des marchandises.

Nous avons étudié jusqu'ici les effets du progrès naturel de la richesse et de la population sur la rente, dans un pays où la terre a des puissances productives diverses ; et nous avons vu qu'avec chaque portion de capital supplémentaire qu'il deviendrait nécessaire d'employer sur la terre avec un rendement moins productif, la rente augmenterait. Il résulte des mêmes principes que toute circonstance dans la société qui rendrait inutile l'emploi de la même quantité de capital sur la terre, et qui rendrait par conséquent plus productive la dernière partie employée, ferait baisser le fermage. Le capital d'un pays, qui diminuerait sensiblement les fonds destinés à l'entretien du travail , aurait naturellement cet effet. La population se règle elle-même par les fonds qui doivent l'employer, et par conséquent augmente ou diminue toujours avec l'augmentation ou la diminution du capital. Toute réduction du capital est donc nécessairement suivie d'une demande moins effective de blé, d'une baisse des prix et d'une diminution de la culture. Dans l'ordre inverse de celui dans lequel l'accumulation du capital augmente la rente, la diminution de celle-ci diminue la rente. Des terres de qualité moins improductive seront successivement abandonnées, la valeur échangeable des produits diminuera et des terres de qualité supérieure seront abandonnées. la terre cultivée en dernier lieu, et celle qui ne paiera alors aucun loyer.

Les mêmes effets peuvent cependant être produits lorsque la richesse et la population d'un pays augmentent, si cet accroissement s'accompagne d'améliorations marquées de l'agriculture, qui auront le même effet de diminuer la nécessité de cultiver les terres les plus pauvres ou d'étendre la superficie des terres. même montant de capital pour la culture des parties les plus fertiles.

Si un million de quarters de blé est nécessaire pour l'entretien d'une population donnée, et qu'il soit cultivé sur une terre des qualités No. 1, 2, 3 ; et si une amélioration est découverte par la suite grâce à laquelle il peut être relevé sur le numéro 1. 1 et 2, sans employer le No. 3, il est évident que l'effet immédiat doit être une baisse des loyers ; pour Non. 2, au lieu du No. 3, sera alors cultivé sans payer aucun loyer ; et le loyer du No. 1, au lieu d'être la différence entre le produit du No. 3 et n° 1, ne fera la différence qu'entre le No. 2 et 1. Avec la même population, et pas plus, il ne peut y avoir de demande pour une quantité supplémentaire de blé ; le capital et le travail employés sur le No. 3, seront consacrés à la production d'autres marchandises désirables pour la communauté et ne pourront avoir aucun effet sur l'augmentation des rentes à moins que la matière première à partir de laquelle elles sont fabriquées ne puisse être obtenue sans employer le capital moins avantageusement sur la terre, auquel cas le numéro 3. 3 doit être cultivé à nouveau.

Il est sans aucun doute vrai que la baisse du prix relatif des produits bruts, par suite du progrès de l'agriculture, ou plutôt par suite d'une diminution du travail consacré à sa production, conduirait naturellement à une accumulation accrue ; car les profits des actions seraient considérablement augmentés. Cette accumulation conduirait à une demande accrue de travail , à des salaires plus élevés, à une population accrue, à une demande accrue de produits bruts et à une culture accrue. Ce n'est pourtant qu'après l'augmentation de la population que les rentes redeviendront aussi élevées qu'auparavant ; c'est-à-dire après le No. 3 a été mis en culture. Une période considérable se serait écoulée, accompagnée d'une diminution positive des loyers.

Mais les améliorations agricoles sont de deux sortes : celles qui augmentent la puissance productive de la terre, et celles qui nous permettent d'obtenir ses produits avec moins de travail . Ils entraînent tous deux une baisse du prix des produits bruts ; ils affectent tous deux le loyer, mais ils ne l'affectent pas de la même manière. S'ils ne provoquaient pas une baisse du prix des produits bruts, ils ne constitueraient pas des améliorations ; car c'est la qualité essentielle d'une amélioration que de diminuer la quantité de travail auparavant requise pour produire une marchandise ; et cette diminution ne peut avoir lieu sans une baisse de son prix ou de sa valeur relative.

Les améliorations qui augmentent la puissance productive de la terre sont telles qu'un assolement plus habile des cultures ou un meilleur choix d'engrais. Ces améliorations nous permettent tout à fait d'obtenir le même produit sur une plus petite quantité de terre. Si, en introduisant une série de navets, je peux nourrir mes moutons en plus de cultiver mon maïs, la terre sur laquelle les moutons ont été nourris devient inutile, et la même quantité de produits bruts est obtenue en employant une moindre quantité de terre. . Si je découvre un fumier qui me permettra de faire produire 20 pour cent d'un terrain. plus de maïs, je peux retirer au moins une partie de mon capital de la partie la plus improductive de ma ferme. Mais, comme je l'ai déjà observé, il n'est pas nécessaire que la terre soit mise hors de culture pour réduire la rente : pour produire cet effet, il suffit que des portions successives de capital soient employées sur la même terre avec des résultats différents. et que la partie qui donne le moins de résultat soit retirée. Si, par l'introduction de la culture du navet, ou par l'emploi d'un engrais plus revigorant, je peux obtenir le même produit avec moins de capital, et sans troubler la différence entre les puissances productives des portions successives du capital, j'abaisserai la rente. ; car une portion différente et plus productive sera celle qui formera l'étalon à partir duquel toutes les autres seront comptées. Si, par exemple, les parts successives du capital rapportaient 100, 90, 80, 70 ; pendant que j'employerais ces quatre portions, mon loyer serait de 60, ou la différence entre

$$
\begin{array}{lcl}
70 \text{ et } 90 = 20 & & 90 \\
70 \text{ et } 80 = 10 & & 80 \\
\text{—} & \text{alors que le produit serait de 340} & 70 \\
60 & & \text{———} \\
& & 340
\end{array}
$$

et pendant que j'emploierais ces portions, la rente resterait la même, quoique le produit de chacune d'elles ait une égale augmentation. Si, au lieu de 100, 90, 80, 70, la production était augmentée à 125, 115, 105, 95, la rente serait encore de 60, ou la différence entre

$$
\begin{array}{lcl}
95 \text{ et } 125 = 30 & & 125 \\
95 \text{ et } 115 = 20 & & 115 \\
95 \text{ et } 105 = 10 & \text{tandis que la production} & 105 \\
\text{—} & \text{serait portée à 440} & 95 \\
60 & & \text{———} \\
& & 440
\end{array}
$$

Mais avec une telle augmentation de production, sans une augmentation de la demande, il ne pourrait y avoir aucune raison d'employer autant de capital sur la terre ; une partie serait retirée, et par conséquent la dernière partie du capital rapporterait 105 au lieu de 95, et le loyer tomberait à 30, ou la différence entre

$$
\begin{array}{lcl}
105 \text{ et } 125 = 20 & & 125 \\
105 \text{ et } 115 = 10 & \text{tandis que le produit serait encore suffisant} & 115 \\
\text{—} & \text{pour les besoins de la population, car il serait} & 105 \\
30 & \text{de 345 quarters, ou} & \text{———} \\
& & 345
\end{array}
$$

la demande n'est que de 340 quarters . — Mais il y a des améliorations qui peuvent abaisser la valeur relative des produits sans abaisser la rente du blé, bien qu'elles abaissent la rente monétaire de la terre. De telles améliorations n'augmentent pas la puissance productive du pays, mais elles nous permettent d'obtenir ses produits avec moins de travail . Ils visent plutôt la formation du capital appliqué à la terre que la culture de la terre elle-même. Les améliorations apportées aux instruments agricoles, tels que la charrue et la batteuse, l'économie dans l'emploi des chevaux employés dans l'élevage et une meilleure connaissance de l'art vétérinaire, sont de cette nature. Moins de capital, ce qui revient à moins de travail , sera employé à la terre ; mais pour obtenir le même produit, on ne peut cultiver moins de terre. Toutefois, la question de savoir si des améliorations de ce genre affectent la rente du blé dépend de la question de savoir si la différence entre les produits obtenus par l'emploi de différentes parties du capital est augmentée, stationnaire ou diminuée. Si quatre parts de capital, 50, 60, 70, 80, étaient employées sur la terre, donnant chacune les mêmes résultats, et que toute amélioration dans la formation de ce capital me permettrait d'en retirer 5 de chacune, de sorte qu'elles seraient de 45 , 55, 65 et 75, aucune modification n'aurait lieu dans la rente du blé ; mais si les améliorations étaient telles qu'elles me permettraient d'épargner toute la totalité de la partie du capital la plus grande, la partie la moins productivement employée, la rente du blé diminuerait immédiatement, parce que la différence entre le capital le plus productif et le capital le moins productif diminuerait. être diminué; et c'est cette différence qui constitue la rente.

Sans multiplier les exemples, j'espère qu'on en a dit assez pour montrer que tout ce qui diminue l'inégalité dans le produit obtenu des portions successives du capital employé sur la même terre ou sur de nouvelles terres tend à abaisser la rente ; et que tout ce qui augmente cette inégalité produit nécessairement un effet contraire et tend à l'augmenter.

En parlant de la rente du propriétaire, nous l'avons plutôt considérée comme la proportion du produit total, sans aucune référence à sa valeur échangeable ; mais puisque la même cause, la difficulté de production, augmente la valeur échangeable des produits bruts, et augmente aussi la proportion des produits bruts payée au propriétaire en guise de loyer, il est évident que le propriétaire bénéficie doublement de la difficulté de production. Premièrement , il obtient une plus grande part, et deuxièmement, la marchandise pour laquelle il est payé a une plus grande valeur. [8ème]

CHAPITRE III.

SUR LE LOCATION DES MINES.

LES MÉTAUX , comme les autres choses, sont obtenus par le travail . La nature, en effet, les produit ; mais c'est le travail de l'homme qui les extrait des entrailles de la terre et les prépare à notre service.

Les mines, tout comme les terrains, paient généralement un loyer à leur propriétaire ; et cette rente, ainsi que la rente des terres, est l'effet, et jamais la cause, de la haute valeur de leurs produits.

S'il y avait une abondance de mines également fertiles, que chacun pourrait s'approprier, elles ne pourraient rapporter aucune rente ; la valeur de leur production dépendrait de la quantité de travail nécessaire pour extraire le métal de la mine et le mettre sur le marché.

Mais il existe des mines de qualités diverses, donnant des résultats très différents, avec des quantités de travail égales . Le métal produit dans la mine la plus pauvre exploitée doit au moins avoir une valeur échangeable, non seulement suffisante pour procurer tous les vêtements, nourritures et autres nécessités consommées par ceux qui sont employés à l'exploiter et à amener les produits au marché, mais aussi à fournir les bénéfices communs et ordinaires à celui qui avance le capital nécessaire à l'exploitation de l'entreprise. Le retour du capital de la mine la plus pauvre ne payant aucun loyer régulerait le loyer de toutes les autres mines les plus productives. Cette mine est censée rapporter les bénéfices habituels du stock. Tout ce que les autres mines produiront au-delà de cela, sera nécessairement payé aux propriétaires en fermage. Puisque ce principe est exactement le même que celui que nous avons déjà posé concernant la terre, il ne sera pas nécessaire de l'agrandir davantage.

Il suffira de remarquer que la même règle générale qui règle la valeur des produits bruts et des marchandises manufacturées, est applicable aussi aux métaux ; leur valeur ne dépend ni du taux des profits, ni du taux des salaires, ni de la rente payée pour les mines, mais de la quantité totale de travail nécessaire pour obtenir le métal et pour le mettre sur le marché.

Comme toute autre marchandise, la valeur des métaux est sujette à variation. Des améliorations peuvent être apportées aux instruments et aux machines utilisés dans les mines, qui peuvent dépasser considérablement la main-d'œuvre ; On pourra découvrir de nouvelles mines plus productives, dans lesquelles, avec le même travail , on pourra obtenir davantage de métal ; ou les possibilités de mise sur le marché peuvent être augmentées. Dans l'un ou l'autre de ces cas, les métaux perdraient de la valeur et seraient donc échangés contre une quantité moindre d'autres choses. D'un autre côté, à cause de la difficulté croissante d'obtenir le métal, occasionnée par la plus grande profondeur à laquelle la mine doit être exploitée et par l'accumulation d'eau, ou toute autre éventualité, sa valeur, comparée à celle d'autres choses, pourrait être considérablement augmenté.

On a donc observé à juste titre que, si honnêtement que la monnaie d'un pays puisse se conformer à son étalon, la monnaie faite d'or et d'argent est toujours sujette à des fluctuations de valeur, non seulement à des variations accidentelles et temporaires, mais à des variations permanentes et naturelles, dans de la même manière que les autres marchandises.

La découverte de l'Amérique et des riches mines dont elle abonde a produit un très grand effet sur le prix naturel des métaux précieux. Beaucoup pensent que cet effet n'est pas encore terminé. Il est probable cependant que tous les effets sur la valeur des métaux, résultant de la découverte de l'Amérique, ont cessé depuis longtemps, et si une baisse de leur valeur s'est produite ces dernières années, elle doit être attribuée à des améliorations dans le mode de production. travailler les mines.

Quelle qu'en soit la cause, l'effet a été si lent et graduel, que peu d'inconvénients pratiques ont été ressentis du fait que l'or et l'argent sont les moyens généraux dans lesquels la valeur de toutes les autres choses est estimée. Bien qu'il s'agisse sans aucun doute d'une mesure de valeur variable, il n'existe probablement aucune marchandise sujette à moins de variations. Ceci et les autres avantages que possèdent ces métaux, tels que leur dureté , leur malléabilité, leur divisibilité, et bien d'autres encore, ont justement assuré la préférence qui leur est donnée partout , comme étalon de la monnaie des pays civilisés.

Ayant reconnu les imperfections auxquelles la monnaie faite d'or et d'argent est sujette comme mesure de valeur, à cause de la plus ou moins grande quantité de travail qui peut, dans diverses circonstances, être nécessaire pour la production de ces métaux, il peut être permis de faire la supposition que toutes ces imperfections étaient supprimées, et que des quantités égales de travail pouvaient toujours obtenir, de cette mine qui ne payait pas de fermage, des quantités égales d'or. L'or serait alors une mesure de valeur invariable. La quantité augmenterait en effet avec la demande, mais sa valeur serait invariable, et elle serait éminemment bien calculée pour mesurer la valeur variable de toutes les autres choses. J'ai déjà considéré l'or comme doué de cette uniformité dans une partie précédente de cet ouvrage, et dans le chapitre suivant je continuerai cette supposition. En parlant donc de variation de prix, la variation sera toujours considérée comme étant dans la marchandise, et jamais dans le milieu dans lequel elle est estimée.

CHAPITRE IV

SUR LE PRIX NATUREL ET DU MARCHÉ.

EN FAISANT du travail le fondement de la valeur des marchandises, et de la quantité relative de travail nécessaire à leur production, la règle qui détermine les quantités respectives de biens qui seront donnés en échange les uns contre les autres, il ne faut pas croire que nier les écarts accidentels et temporaires du prix réel ou du prix du marché des marchandises par rapport à leur prix primaire et naturel.

Dans le cours ordinaire des événements, il n'existe aucune marchandise qui continue pendant un certain temps à être approvisionnée précisément selon ce décret d'abondance qu'exigent les besoins et les désirs de l'humanité, et par conséquent il n'y en a aucune qui ne soit soumise à des variations accidentelles et temporaires. variations de prix.

C'est seulement en conséquence de telles variations que le capital est proportionné précisément, dans l'abondance requise et pas plus, à la production des différentes marchandises qui se trouvent être demandées. Avec la hausse ou la baisse des prix, les profits s'élèvent au-dessus ou diminuent au-dessous de leur niveau général, et le capital est soit encouragé à s'engager, soit averti de s'écarter de l'emploi particulier dans lequel la variation a eu lieu.

Tandis que chacun est libre d'employer son capital où bon lui semble, il recherchera naturellement pour lui l'emploi qui lui est le plus avantageux ; Il sera naturellement mécontent d'un bénéfice de 10 pour cent, si en supprimant son capital il peut obtenir un bénéfice de 15 pour cent. Ce désir incessant de la part de tous les employeurs de capitaux, de quitter une entreprise moins rentable pour une entreprise plus avantageuse, a une forte tendance à égaliser le taux de profit de tous, ou à le fixer dans les proportions qui peuvent être les plus appropriées. l'estimation des parties, compensent tout avantage que l'une peut avoir ou semble avoir sur l'autre. Il est peut-être très difficile de retracer les étapes par lesquelles ce changement s'effectue : il est probablement effectué par un fabricant qui ne change pas absolument son emploi, mais diminue seulement la quantité de capital qu'il possède dans cet emploi. Dans tous les pays riches, il existe un certain nombre d'hommes qui forment ce qu'on appelle la classe aisée ; Ces hommes ne se livrent à aucun commerce, mais vivent de l'intérêt de leur argent, qui est employé à escompter des effets ou à prêter à la partie la plus industrielle de la communauté. Les banquiers emploient également un capital important sur les mêmes objets. Le capital ainsi employé forme un capital circulant d'une grande quantité, et est employé, dans des proportions plus ou moins grandes, par tous les différents métiers d'un pays. Il n'y a peut-être aucun industriel, si riche soit-il, qui limite son activité dans la mesure où ses propres fonds le lui permettent seuls : il possède toujours une partie de ce capital flottant, augmentant ou diminuant selon l'activité de la demande de ses marchandises. Lorsque la demande de soierie augmente et que celle de drap diminue, le drapier ne se déplace pas avec son capital vers le commerce de la soie, mais il renvoie quelques-uns de ses ouvriers, il cesse de demander des emprunts aux banquiers et aux hommes fortunés ; tandis que le cas du fabricant de soie est inverse : il souhaite employer plus d'ouvriers, et ainsi son motif d'emprunt est accru : il emprunte davantage, et ainsi le capital est transféré d'un emploi à un autre, sans qu'il soit nécessaire qu'un fabricant cesse son activité. profession habituelle. Lorsque nous regardons les marchés d'une grande ville et observons avec quelle régularité ils sont approvisionnés tant en produits nationaux qu'étrangers, dans la quantité dont ils sont requis, dans toutes les circonstances de demande variable, venant du caprice du goût, ou un changement dans la quantité de population, sans produire souvent ni les effets d'une surabondance par suite d'une offre trop abondante, ni un prix extrêmement élevé à cause de l'offre inégale à la demande, il faut avouer que le principe qui s'approprie le capital à chaque commerce dans la quantité précise dont elle a besoin est plus active qu'on ne le suppose généralement.

Un capitaliste, en cherchant un emploi rentable pour ses fonds, prendra naturellement en considération tous les avantages qu'une profession présente par rapport à une autre. Il peut donc être prêt à renoncer à une partie de son profit monétaire, en considération de la sécurité, de la propreté, de la facilité ou de tout autre avantage réel ou imaginaire qu'un emploi peut présenter par rapport à un autre.

Si, d'après ces circonstances, les bénéfices des actions devaient être ajustés de telle sorte que dans une transaction ils soient de 20 pour cent, dans une autre de 25 et dans une autre de 30 pour cent, ils continueraient probablement de façon permanente avec cette différence relative, et avec cette différence. seulement; car si une cause quelconque devait élever les bénéfices de l'un de ces métiers de 10 pour cent. ou bien ces profits seraient temporaires et retomberaient bientôt à leur état habituel, ou bien les profits des autres s'élèveraient dans la même proportion.

Supposons que toutes les marchandises soient à leur prix naturel, et par conséquent que les profits du capital dans tous les emplois soient exactement au même taux, ou ne diffèrent que dans la mesure où, de l'avis des parties, cela équivaut à un profit réel ou imaginaire. avantage qu'ils possèdent ou auxquels ils renoncent. Supposons maintenant qu'un changement de mode augmente la demande de soieries et diminue celle de lainages ; leur prix naturel, la quantité de travail nécessaire à leur production, resteraient inchangés, mais le prix du marché des soieries augmenterait et celui des lainages baisserait ; et par conséquent les profits du fabricant de soie seraient au-dessus, tandis que ceux du fabricant de laine seraient au-dessous du taux général et ajusté des profits. Non seulement les profits, mais aussi les salaires des ouvriers seraient affectés dans ces emplois. Cette demande accrue de soies serait cependant bientôt satisfaite, par le transfert de capital et de travail de l'industrie de la laine à l'industrie de la soie ; lorsque les prix du marché des soieries et des lainages se rapprocheraient de nouveau de leurs prix naturels, alors les bénéfices habituels seraient obtenus par les fabricants respectifs de ces marchandises.

C'est donc le désir qu'a tout capitaliste de détourner ses fonds d'un emploi moins rentable vers un emploi plus rentable, qui empêche le prix du marché des marchandises de se maintenir pendant un certain temps soit bien au-dessus, soit bien au-dessous de leur prix naturel. C'est cette concurrence qui ajuste la valeur échangeable des marchandises de telle sorte qu'après avoir payé les salaires pour le travail nécessaire à leur production et toutes les autres dépenses nécessaires pour mettre le capital employé dans son état originel d'efficacité, la valeur restante ou l'excédent sera dans chaque métier, être proportionnée à la valeur du capital employé.

Au 7ème chapitre. de la Richesse des Nations, tout ce qui concerne cette question est des plus bien traités. Ayant pleinement reconnu les effets temporaires qui, en particulier les emplois du capital, peuvent être produits sur les prix des marchandises, ainsi que sur les salaires du travail et les profits des capitaux, par des causes accidentelles, sans influencer le prix général des marchandises , salaires ou profits, puisque ces effets sont également opérationnels dans tous les stades de la société, il peut être permis de les laisser entièrement en dehors de notre considération, tandis que nous traitons des lois qui régulent les prix naturels, les salaires naturels et les profits naturels, effets totalement indépendant de ces causes accidentelles. En parlant donc de la valeur échangeable des marchandises, ou du pouvoir d'achat que possède une marchandise quelconque, j'entends toujours ce pouvoir qu'elle posséderait, si elle n'était pas troublée par une cause temporaire ou accidentelle, et qui est son prix naturel.

CHAPITRE V

SUR LES SALAIRES

LE TRAVAIL , COMME TOUTES LES AUTRES CHOSES QUI S'ACHÈTENT ET SE VENDENT, ET DONT la quantité peut être AUGMENTÉE OU DIMINUÉE, A SON PRIX NATUREL ET SON PRIX DE MARCHÉ. Le prix naturel du travail est ce prix qui est nécessaire pour permettre aux travailleurs , les uns avec les autres, de subsister et de perpétuer leur race, sans augmentation ni diminution.

La capacité du travailleur à subvenir à ses propres besoins, et la famille qui peut être nécessaire pour maintenir le nombre des travailleurs , ne dépend pas de la quantité d'argent qu'il peut recevoir en guise de salaire ; mais en fonction de la quantité de nourriture, les nécessités et les commodités lui deviennent essentielles par habitude, que cet argent achètera. Le prix naturel du travail dépend donc du prix de la nourriture, des produits de première nécessité et des commodités nécessaires à l'entretien du travailleur et de sa famille. Avec une hausse du prix de la nourriture et des produits de première nécessité, le prix naturel du travail augmentera ; avec la baisse de leur prix, le prix naturel du travail baissera.

Avec le progrès de la société, le prix naturel du travail a toujours tendance à s'élever, parce qu'une des principales marchandises par lesquelles son prix naturel est réglé a tendance à devenir plus chère, à cause de la plus grande difficulté de la produire. Cependant, de même que les progrès de l'agriculture, la découverte de nouveaux marchés d'où les commissions peuvent être importées, peuvent contrecarrer pendant un certain temps la tendance à la hausse du prix des produits de première nécessité, et même faire baisser leur prix naturel, de même les mêmes causes produisent les effets correspondants sur le prix naturel du travail .

Le prix naturel de toutes les marchandises, à l'exception des produits bruts et du travail , a tendance à baisser à mesure que la richesse et la population progressent ; car, même si, d'une part, leur valeur réelle s'accroît grâce à l'augmentation du prix naturel de la matière première dont ils sont fabriqués, cette augmentation est plus que contrebalancée par les progrès des machines, par une meilleure division et répartition du travail . , et par la compétence croissante, tant dans la science que dans l'art, des producteurs.

Le prix marchand du travail est le prix qui est réellement payé pour ce travail, par suite de l'opération naturelle de la proportion de l'offre à la demande ; le travail est cher quand il est rare, et bon marché quand il est abondant. Même si le prix du travail sur le marché s'écarte de son prix naturel, il a, comme les marchandises, tendance à s'y conformer.

C'est lorsque le prix du travail sur le marché dépasse son prix naturel que la condition du travailleur est prospère et heureuse, qu'il est en son pouvoir de disposer d'une plus grande proportion des nécessités et des jouissances de la vie, et donc d'élever une vie saine. et de nombreuses familles . Mais quand, par l' encouragement que les salaires élevés donnent à l'accroissement de la population, le nombre des ouvriers augmente, les salaires retombent à nouveau jusqu'à leur prix naturel, et même, par réaction, tombent parfois au-dessous de ce prix.

Lorsque le prix du travail sur le marché est au-dessous de son prix naturel, la condition des travailleurs est des plus misérables : alors la pauvreté les prive de ces conforts que la coutume rend absolument nécessaires. Ce n'est qu'après que leurs privations auront réduit leur nombre, ou que la demande de travail aura augmenté, que le prix du travail sur le marché s'élèvera jusqu'à son prix naturel, et que le travailleur aura le confort modéré que lui offrira le prix naturel du salaire. .

Malgré la tendance des salaires à se conformer à leur taux naturel, leur taux du marché peut, dans une société en amélioration, pendant une période indéfinie, être constamment au-dessus de ce taux ; Car à peine peut-on obéir à l'impulsion qu'un capital accru donne à une nouvelle demande de travail , qu'une autre augmentation de capital peut produire le même effet ; et ainsi , si l'augmentation du capital est graduelle et constante, la demande de travail peut stimuler continuellement l'augmentation du nombre de personnes.

Le capital est la partie de la richesse d'un pays qui est employée à la production et se compose de nourriture, de vêtements, d'outils, de matières premières, de machines, etc. nécessaire pour donner effet au travail .

Le capital peut augmenter en quantité en même temps que sa valeur augmente. Une augmentation peut être apportée à la nourriture et à l'habillement d'un pays, en même temps qu'il peut être nécessaire de produire plus de travail qu'auparavant pour produire la quantité supplémentaire ; dans ce cas, non seulement la quantité, mais aussi la valeur du capital augmentera.

Ou bien le capital peut augmenter sans que sa valeur augmente, et même pendant que sa valeur diminue réellement ; non seulement une addition peut être faite à la nourriture et à l'habillement d'un pays, mais cette addition peut être faite à l'aide de machines, sans aucune augmentation, et même avec une diminution absolue de la quantité proportionnelle de travail requise pour les produire . La quantité de capital peut augmenter, mais ni l'ensemble ni aucune partie de celui-ci individuellement n'auront une plus grande valeur qu'auparavant.

Dans le premier cas, le prix naturel des salaires, qui dépend toujours du prix de la nourriture, des vêtements et des autres biens de première nécessité, augmentera ; dans le second, il restera stationnaire ou tombera ; mais dans les deux cas, le taux du marché des salaires augmentera, car la demande de travail augmentera proportionnellement à l'augmentation du capital ; proportionnellement au travail à faire sera la demande de ceux qui doivent le faire.

Dans les deux cas également, le prix du travail sur le marché s'élèvera au-dessus de son prix naturel ; et dans les deux cas, il aura tendance à se conformer à son prix naturel, mais dans le premier cas, cet accord sera réalisé le plus rapidement . La situation du travailleur sera améliorée, mais pas beaucoup ; car l'augmentation du prix de la nourriture et des produits de première nécessité absorbera une grande partie de l'augmentation de son salaire ; par conséquent , une faible offre de travail ou un léger accroissement de la population réduira bientôt le prix du marché au prix naturel du travail alors augmenté .

Dans le second cas, la condition du travailleur sera très grandement améliorée ; il recevra un salaire en espèces augmenté, sans avoir à payer une augmentation de prix, et peut-être même une diminution du prix des marchandises que lui et sa famille consomment ; et ce n'est qu'après une forte augmentation de la population que le prix du marché des salaires retombera à son prix naturel alors bas et réduit.

Ainsi donc, à chaque amélioration de la société, à chaque augmentation de son capital, les salaires marchands du travail augmenteront ; mais la permanence de leur hausse dépendra de la question de savoir si le prix naturel des salaires a également augmenté ; et cela dépendra encore de l'augmentation du prix naturel des choses nécessaires pour lesquelles les salaires du travail sont dépensés.

Il ne faut pas comprendre que le prix naturel des salaires, estimé même en nourriture et en produits de première nécessité, soit absolument fixe et constant. Elle varie à différents moments dans un même pays et diffère très sensiblement selon les pays. Cela dépend essentiellement des us et coutumes des populations. Un ouvrier anglais considérerait son salaire au-dessous de son taux naturel et trop maigre pour subvenir aux besoins d'une famille, s'il lui permettait de n'acheter d'autre nourriture que des pommes de terre et de vivre dans une meilleure habitation qu'une cabane en terre battue ; Pourtant, ces exigences modérées de la nature sont souvent jugées suffisantes dans les pays où « la vie de l'homme est bon marché » et où ses besoins sont facilement satisfaits. Bon nombre des commodités dont jouissent aujourd'hui les cottages anglais auraient été considérées comme un luxe au début de notre histoire.

A partir des produits manufacturés qui diminuent toujours et des produits bruts qui augmentent toujours, avec le progrès de la société, une telle disproportion dans leur valeur relative est finalement créée, que dans les pays riches, un travailleur, en sacrifiant seulement une très petite quantité de sa nourriture , est capable de subvenir généreusement à tous ses autres besoins.

Indépendamment des variations de la valeur de la monnaie, qui affectent nécessairement les salaires, mais que nous avons ici supposées sans effet, puisque nous avons considéré la monnaie comme étant uniformément de même valeur, les salaires sont sujets à une hausse ou à une baisse de deux causes. :

1er. L'offre et la demande de travailleurs .

2èmement. Le prix des marchandises sur lesquelles les salaires du travail sont augmentés.

Dans les différents stades de la société, l'accumulation du capital, ou des moyens d'employer le travail , est plus ou moins rapide et doit dans tous les cas dépendre des forces productives du travail . Les forces productives du travail sont généralement plus grandes lorsqu'il y a une abondance de terres fertiles : à de telles périodes, l'accumulation est souvent si rapide, que les travailleurs ne peuvent pas être approvisionnés avec la même rapidité que le capital.

On a calculé que, dans des circonstances favorables , la population pourrait doubler en vingt-cinq ans ; mais dans les mêmes circonstances favorables , le capital entier d'un pays pourrait éventuellement être doublé dans un délai plus court. Dans ce cas, les salaires auraient tendance à augmenter pendant toute la période, car la demande de travail augmenterait toujours plus vite que l'offre.

Dans les nouvelles colonies, où sont introduits les arts et les connaissances de pays très avancés en raffinement, il est probable que le capital a tendance à croître plus vite que l'humanité : et si le manque de main-d'œuvre n'était pas comblé par des pays plus peuplés, cette tendance serait très augmenter beaucoup le prix du travail . À mesure que ces pays deviennent peuplés et que des terres de moins bonne qualité sont mises en culture, la tendance à l'augmentation du capital diminue ; car le surplus de produit restant, après avoir satisfait les besoins de la population existante, doit nécessairement être proportionné à la facilité de production, c'est-à-dire. au nombre réduit de personnes employées dans la production. Bien qu'il soit donc probable que, dans les circonstances les plus favorables , la puissance de production soit encore supérieure à celle de la population, elle ne le restera pas longtemps ; car la terre étant limitée en quantité et différant en qualité ; à chaque augmentation de capital employée, le taux de production diminuera, tandis que la puissance de la population demeurera toujours la même.

Dans ces pays où les terres fertiles sont abondantes, mais où, par l'ignorance, l'indolence et la barbarie des habitants, ils sont exposés à tous les maux de la misère et de la famine, et où l'on a dit que la population se pressait contre les moyens Pour assurer la subsistance, il faudrait appliquer un remède très différent de celui qui est nécessaire dans les pays de longue date, où, du fait de la diminution du taux d'approvisionnement en produits bruts, tous les maux d'une population surpeuplée se font sentir. Dans un cas, la misère vient de l'inactivité du peuple. Pour être plus heureux, il leur suffit d'être stimulés à l'effort ; avec un tel effort, aucun accroissement de la population ne peut être trop grand, car les puissances de production sont encore plus grandes. Dans l'autre cas, la population augmente plus vite que les fonds nécessaires à sa subsistance. Tout effort industriel, à moins qu'il ne s'accompagne d'un ralentissement du taux d'accroissement de la population, ne fera qu'ajouter au mal, car la production ne peut pas suivre son rythme.

Dans certains pays d'Europe et dans beaucoup d'Asie, ainsi que dans les îles des mers du Sud, les gens sont misérables, soit à cause d'un gouvernement vicieux, soit à cause d'habitudes d'indolence, qui leur font préférer la facilité et l'inactivité actuelles, bien que sans sécurité. contre le besoin, avec un degré d'effort modéré, avec beaucoup de nourriture et de première nécessité. En diminuant leur population, on ne leur apporterait aucun soulagement, car les productions diminueraient dans une proportion aussi grande, ou même dans une plus grande proportion. Le remède aux maux dont souffrent la Pologne et l'Irlande, et qui sont semblables à ceux éprouvés dans les mers du Sud, est de stimuler l'effort, de créer de nouveaux besoins et d'implanter de nouveaux goûts ; car ces pays doivent accumuler une quantité beaucoup plus grande de capital, avant que la diminution du taux de production ne rende nécessairement le progrès du capital moins rapide que le progrès de la population. La facilité avec laquelle les besoins des Irlandais sont satisfaits permet aux gens de passer une grande partie de leur temps dans l'oisiveté : si la population diminuait, ce mal augmenterait, parce que les salaires augmenteraient, et par conséquent le travailleur serait en mesure de répondre à ses besoins . en échange d'une part encore plus petite de son travail , pour obtenir tout ce qu'exigent ses besoins modérés.

Donnez au travailleur irlandais le goût des conforts et des jouissances que l'habitude a rendu essentielles au travailleur anglais , et il se contentera alors de consacrer une partie supplémentaire de son temps à l'industrie, afin de pouvoir les obtenir. Non seulement toute la nourriture produite aujourd'hui serait obtenue, mais encore une grande valeur supplémentaire dans les autres produits, vers la production desquels la main-d'œuvre actuellement au chômage du pays pourrait être dirigée. Dans les pays où les classes laborieuses ont le moins de besoins et se contentent de la nourriture la moins chère, les gens sont exposés aux plus grandes vicissitudes et aux plus grandes misères. Ils n'ont aucun refuge contre la calamité ; ils ne peuvent pas chercher refuge dans une station inférieure ; ils sont déjà si bas qu'ils ne peuvent pas descendre plus bas. En cas de carence du principal article de leur subsistance, il y a peu de substituts dont ils peuvent se prévaloir, et la disette pour eux s'accompagne de presque tous les maux de la famine.

Dans le progrès naturel de la société, les salaires du travail auront tendance à baisser, dans la mesure où ils sont réglés par l'offre et la demande ; car l'offre de travailleurs continuera à croître au même rythme, tandis que la demande en ces travailleurs augmentera à un rythme plus lent. Si, par exemple, les salaires étaient réglés par une augmentation annuelle du capital, au taux de 2 pour cent, ils baisseraient alors qu'ils ne s'accumulent qu'au taux de 1½ pour cent. Ils diminueraient encore lorsqu'ils n'augmenteraient qu'au taux de 1, ou ½ pour cent, et continueraient à le faire jusqu'à ce que le capital devienne stationnaire, alors que les salaires deviendraient également stationnaires et seraient seulement suffisants pour maintenir le nombre des capitaux. la population réelle. Je dis que, dans ces circonstances, les salaires baisseraient s'ils n'étaient réglés que par l'offre et la demande des ouvriers ; mais il ne faut pas oublier que les salaires sont aussi réglés par les prix des marchandises pour lesquelles ils sont dépensés.

À mesure que la population augmente, le prix de ces produits de première nécessité augmentera constamment, car il faudra plus de travail pour les produire. Si donc les salaires monétaires du travail devaient baisser, tandis que toutes les marchandises pour lesquelles les salaires du travail ont été dépensés augmentaient, le travailleur serait doublement affecté et serait bientôt totalement privé de sa subsistance. Au lieu donc que les salaires monétaires du travail diminuent, ils augmenteraient ; mais ils n'augmenteraient pas suffisamment pour permettre à l' ouvrier d'acheter autant de confort et de choses nécessaires qu'il le faisait avant la hausse du prix de ces marchandises. Si son salaire annuel était inférieur à 24 *l.* , soit six quarts de maïs lorsque le prix était de 4 *l.* par trimestre, il ne recevrait probablement que la valeur de cinq quarters lorsque le maïs atteindrait 5 *l.* par quart. Mais cinq quarts coûteraient 25 *l.* ; Il recevrait donc une augmentation de son salaire en argent, bien qu'avec cette augmentation il ne pourrait pas se procurer la même quantité de blé et d'autres marchandises qu'il avait consommées auparavant dans sa famille.

Même si l' ouvrier serait réellement moins bien payé, cette augmentation de son salaire diminuerait nécessairement les profits du fabricant ; car ses marchandises ne se vendraient pas à un prix plus élevé, et pourtant les frais de production seraient augmentés. Ceci sera cependant pris en compte dans notre examen des principes qui régissent les profits.

Il semble donc que la même cause qui augmente la rente, à savoir la difficulté croissante de fournir une quantité supplémentaire de nourriture avec la même quantité proportionnelle de travail , fera également augmenter les salaires ; et par conséquent , si la valeur de la monnaie est invariable, la rente et les salaires auront tendance à augmenter avec le progrès de la richesse et de la population.

Mais il y a cette différence essentielle entre la hausse des loyers et la hausse des salaires. L'augmentation de la valeur monétaire de la rente s'accompagne d'une part accrue des produits ; non seulement la rente en argent du propriétaire est plus élevée, mais aussi sa rente en blé ; il aura plus de blé, et chaque mesure définie de ce blé s'échangera contre une plus grande quantité de tous les autres biens dont la valeur n'a pas été augmentée. Le sort de l' ouvrier sera moins heureux : il recevra, il est vrai, un salaire en argent plus élevé, mais son salaire en blé sera réduit ; et non seulement sa maîtrise du blé, mais aussi son état général seront détériorés, car il lui sera plus difficile de maintenir le taux du marché des salaires au-dessus de leur taux naturel. Tandis que le prix du blé s'élèvera de 10 pour cent, les salaires augmenteront toujours de moins de 10 pour cent, mais les loyers augmenteront toujours plus ; la condition du travailleur diminuera généralement, et celle du propriétaire s'améliorera toujours.

Quand le blé était à 4 *l.* par trimestre, supposons que le salaire de l'ouvrier soit de 24 *l.* par an, soit la valeur de six quarters de blé, et supposons que la moitié de son salaire soit dépensée en blé, et l'autre moitié, soit 12 *l.* , sur d'autres choses. Il recevrait

24,14 £.		4,4,8 £.		5,83 qrs.
25/10	quand le blé était à	4.10.	ou la valeur de	5,66 qrs.
26.8.		4.16.		5,50 qrs.
27.8.6		5.2.10		5,33 qrs.

Il recevrait ce salaire pour lui permettre de vivre aussi bien, et pas mieux, qu'avant ; pour quand le maïs était à 4 *l.* par trimestre, il dépenserait trois quarts de maïs,

à 4 *l.* par qr.   12 £

et sur d'autres choses   12

———

24

Quand le blé était de 4 *l.* 4s.8d . _ _ , les trois quarts, que lui
et sa famille consommaient, lui coûteraient 12,14 £

le prix d'autres choses n'a pas changé 12

———

24.14

Quand à 4 *l.* 10 *s.* , les trois quarts du blé coûteraient 13,10 £

et d'autres choses 12

———

25/10

Quand à 4 *l.* 16 *p.* , trois qrs. de blé 14,8 £

Autres choses 12

———

26,8

Quand à 5.2.10 *l.* les trois quarts du blé coûteraient 15,8,6 £.

Autres choses 12

———

27.8.6

À mesure que le blé deviendrait cher, il recevrait moins de salaire en blé, mais son salaire en argent augmenterait toujours, tandis que ses jouissances, dans la supposition ci-dessus, seraient exactement les mêmes. Mais comme le prix des autres marchandises augmenterait proportionnellement à la quantité de matières premières entrant dans leur composition, il aurait à payer davantage pour certaines d'entre elles. Même si son thé, son sucre, son savon, ses bougies et le loyer de sa maison ne seraient probablement pas plus chers, il paierait davantage son bacon, son fromage, son beurre, son linge, ses chaussures et ses vêtements ; et par conséquent, même avec l'augmentation de salaire susmentionnée, sa situation serait comparativement pire. Mais on peut dire que j'ai étudié l'effet des salaires sur les prix, en supposant que l'or, ou le métal avec lequel la monnaie est fabriquée, est le produit du pays dans lequel les salaires variaient ; et que les conséquences que j'en ai déduites s'accordent peu avec l'état actuel des choses, parce que l'or est un métal de production étrangère. Cependant, le fait que l'or soit une production étrangère n'infirmera pas la vérité de l'argument, car on peut montrer que, qu'il soit trouvé dans le pays ou importé de l'étranger, les effets finaux et même immédiats seraient les mêmes. .

Lorsque les salaires augmentent, c'est généralement parce que l'augmentation de la richesse et du capital a occasionné une nouvelle demande de travail , qui s'accompagnera infailliblement d'une production accrue de marchandises. Pour faire circuler ces marchandises supplémentaires, même aux mêmes prix qu'auparavant, il faut plus d'argent, plus de cette marchandise étrangère dont on fait la monnaie, et qui ne peut être obtenue que par importation. Chaque fois qu'une marchandise est demandée en plus grande abondance qu'auparavant, sa valeur relative s'élève comparativement à celle des marchandises avec lesquelles elle est achetée. Si l'on voulait plus de chapeaux, leur prix augmenterait et on leur donnerait plus d'or. S'il fallait plus d'or, l'or augmenterait et le prix des chapeaux baisserait, car une plus grande quantité de chapeaux et de toutes autres choses serait alors nécessaire pour acheter la même quantité d'or. Mais dans le cas censé dire que les marchandises augmenteront parce que les salaires augmenteront, c'est affirmer une contradiction positive ; car nous disons d'abord que l'or augmentera en valeur relative par suite de la demande, et deuxièmement qu'il diminuera en valeur relative parce que les prix augmenteront, deux effets totalement incompatibles l'un avec l'autre. Dire que le prix des marchandises augmente, c'est la même chose que dire que la valeur relative de l'argent diminue ; car c'est par marchandises qu'on estime la valeur relative de l'or. Si donc le prix de toutes les marchandises augmentait, l'or ne pourrait pas venir de l'étranger pour acheter ces chères marchandises, mais il sortirait du pays pour être utilisé avec avantage dans l'achat des marchandises étrangères comparativement moins chères. Il apparaît donc que l'augmentation des salaires n'augmentera pas les prix des marchandises, que le métal à partir duquel la monnaie est fabriquée soit produit dans le pays ou à l'étranger. Toutes les marchandises ne peuvent augmenter en même temps sans une augmentation de la quantité de monnaie. Cet ajout ne pouvait être obtenu à la maison, comme nous l'avons déjà montré ; il ne pouvait pas non plus être importé de l'étranger. Pour acheter une quantité supplémentaire d'or à l'étranger, les produits nationaux doivent être bon marché et non chers. L'importation de l'or et la hausse du prix de toutes les marchandises de fabrication locale avec lesquelles l'or est acheté ou payé sont des effets absolument incompatibles. L'usage étendu du papier-monnaie ne change rien à cette question, car le papier-monnaie est conforme, ou devrait être conforme à la valeur de l'or, et par conséquent sa valeur n'est influencée que par des causes qui influencent la valeur de ce métal.

Telles sont donc les lois par lesquelles les salaires sont réglés et par lesquelles est gouverné le bonheur de la plus grande partie de chaque communauté. Comme tous les autres contrats, les salaires devraient être laissés à la libre concurrence du marché et ne devraient jamais être contrôlés par l'ingérence du législateur.

La tendance claire et directe des lois sur les pauvres est en opposition directe avec ces principes évidents : il ne s'agit pas, comme le législateur l'a bien voulu, de modifier la condition des pauvres, mais de détériorer la condition des pauvres et des riches ; au lieu de rendre les pauvres riches, ils sont calculés pour rendre les riches pauvres ; et pendant que les lois actuelles sont en vigueur, il est tout à fait dans l'ordre naturel des choses que le fonds destiné à l'entretien des pauvres augmente progressivement, jusqu'à ce qu'il ait absorbé tous les revenus nets du pays, ou du moins une grande partie de ceux-ci. comme l'État nous le laissera, après avoir satisfait à ses propres exigences constantes en matière de dépenses publiques. [9]

Cette tendance pernicieuse de ces lois n'est plus un mystère, puisqu'elle a été pleinement développée par la main habile de M. Malthus ; et tout ami des pauvres doit souhaiter ardemment leur abolition. Malheureusement, cependant, ils sont établis depuis si longtemps et les habitudes des pauvres se sont tellement formées suite à leur fonctionnement que les éradiquer en toute sécurité de notre système politique nécessite la gestion la plus prudente et la plus habile . Tous ceux qui sont les plus favorables à l'abrogation de ces lois conviennent que s'il est désirable d'éviter le plus grand malheur à ceux pour le bénéfice desquels elles ont été adoptées par erreur, leur abolition devrait se faire par les étapes les plus graduelles .

C'est une vérité qui ne fait aucun doute que le confort et le bien-être des pauvres ne peuvent être assurés de façon permanente sans une certaine attention de leur part, ou sans un effort de la part du législateur, pour réguler l'augmentation de leur nombre et pour rendre moins fréquents chez eux les mariages précoces et imprévoyants. Le fonctionnement du système des lois sur les pauvres a été directement contraire à cela. Ils ont rendu la contrainte superflue et ont invité l'imprudence en lui offrant une partie du salaire de la prudence et de l'industrie.

La nature du mal indique le remède. En rétrécissant progressivement la sphère des lois sur les pauvres ; en faisant comprendre aux pauvres la valeur de l'indépendance, en leur apprenant qu'ils ne doivent pas compter sur la charité systématique ou occasionnelle, mais sur leurs propres efforts pour subvenir à leurs besoins, que la prudence et la prévoyance ne sont ni des vertus inutiles ni inutiles, nous nous rapprocherons peu à peu d'une solution plus saine. et un état plus sain.

Aucun projet d'amendement des lois sur les pauvres ne mérite la moindre attention, s'il n'a pour but ultime leur abolition ; et il est le meilleur ami des pauvres et de la cause de l'humanité, qui peut montrer comment cet objectif peut être atteint avec le plus de sécurité et en même temps avec le moins de violence. Ce n'est pas en augmentant d'une manière différente de celle actuelle le fonds avec lequel les pauvres sont soutenus, que le mal peut être atténué. Non seulement ce ne serait pas une amélioration, mais ce serait une aggravation de la détresse que nous souhaitons voir disparaître, si le montant du fonds était augmenté, ou s'il était constitué selon certaines propositions tardives, comme un fonds général provenant de l'ensemble du pays. . Le mode actuel de collecte et d'application a servi à atténuer ses effets pernicieux. Chaque paroisse lève un fonds distinct pour soutenir ses propres pauvres. Il devient donc plus intéressant et plus pratique de maintenir les taux bas que si un fonds général était constitué pour le secours des pauvres de tout le royaume. Une paroisse est beaucoup plus intéressée à une perception économique du taux et à une distribution économique des secours, lorsque la totalité des économies sera à son propre bénéfice, que si des centaines d'autres paroisses y participaient.

C'est à cette cause qu'il faut attribuer le fait que les lois sur les pauvres n'ont pas encore absorbé tous les revenus nets du pays ; c'est à la rigueur avec laquelle elles sont appliquées que nous devons qu'elles ne soient pas devenues extrêmement oppressives. Si, en vertu de la loi, tout être humain ayant besoin d'une pension alimentaire pouvait être assuré de l'obtenir, et de l'obtenir dans une mesure telle qu'il rend sa vie assez confortable, la théorie nous amènerait à espérer que tous les autres ensemble seraient facilement comparables à celui des pauvres impôts. les taux. Le principe de gravité n'est pas plus certain que la tendance de telles lois à changer la richesse et le pouvoir en misère et en faiblesse ; supprimer les efforts de travail de tout objet, à l'exception de celui de fournir une simple subsistance ; confondre toute distinction intellectuelle ; occuper continuellement l'esprit à subvenir aux besoins du corps ; jusqu'à ce qu'enfin toutes les classes soient infectées par le fléau de la pauvreté universelle. Heureusement, ces lois ont été en vigueur pendant une période de prospérité progressive, où les fonds destinés à l'entretien du travail augmentaient régulièrement et où un accroissement de la population était naturellement nécessaire. Mais si nos progrès devenaient plus lents ; si nous parvenons à l'état stationnaire, dont j'espère que nous sommes encore très loin, alors la nature pernicieuse de ces lois deviendra plus manifeste et plus alarmante ; et puis leur élimination se heurtera également à de nombreuses difficultés supplémentaires.

CHAPITRE V *.

SUR LES BÉNÉFICES.

COMME IL A ÉTÉ démontré **QUE** les profits des capitaux dans différents travaux sont proportionnels les uns aux autres et qu'ils ont tendance à varier tous dans le même degré et dans la même direction, il nous reste à considérer quelle est la cause de ce phénomène. variations permanentes du taux de profit et modifications permanentes du taux d'intérêt qui en résultent.

Nous avons vu que le prix du blé est réglé par la quantité de travail nécessaire pour le produire, avec la partie du capital qui ne paie pas de rente. Nous avons vu aussi que toutes les marchandises manufacturées montent et baissent de prix, à mesure que le prix augmente ou diminue. moins de travail devient nécessaire pour leur production. Ni le fermier qui cultive cette qualité de terre qui règle les prix, ni l'industriel qui fabrique des marchandises, ne sacrifient aucune partie de leurs produits à la location. La valeur totale de leurs marchandises est divisée en deux parties seulement : l'une constitue les bénéfices des stocks. , l'autre le salaire du travail .

En supposant que le blé et les produits manufacturés se vendent toujours au même prix, les profits seraient élevés ou faibles dans la mesure où les salaires seraient bas ou élevés. Mais supposons que le prix du blé augmente parce qu'il faut plus de travail pour le produire ; cette cause n'augmentera pas le prix des produits manufacturés pour lesquels aucune quantité supplémentaire de travail n'est requise. Si donc les salaires restaient les mêmes, les profits resteraient les mêmes ; mais si, comme cela est absolument certain, les salaires devaient augmenter avec la hausse du blé, alors les profits diminueraient nécessairement.

Si un fabricant vendait toujours ses marchandises au même prix, pour 1000 *l.* par exemple, ses profits dépendraient du prix du travail nécessaire à la fabrication de ces biens. Ses bénéfices seraient moindres lorsque le salaire s'élèverait à 800 *l.* que lorsqu'il n'avait payé que 600 *l.* A mesure que les salaires augmenteraient, les profits diminueraient. Mais si le prix des produits bruts augmentait, on peut se demander si l'agriculteur n'aurait pas au moins le même taux de profit, bien qu'il doive payer un prix supplémentaire pour ses salaires ? Certainement non : car non seulement il devra payer, en commun avec le fabricant, une augmentation de salaire à chaque ouvrier qu'il emploie, mais il sera obligé soit de payer un loyer, soit d'employer un nombre supplémentaire d' ouvriers pour obtenir le même produire; et la hausse du prix des produits bruts ne sera proportionnelle qu'à cette rente, ou à ce nombre supplémentaire, et ne compensera pas la hausse des salaires.

Si l'industriel et l'agriculteur employaient dix hommes, avec des salaires allant de 24 *l.* à 25 *litres.* par an. par homme, la somme totale payée par chacun serait de 250 *l.* au lieu de 240 *l.* C'est pourtant toute la somme que paierait le fabricant pour obtenir la même quantité de marchandises ; mais l'agriculteur sur une nouvelle terre serait probablement obligé d'employer un homme supplémentaire, et donc de payer une somme supplémentaire de 25 *l.* pour les salaires; et l'agriculteur de l'ancienne terre serait obligé de payer exactement la même somme supplémentaire de 25 *l.* a louer; sans ce travail supplémentaire , le maïs n'aurait pas poussé. Il faudra donc débourser 275 *l.* pour le salaire seul, l'autre pour le salaire et le loyer ensemble ; chacun 25 *l.* plus que le constructeur : pour ce dernier 25 *l.* ils sont compensés par l'augmentation du prix des produits bruts, et donc leurs bénéfices restent conformes aux bénéfices du fabricant. Cette proposition étant importante, je m'efforcerai encore de l'élucider davantage.

Nous avons montré que dans les premiers stades de la société, la part du propriétaire et celle du travailleur dans la *valeur* des produits de la terre ne seraient que minimes ; et qu'il augmenterait proportionnellement au progrès de la richesse et à la difficulté de se procurer de la nourriture. Nous avons montré aussi que, bien que la valeur de la part du travailleur soit augmentée par la valeur élevée de la nourriture, sa part réelle sera diminuée ; tandis que celle du propriétaire sera non seulement augmentée en valeur, mais aussi augmentée en quantité.

La quantité restante du produit de la terre, après que le propriétaire et l'ouvrier aient été payés, appartient nécessairement au fermier et constitue les bénéfices de son capital. Mais on peut prétendre que, même si, à mesure que la société progresse, sa proportion dans le produit total diminuera, à mesure que sa valeur augmentera, lui, ainsi que le propriétaire foncier et l'ouvrier, pourront néanmoins recevoir une plus grande valeur .

On peut dire par exemple que lorsque le maïs est passé de 4 *l.* à 10 *l.* , les 180 quarters obtenus sur les meilleures terres se vendraient 1800 *l.* au lieu de 720 *l.* ; et par conséquent, bien qu'il soit prouvé que le propriétaire foncier et l'ouvrier ont une plus grande valeur en termes de fermage et de salaire, la valeur du profit du fermier pourrait également être augmentée. Ceci est cependant impossible, comme je vais maintenant essayer de le montrer.

En premier lieu, le prix du blé n'augmenterait qu'en proportion de la difficulté croissante de le cultiver sur des terres de moins bonne qualité.

On a déjà remarqué que si le travail de dix hommes permet, sur une terre d'une certaine qualité, d'obtenir 180 quarters de blé, sa valeur sera de 4 *l.* par trimestre, soit 720 *l.* ; et si le travail de dix hommes supplémentaires, dans le même pays ou dans tout autre pays, ne produisait que 170 quarters de plus, le blé passerait de 4 *l.* à 4 *l.* 4s.8d . _ _ ; pour 170 : 180 : 4 *l.* : 4 *l.* 4s.8d . _ _ En d'autres termes, quant à la production de 170 quarters, il faut le travail de dix hommes, dans un cas, et seulement celui de 9,44 dans l'autre, la hausse serait de 9,44 à 10, soit de 4 *l.* à 4 *l.* 4s.8d . _ _ De la même manière, on pourrait montrer que si le travail de dix hommes supplémentaires ne produisait que 160 quarters, le prix s'élèverait encore jusqu'à 4 *l.* 22 *heures* ; si 150, à 4 *l.* 16 *heures* , etc. etc.

Mais lorsque 180 quarters étaient produits sur la terre sans
    payer de loyer, et que leur prix était de 4 *l.* par trimestre,
    il s'est vendu pour   720 £

Et lorsque 170 quarters ont été produits sur la terre sans
    payer de loyer, le prix est passé à 4 *l.* 4s.8d . _ _ il s'est
    toujours vendu pour   720

Donc, 160 quarters à 4 *litres.* 10 *s.* produire   720

Et 150 quarts à 4 *litres.* 16 *s* produisent la même somme de   720

Or il est évident que si, sur ces valeurs égales, le fermier est obligé à un moment donné de payer un salaire réglé par le prix du blé à 4 *l.* , et à d'autres moments, lorsque les prix sont plus élevés, le taux de ses profits diminuera proportionnellement à la hausse du prix du blé.

Dans ce cas donc, je pense qu'il est clairement démontré qu'une hausse du prix du blé, qui augmente le salaire monétaire de l' ouvrier , diminue la valeur monétaire des profits du fermier.

Mais le cas du fermier des terres anciennes et meilleures ne sera en rien différent ; il aura aussi des salaires accrus à payer, et ne conservera jamais plus de la valeur du produit, si élevé que soit son prix, que 720 *l.* être partagé entre lui et son nombre toujours égal de travailleurs ; Par conséquent, à mesure qu'ils reçoivent plus, il doit en retenir moins.

Quand le prix du maïs était de 4 *l.* , la totalité des 180 quarters appartenaient au cultivateur, et il les vendit pour 720 *l.* Lorsque le maïs est passé à 4 *l.* 4s.8d . _ _ il fut obligé de payer la valeur de dix quarters sur ses 180 pour le loyer, par conséquent les 170 restants ne lui rapportèrent pas plus de 720 *l.* : quand il est monté encore à 4 *l.* Il paya vingt quarters, ou leur valeur, en loyer, et par conséquent n'en conserva que 160 quarters, ce qui rapporta la même somme de 720 *l.*

On voit donc que, quelle que soit la hausse du prix du blé, par suite de la nécessité d'employer davantage de travail et de capital pour obtenir une quantité supplémentaire donnée de produit, cette hausse sera toujours égale en valeur à la rente supplémentaire. , ou main d'œuvre supplémentaire employée ; de sorte que si le maïs se vend pour 4 *l.* , 4 *litres.* 10 *s.* , ou 5 *l.* 2s.10d . _ _ , le fermier obtiendra pour ce qui lui reste, après paiement du loyer, la même valeur réelle. On voit ainsi que, que le produit appartenant au fermier soit de 180, 170, 160 ou 150 quarters, il obtient toujours la même somme de 720 *l.* pour ça; le prix augmentant dans une proportion inverse de la quantité.

Il semble donc que la rente incombe toujours au consommateur, et jamais au fermier ; car si le produit de sa ferme était uniformément de 180 quarters, avec la hausse des prix, il conserverait pour lui la valeur d'une quantité moindre et donnerait la valeur d'une quantité plus grande à son propriétaire ; mais la déduction serait telle qu'elle lui laisserait toujours la même somme de 720 *l.*

On verra aussi que, dans tous les cas, c'est la même somme de 720 *l.* doit être réparti entre salaires et profits. Si la valeur des produits bruts du pays dépasse cette valeur, ils appartiennent à la rente, quel qu'en soit le montant. S'il n'y a pas d'excédent, il n'y aura pas de rente : que les salaires ou les profits augmentent ou diminuent, c'est cette somme de 720 *l.* à partir duquel ils doivent tous deux être fournis. D'une part, les profits ne pourront jamais atteindre un niveau suffisant pour absorber une grande partie de ces 720 *litres.* , qu'il n'en restera pas assez pour fournir aux ouvriers le nécessaire absolu ; d'autre part, les salaires ne pourront jamais s'élever au point de ne laisser aucune part de cette somme au profit.

Ainsi, dans tous les cas, les profits agricoles aussi bien que les profits manufacturiers sont diminués par une hausse du prix des produits bruts, si elle s'accompagne d'une hausse des salaires. [11] Si le fermier n'obtient aucune valeur supplémentaire pour le blé qui lui reste après avoir payé le fermage, si le fabricant n'obtient aucune valeur supplémentaire pour les marchandises qu'il fabrique, et si tous deux sont obligés de payer une plus grande valeur en salaires, cela peut être n'importe quel point est-il plus clairement établi que le fait que les profits doivent baisser, avec une hausse des salaires ?

Ainsi, le fermier, bien qu'il ne paie aucune partie de la rente de son propriétaire, qui est toujours réglée par le prix des produits et qui incombe invariablement aux consommateurs, a cependant un intérêt très marqué à maintenir une rente basse, ou plutôt à maintenir le prix naturel des produits. produire faible. En tant que consommateur de produits bruts et de choses dont les produits bruts entrent en tant que composants, il aura, comme tous les autres consommateurs, intérêt à maintenir les prix bas. Mais ce qui le préoccupe le plus, c'est le prix élevé du maïs, dans la mesure où il affecte les salaires. A chaque hausse du prix du blé, il devra payer, sur une somme égale et constante de 720 l., une somme supplémentaire pour les salaires des dix hommes qu'il est censé employer constamment. Nous avons vu dans les traitements sur les salaires que ceux-ci augmentent invariablement avec la hausse du prix des matières premières. Sur une base supposée pour les besoins du calcul, page 106, on verra que si lorsque le blé est à 4 *l.* par trimestre, le salaire devrait être de 24 *l.* par an.

	£.s.d.		£.s.d.
	4 4 8		24 14 0
	4 10 0		25 10 0
Quand le blé est à	4 16 0	les salaires seraient	26 8 0
	5 2 10		27 8 6

Maintenant, du fonds variable de 720 *l.* à répartir entre ouvriers et agriculteurs,

	£.s.d.		£.s.		£.s.d.
	4 0 0		240 0		480 0 0
	4 4 8		247 0		473 0 0
Quand le prix du blé à	4 10 8	le travailleur recevra	255 0	le premier recevra	465 0 0
	4 16 8		264 0		456 0 0
	5 2 8		274 5		445 15 [12]

Et en supposant que le capital initial de l'agriculteur était de 3 000 *l.* , les bénéfices de son capital étant en premier lieu de 480 *l.* , serait au taux de 16 pour cent. Lorsque ses bénéfices tombèrent à 473 *l.* , ils seraient au taux de 15,7 pour cent.

465	15,5
456	15.2
445	14.8

Mais le *taux* des profits diminuera encore davantage, parce que le capital du fermier, il faut le rappeler, consiste en une grande partie de produits bruts, tels que son blé et ses meules de foin, son blé et son orge non battus, ses chevaux et ses vaches. , dont le prix augmenterait en conséquence de l'augmentation des produits. Ses bénéfices absolus chuteraient de 480 *l.* à 445 *litres.* 15 *heures* ; mais si pour la cause que je viens d'exposer, son capital s'élèverait de 3,000 *l.* à 3200 *l.* le taux de ses bénéfices serait celui du maïs à 5 *l.* 2s.10d . _ _ , être inférieur à 14 pour cent.

Si un fabricant avait également employé 3000 *l.* dans son commerce, il serait obligé, par suite de l'augmentation des salaires, d'augmenter son capital, pour pouvoir continuer à faire le même commerce. Si ses produits se vendaient auparavant pour 720 *l.* , ils continueraient à vendre au même prix ; mais les salaires du travail , qui étaient auparavant de 240 *l.* , augmenterait lorsque le maïs était à 5 *l.* 2s.10d . _ _ à 274 *litres.* 5 *s.* Dans le premier cas, il aurait un solde de 480 *l.* comme bénéfice sur 3000 *l.* , dans la seconde, il n'aurait qu'un bénéfice de 445 *l.* 15 *s.* , sur un capital accru, et par conséquent ses bénéfices se conformeraient au taux modifié de ceux du fermier.

Il y a peu de marchandises dont le prix ne soit pas plus ou moins affecté par la hausse des matières premières, parce qu'une certaine matière première provenant de la terre entre dans la composition de la plupart des marchandises. Les articles en coton, en lin et en tissu augmenteront tous en prix avec la hausse du blé ; mais ils augmentent à cause de la plus grande quantité de travail dépensée pour la matière première à partir de laquelle ils sont fabriqués, et non parce que le fabricant a payé davantage aux ouvriers qu'il employait à ces marchandises.

Dans tous les cas, les marchandises augmentent parce que davantage de travail y est dépensé, et non parce que le travail qui y est dépensé a une valeur plus élevée. Les articles de bijouterie , de fer, de tôle et de cuivre, ne s'élèveraient pas, car aucun des produits bruts de la surface de la terre n'entre dans leur composition.

On peut dire que j'ai pris pour acquis que les salaires monétaires augmenteraient avec une hausse du prix des produits bruts, mais que ce n'est en aucun cas une conséquence nécessaire, car le travailleur peut se contenter de moins de jouissances . Il est vrai que les salaires du travail peuvent avoir été auparavant à un niveau élevé et qu'ils peuvent supporter une certaine réduction. Si tel est le cas, la baisse des bénéfices sera freinée ; mais il est impossible de concevoir que le prix monétaire des salaires baisse ou reste stationnaire avec un prix graduellement croissant des produits de première nécessité ; et c'est pourquoi on peut tenir pour acquis que, dans des circonstances ordinaires, aucune hausse permanente du prix des produits de première nécessité ne se produit sans provoquer ou avoir été précédée par une hausse des salaires.

Les effets produits sur les profits auraient été les mêmes, ou à peu près les mêmes, s'il y avait eu une augmentation du prix de ces autres produits de première nécessité, outre la nourriture, pour lesquels les salaires du travail sont dépensés . La nécessité dans laquelle se trouverait l' ouvrier de payer un prix plus élevé pour de telles choses nécessaires l'obligerait à exiger plus de salaire ; et tout ce qui augmente les salaires réduit nécessairement les profits.

Mais supposons que le prix des soieries, des velours, des meubles et de toutes autres marchandises dont l' ouvrier n'a pas besoin augmente à la suite d'une augmentation du travail dépensé pour leur fabrication, cela n'affecterait-il pas les profits ? certainement pas : car rien ne peut affecter les profits si ce n'est une augmentation des salaires ; les soies et les velours ne sont pas consommés par l' ouvrier et ne peuvent donc pas augmenter les salaires.

Il faut comprendre que je parle des profits en général. J'ai déjà remarqué que le prix de marché d'une marchandise peut dépasser son prix naturel ou nécessaire, car elle peut être produite en moins abondance que ne l'exige la nouvelle demande. Il s'agit cependant d'un effet temporaire. Les profits élevés réalisés sur le capital employé dans la production de cette marchandise attireront naturellement les capitaux vers ce commerce ; et dès que les fonds nécessaires seront fournis et que la quantité de la marchandise sera dûment augmentée, son prix baissera et les bénéfices du commerce se conformeront au niveau général. Une baisse du taux général des profits n'est en aucun cas incompatible avec une augmentation partielle des profits dans des emplois particuliers. C'est à travers l'inégalité des profits que le capital passe d'un emploi à un autre. Tandis qu'alors les profits généraux diminuent et se stabilisent graduellement à un niveau plus bas en raison de l'augmentation des salaires et de la difficulté croissante de fournir à la population croissante les produits de première nécessité , les profits du fermier peuvent, pendant un intervalle de courte durée, être au-dessus du niveau précédent. Un stimulant extraordinaire peut aussi être donné, pendant un certain temps, à une branche particulière du commerce étranger et colonial ; mais l'admission de ce fait n'infirme en rien la théorie selon laquelle les profits dépendent de salaires élevés ou bas, les salaires du prix des produits de première nécessité, et le prix des produits de première nécessité principalement du prix de la nourriture, car toutes les autres nécessités peuvent être augmentées presque sans effort. limite.

Il ne faut pas oublier que les prix varient toujours sur le marché et, en premier lieu, en fonction de l'état comparatif de l'offre et de la demande. Bien que le tissu puisse être fourni à 40 *shillings* le mètre et donner les bénéfices habituels du stock, il peut s'élever jusqu'à 60 ou 80 *shillings* par suite d'un changement général de mode, ou de toute autre cause qui augmenterait soudainement et inopinément la demande. ou en réduire l'offre. Les fabricants de tissus réaliseront pendant un certain temps des bénéfices inhabituels, mais les capitaux afflueront naturellement vers cette fabrication, jusqu'à ce que l'offre et la demande soient de nouveau à leur juste niveau, lorsque le prix du tissu chutera de nouveau à 40 s., ce qui est naturel ou *nécessaire* . prix. De la même manière, avec chaque augmentation de la demande de blé, celle-ci peut s'élever jusqu'à rapporter au fermier plus que les bénéfices généraux. S'il y a suffisamment de terres fertiles, le prix du blé retombera à son ancien niveau, une fois que la quantité de capital requise aura été employée à sa production, et les profits seront comme avant ; mais s'il n'y a pas beaucoup de terres fertiles, si, pour produire cette quantité supplémentaire, il faut plus que la quantité habituelle de capital et de travail , le blé ne tombera pas à son premier niveau. Son prix naturel s'élèvera, et le fermier, au lieu d'obtenir des profits constamment plus grands, se verra obligé de se contenter de la baisse du taux qui est la conséquence inévitable de la hausse des salaires, produite par la hausse des biens de première nécessité.

La tendance naturelle des profits est alors à la baisse ; car, dans le progrès de la société et de la richesse, la quantité supplémentaire de nourriture nécessaire est obtenue par le sacrifice de plus en plus de travail . Cette tendance, cette gravitation pour ainsi dire des profits, est heureusement freinée à intervalles répétés par les progrès des machines, liés à la production des biens de première nécessité, ainsi que par les découvertes de la science agricole qui nous permettent de renoncer à une partie du travail auparavant . requis, et donc de baisser le prix de la prime nécessaire au travailleur . La hausse des prix des produits de première nécessité et des salaires du travail est cependant limitée ; car dès que le salaire serait égal (comme dans le cas précédemment indiqué) à 720 *l.* , l'ensemble des recettes de l'agriculteur, doit y être en fin d'accumulation ; car aucun capital ne pourra alors rapporter le moindre profit, aucun travail supplémentaire ne pourra être demandé, et par conséquent la population aura atteint son point le plus élevé. Bien avant cette période, le taux très bas des profits aura arrêté toute accumulation, et presque tout le produit du pays, après avoir payé les ouvriers , sera la propriété des propriétaires fonciers et des bénéficiaires des dîmes et des impôts.

Ainsi, en prenant comme base de mon calcul la première base très imparfaite, il semblerait que lorsque le maïs était à 20 *l.* par trimestre, tout le revenu net du pays appartiendrait aux propriétaires terriens, car alors la même quantité de travail qui était originellement nécessaire pour produire 180 quarters, serait nécessaire pour en produire 36 ; depuis 20 *l.* : 4 *l.* :: 180 : 36. Le fermier, qui à l'origine produisait 180 quarters (s'il y en avait, car l'ancien et le nouveau capital employé sur la terre serait si mélangé qu'il ne pourrait en aucun cas être distingué), vendrait le

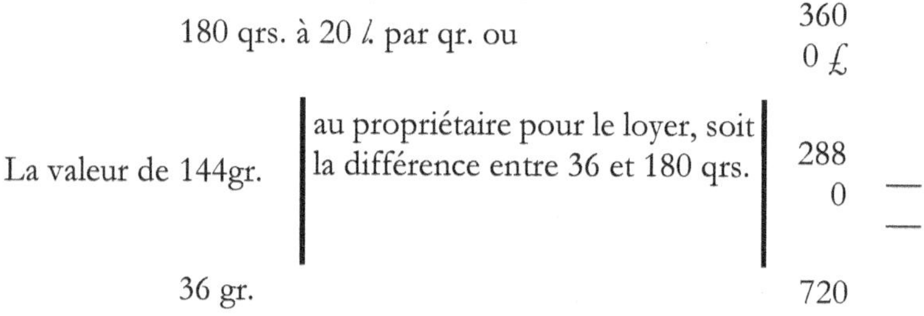

la valeur de 50 gr.   aux ouvriers au nombre de dix   720

ne laissant rien du tout pour le profit.

A ce prix de 20 *l.* les ouvriers continueraient à
consommer chacun les trois quarts par an ou   60 £

Et sur d'autres produits, ils dépenseraient   12

———

72 pour chaque
travailleur

———

Et donc dix ouvriers coûteraient   720 *litres.* par an.

Dans tous ces calculs, je n'ai désiré qu'élucider le principe, et il est à peine nécessaire de remarquer que toute ma base est supposée au hasard et simplement à titre d'exemple. Les résultats, bien que différents en degré, auraient été les mêmes en principe, aussi précis que j'aurais pu exposer la différence entre le nombre d'ouvriers nécessaires pour obtenir les quantités successives de blé requises par une population croissante, la quantité consommée par le famille d'ouvriers , etc. etc. Mon but a été de simplifier le sujet, et je n'ai donc pas tenu compte du prix croissant des autres nécessités, outre la nourriture, du travailleur ; une augmentation qui serait la conséquence de l'augmentation de la valeur de la matière première à partir de laquelle ils sont fabriqués, et qui bien sûr augmenterait encore les salaires et diminuerait les profits.

J'ai déjà dit que bien avant que cet état des prix ne devienne permanent, il n'y aurait aucune raison d'accumuler ; car personne n'accumule que dans le but de rendre son accumulation productive, et ce n'est qu'en l'employant ainsi qu'elle s'opère sur les profits. Sans motif, il ne pourrait y avoir d'accumulation et, par conséquent, un tel état des prix ne pourrait jamais avoir lieu. L'agriculteur et l'industriel ne peuvent pas plus vivre sans profit que l' ouvrier sans salaire. Leur motif d'accumulation diminuera à mesure que le profit diminuera, et cessera complètement lorsque leurs profits seront si bas qu'ils ne pourront pas leur fournir une compensation adéquate pour leurs difficultés et pour le risque qu'ils doivent nécessairement courir en employant leur capital de manière productive.

Je dois encore observer que le taux des profits diminuerait beaucoup plus rapidement que je ne l'ai estimé dans mon calcul : car la valeur du produit étant telle que je l'ai indiquée dans les circonstances supposées, la valeur du capital du fermier serait considérablement augmentée. car il était nécessairement constitué d'un grand nombre de marchandises dont la valeur avait augmenté. Avant que le maïs puisse passer de 4 *l.* à 12 *l.* son capital serait probablement doublé en valeur échangeable et vaudrait 6 000 *l.* au lieu de 3000 *l.* Si alors son bénéfice était de 180 *l.* , ou 6 pour cent. sur son capital initial, les bénéfices ne seraient pas alors réellement supérieurs *à* 3 pour cent ; pour 6000 *litres.* à 3 pour cent. donne 180 *l.* ; et à ces conditions, seul un nouvel agriculteur disposant de 6 000 *l pourrait le faire.* l'argent qu'il a en poche entre dans l'entreprise agricole.

De nombreux métiers tireraient plus ou moins d'avantages de la même source. Le brasseur, le distillateur, le drapier, le fabricant de linge seraient en partie compensés de la diminution de leurs profits par la hausse de la valeur de leur stock de matières premières et finies ; mais un fabricant de quincaillerie, de bijoux et de beaucoup d'autres marchandises, ainsi que ceux dont le capital était uniformément constitué d'argent, seraient soumis à la baisse totale du taux des profits, sans aucune compensation d'aucune sorte.

Nous devrions également nous attendre à ce que, même si le taux des profits des capitaux diminue par suite de l'accumulation du capital sur la terre et de l'augmentation des salaires, le montant global des profits augmenterait. Supposons donc que, avec des accumulations répétées de 100 000 *l.* , le taux de profit devrait tomber de 20 à 19, à 18, à 17 pour cent., taux en constante diminution, nous devrions nous attendre à ce que le montant total des profits reçus par ces propriétaires successifs du capital soit toujours progressif ; qu'il serait plus grand lorsque le capital serait de 200 000 *l.* , que lorsque 100 000 *l.* ; encore quand plus de 300 000 *l.* ; et ainsi de suite, augmentant, quoique à un rythme décroissant, à chaque augmentation de capital. Cette progression n'est toutefois vraie que pendant un certain temps : donc 19 pour cent. sur 200 000 *l.* est supérieur à 20 sur 100 000 *l.* ; encore une fois 18 pour cent. sur 300 000 *l.* est supérieur à 19 pour cent. sur 200 000 *l.* ; mais une fois que le capital s'est accumulé en grande quantité et que les profits ont chuté, l'accumulation ultérieure diminue l'ensemble des profits. Supposons donc que l'accumulation soit de 1 000 000 *l.* , et les bénéfices 7 pour cent. le montant total des bénéfices sera de 70 000 *l.* ; maintenant si un ajout de 100 000 *l.* le capital devrait être porté au million et les bénéfices devraient tomber à 6 pour cent, 66.000 *l.* soit une diminution de 4000 *l.* seront reçus par les propriétaires du stock, bien que le montant total du stock passera de 1 000 000 *l.* à 1 100 000 *l.*

Il ne peut cependant y avoir d'accumulation de capital aussi longtemps que les actions produisent un quelconque profit, sans qu'elles ne produisent non seulement une augmentation de produit, mais une augmentation de valeur. En employant 100 000 *l.* Avec un capital supplémentaire, aucune partie de l'ancien capital ne sera rendue moins productive. Le produit de la terre et du travail du pays doit augmenter, et sa valeur sera augmentée, non seulement de la valeur de l'addition qui est faite à l'ancienne quantité de productions, mais de la nouvelle valeur qui est donnée à l'ensemble du produit. de la terre, par la difficulté accrue d'en produire la dernière partie, dont la nouvelle valeur va toujours à la rente. Cependant, lorsque l'accumulation de capital devient très grande, malgré cette valeur accrue, il sera distribué de telle sorte qu'une valeur moindre qu'auparavant sera affecté aux profits, tandis que celui qui est consacré aux loyers et aux salaires sera augmenté. Ainsi avec des ajouts successifs de 100 000 *l.* au capital, avec une baisse du taux des profits, de 20 à 19, à 18, à 17 pour cent. etc. les productions obtenues annuellement augmenteront en quantité et seront supérieures à toute la valeur supplémentaire que le capital supplémentaire est censé produire. À partir de 20 000 *litres.* il s'élèvera à plus de 39 000 *l.* puis à plus de 57 000 *l.* , et lorsque le capital employé est d'un million, comme nous l'avons supposé auparavant, si 100 000 *l.* on y ajoute davantage, et le total des bénéfices est en réalité inférieur à ce qu'il était auparavant, de plus de 6 000 *l.* s'ajoutera néanmoins au revenu du pays, mais ce sera au revenu des propriétaires fonciers ; ils obtiendront plus que le produit supplémentaire et, grâce à leur situation, pourront empiéter même sur les anciens gains du capitaliste. Supposons donc que le prix du maïs soit de 4 *l.* par trimestre, et cela donc, comme nous l'avons calculé précédemment, pour chaque 720 *l.* restant à l'agriculteur après paiement de son loyer, 480 *l.* ont été retenus par lui, et 240 *l.* étaient payés à ses ouvriers ; quand le prix est passé à 6 *l.* par trimestre, il serait obligé de payer 300 l à ses ouvriers . et ne conservent que 420 *l.* pour des profits. Or, si le capital employé était assez important pour rapporter cent mille fois 720 *l.* soit 72 000 000 *l.* le total des bénéfices serait de 48 000 000 *l.* quand le blé était à 4 *l.* par quart; et si en employant un capital plus grand, 105 000 fois 720 *l.* ont été obtenus lorsque le blé était à 6 *l.* , soit 75 600 000 *l.* , les bénéfices chuteraient en réalité de 48 000 000 *l.* à 44 100 000 *l.* soit 105 000 fois 420 *l.* , et les salaires passeraient de 24 000 000 *l.* à 31 500 000 *l.* Les salaires augmenteraient parce que davantage de travailleurs seraient employés, proportionnellement au capital ; et chaque travailleur recevrait un salaire plus élevé ; mais la condition du travailleur , comme nous l'avons déjà montré, serait pire, dans la mesure où il pourrait commander une moindre quantité des produits du pays. Les seuls véritables gagnants seraient les propriétaires ; ils recevraient des rentes plus élevées, d'abord parce que les produits auraient une valeur plus élevée, et ensuite parce qu'ils en auraient une proportion beaucoup plus élevée.

Bien qu'une plus grande valeur soit produite, une plus grande proportion de ce qui reste de cette valeur, après avoir payé la rente, est consommée par les producteurs, et c'est cela, et cela seul, qui règle les profits. Pendant que la terre rapporte abondamment, les salaires peuvent temporairement augmenter et les producteurs peuvent consommer plus que leur proportion habituelle ; mais l'aiguillon qui sera ainsi donné à la population réduira bientôt les ouvriers à leur consommation habituelle. Mais lorsque des terres pauvres sont mises en culture, ou lorsque davantage de capital et de travail sont étendus sur les anciennes terres, avec un moindre retour de produits, l'effet doit être permanent. Une plus grande proportion de la partie du produit qui reste à partager, après paiement de la rente, entre les propriétaires de bétail et les ouvriers , sera attribuée à ces derniers. Chaque homme peut avoir, et aura probablement, une quantité moins absolue ; mais comme un plus grand nombre d'ouvriers sont employés proportionnellement à la production totale conservée par le fermier, la valeur d'une plus grande proportion de la production totale sera absorbée par les salaires, et par conséquent la valeur d'une plus petite proportion sera consacrée aux profits. Cela sera nécessairement rendu permanent par les lois de la nature, qui ont limité les pouvoirs productifs de la terre.

Nous arrivons ainsi à nouveau à la même conclusion que nous avons tenté d' établir précédemment : que dans tous les pays et à tout moment, les profits dépendent de la quantité de travail nécessaire pour subvenir aux besoins des travailleurs , de ce pays ou de ce capital qui ne rapporte aucune rente. Les effets de l'accumulation seront alors différents selon les pays et dépendront principalement de la fécondité du pays. Si vaste que soit un pays où la terre est de mauvaise qualité et où l'importation de denrées alimentaires est interdite, les accumulations de capital les plus modérées s'accompagneront de fortes réductions du taux de profit et d'une augmentation rapide de la rente ; et au contraire, un pays petit mais fertile, surtout s'il permet l'importation de denrées alimentaires, peut accumuler un stock important de capital sans grande diminution du taux des profits ni grande augmentation de la rente foncière. Dans le chapitre sur les salaires, nous avons essayé de montrer que le prix monétaire des marchandises ne serait pas élevé par une hausse des salaires, ni en supposant que l'or, l'étalon de la monnaie, soit le produit de ce pays, ni qu'il soit produit par le pays. importés de l'étranger. Mais s'il en était autrement, si les prix des marchandises étaient constamment élevés par des salaires élevés, la proposition selon laquelle les salaires élevés affectent invariablement les employeurs du travail, en les privant d'une partie de leurs profits réels, n'en serait pas moins vraie . Supposons que le chapelier, le bonnetier et le cordonnier paient chacun 10 *l.* plus de salaires dans la fabrication d'une quantité particulière de leurs marchandises, et que le prix des chapeaux, des bas et des chaussures augmenta d'une somme suffisante pour rembourser au fabricant les 10 *l.* ; leur situation ne serait pas meilleure que si une telle augmentation ne se produisait pas. Si le bonnetier vendait ses bas 110 *l.* au lieu de 100 *l.* , ses bénéfices seraient exactement du même montant qu'auparavant ; mais comme il obtiendrait en échange de cette somme égale un dixième de moins de chapeaux, de chaussures et de toutes autres marchandises, et qu'il pourrait, avec ses anciennes économies, employer moins d'ouvriers aux salaires augmentés et acheter moins de matières premières au prix le plus élevé . En augmentant les prix, il ne se trouverait pas dans une meilleure situation que si ses profits monétaires avaient été réellement diminués en montant et si tout était resté à son premier prix. Ainsi donc, j'ai essayé de montrer, premièrement, qu'une augmentation des salaires n'augmenterait pas le prix des marchandises, mais diminuerait invariablement les profits ; et deuxièmement, si les prix des marchandises pouvaient être augmentés, l'effet sur les profits serait le même ; et qu'en fait, la valeur du seul moyen dans lequel les prix et les profits sont estimés serait abaissée.

CHAPITRE VI

SUR LE COMMERCE EXTÉRIEUR.

AUCUNE extension du commerce extérieur n'augmentera immédiatement la quantité de valeur dans un pays, bien qu'elle contribue très puissamment à augmenter la masse des marchandises, et par conséquent la somme des jouissances . Comme la valeur de tous les biens étrangers se mesure par la quantité du produit de notre terre et de notre travail qui est donné en échange, nous n'aurions pas de valeur plus grande si, par la découverte de nouveaux marchés, nous obtenions le double de la quantité de biens étrangers. marchandises étrangères en échange d'une quantité donnée des nôtres. Si par l'achat de marchandises anglaises pour un montant de 1000 *l.* un commerçant peut obtenir une quantité de marchandises étrangères qu'il peut vendre sur le marché anglais pour 1 200 *l.* , il obtiendra 20 pour cent. profiter d'un tel emploi de son capital ; mais ni ses gains, ni la valeur des marchandises importées, ne seront augmentés ou diminués par la quantité plus ou moins grande de marchandises étrangères obtenues. Qu'il importe, par exemple, vingt-cinq ou cinquante pipes de vin, son intérêt ne peut en être aucunement affecté, si tantôt les vingt-cinq pipes, tantôt les cinquante pipes, se vendent également 1.200 l . Dans les deux cas, son bénéfice sera limité à 200 *l.* , soit 20 pour cent. sur son capital ; et dans les deux cas, la même valeur sera importée en Angleterre. Si les cinquante pipes se vendaient à plus de 1.200 *l.* Les profits de tel marchand particulier dépasseraient le taux général des profits, et les capitaux afflueraient naturellement dans ce commerce avantageux, jusqu'à ce que la baisse du prix du vin ait tout ramené au premier niveau.

On a en effet soutenu que les grands profits que réalisent parfois certains commerçants dans le commerce extérieur élèveraient le taux général des profits dans le pays, et que le retrait de capitaux d'autres emplois, pour participer aux nouvelles et bénéfiques affaires étrangères, le commerce augmentera les prix en général et augmentera ainsi les profits. On a dit, de haute autorité, que moins de capitaux étant nécessairement consacrés à la culture du blé, à la fabrication du drap, des chapeaux, des chaussures, etc. Tant que la demande demeure la même, le prix de ces marchandises augmentera tellement que le fermier, le chapelier, le drapier et le cordonnier verront leurs profits augmenter, tout comme le marchand étranger. [13]

Ceux qui défendent cet argument conviennent avec moi que les bénéfices des différents emplois ont tendance à se conformer les uns aux autres ; pour avancer et discuter ensemble. Notre divergence consiste en ceci : ils prétendent que l'égalité des profits sera amenée par l'augmentation générale des profits ; et je suis d'avis que les profits du commerce favorisé retomberont rapidement au niveau général.

Car, premièrement, je nie que moins de capital soit nécessairement consacré à la culture du blé, à la fabrication du drap, des chapeaux, des chaussures, etc., à moins que la demande de ces marchandises ne diminue ; et si c'est le cas, leur prix n'augmentera pas. Dans l'achat des marchandises étrangères, on emploiera soit la même partie, soit une plus grande ou une moindre partie du produit de la terre et du travail de l'Angleterre. Si la même partie est ainsi employée, alors la même demande de tissu, de chaussures, de blé et de chapeaux existera comme auparavant, et la même partie du capital sera consacrée à leur production. Si, par suite du prix inférieur des marchandises étrangères, une moindre partie du produit annuel de la terre et du travail de l'Angleterre est employée à l'achat des marchandises étrangères, il en restera davantage pour l'achat d'autres choses. S'il y a une plus grande demande de chapeaux, de chaussures, de maïs, etc. qu'auparavant, ce qui peut arriver, les consommateurs de marchandises étrangères disposant d'une partie supplémentaire de leur revenu disponible, est également disponible le capital avec lequel la plus grande valeur des marchandises étrangères était auparavant achetée ; de sorte qu'avec la demande accrue de maïs, de chaussures, etc. il existe également des moyens de procurer une offre accrue, et par conséquent ni les prix ni les profits ne peuvent augmenter de façon permanente. Si une plus grande partie du produit de la terre et du travail de l'Angleterre est employée à l'achat de marchandises étrangères, moins de produits peuvent être employés à l'achat d'autres choses, et par conséquent moins de chapeaux, de chaussures, etc. sera requis. En même temps, le capital est libéré de la production de chaussures, de chapeaux, etc. il faut en employer davantage dans la fabrication des marchandises avec lesquelles les marchandises étrangères sont achetées ; et par conséquent, dans tous les cas, la demande des marchandises étrangères et intérieures ensemble, en ce qui concerne la valeur, est limitée par le revenu et le capital du pays. Si l'un augmente, l'autre doit diminuer. Si l'importation de vin, donnée en échange de la même quantité de marchandises anglaises, est doublée, les habitants d'Angleterre pourront soit consommer le double de la quantité de vin qu'ils consommaient auparavant, soit la même quantité de vin et une plus grande quantité de marchandises anglaises. Si mon revenu avait été de 1000 *l.* , avec lequel j'achetais chaque année une pipe de vin pour 100 *l.* et une certaine quantité de marchandises anglaises pour 900 *l.* ; quand le vin est tombé à 50 *l.* par tuyau, je pourrais disposer les 50 *l.* économisés, soit en achetant une pipe de vin supplémentaire, soit en achetant davantage de marchandises anglaises. Si j'achetais davantage de vin, et si tous les buveurs de vin faisaient de même, le commerce extérieur ne serait pas du tout perturbé ; la même quantité de marchandises anglaises serait exportée en échange de vin, et nous recevrions le double de la quantité, mais pas le double de la valeur du vin. Mais si moi et d'autres nous contentions de la même quantité de vin qu'auparavant, moins de produits anglais seraient exportés, et les buveurs de vin pourraient consommer soit les produits qui étaient auparavant exportés, soit tout autre pour lequel ils avaient un penchant. Le capital nécessaire à leur production serait fourni par le capital libéré par le commerce extérieur.

Il existe deux manières d'accumuler le capital : il peut être épargné soit par suite d'un revenu accru, soit par suite d'une consommation diminuée. Si mes bénéfices passent de 1000 *l.* à 1200 *l.* tandis que mes dépenses restent les mêmes, j'accumule annuellement 200 *l.* plus qu'avant. Si j'économise 200 *l.* de mes dépenses, tant que mes profits resteront les mêmes, le même effet sera produit ; 200 *litres.* par an s'ajoutera à mon capital. Le commerçant qui importait du vin après que les bénéfices aient été augmentés de 20 pour cent. à 40 pour cent., au lieu d'acheter ses marchandises anglaises pour 1000 *l.* , il faut les acheter pour 857 *l.* 2s.10d . _ _ , vendant toujours le vin qu'il importe en échange de ces marchandises pour 1200 *l.* ; ou, s'il continuait à acheter ses marchandises anglaises pour 1000 *l.* , doit augmenter le prix de son vin à 1400 *l.* ; il obtiendrait ainsi 40 au lieu de 20 pour cent. profiter de son capital ; mais si, grâce au bon marché de toutes les marchandises pour lesquelles son revenu était dépensé, lui et tous les autres consommateurs pouvaient économiser la valeur de 200 *l.* sur 1000 *l.* lorsqu'ils seraient dépensés auparavant, ils ajouteraient plus efficacement à la richesse réelle du pays ; dans un cas, les économies seraient réalisées par suite d'une augmentation des recettes, dans l'autre par suite d'une diminution des dépenses.

Si, par l'introduction des machines, la généralité des produits pour lesquels les revenus étaient dépensés diminuait de 20 pour cent. en valeur, je devrais pouvoir épargner aussi efficacement que si mes revenus avaient augmenté de 20 pour cent ; mais dans un cas le taux des profits est stationnaire, dans l'autre il augmente de 20 pour cent : — Si, grâce à l'introduction de marchandises étrangères bon marché, je peux économiser 20 pour cent. de mes dépenses, l'effet sera exactement le même que si les machines avaient diminué les dépenses de leur production, mais les profits n'auraient pas augmenté.

Ce n'est donc pas par suite de l'expansion du marché que le taux des profits s'élève, bien qu'une telle expansion puisse être également efficace pour accroître la masse des marchandises et nous permettre ainsi d'augmenter les fonds destinés à l'entretien de la société. le travail et les matériaux sur lesquels le travail peut être employé. Il est tout aussi important pour le bonheur de l'humanité que nos jouissances soient augmentées par une meilleure répartition du travail , par chaque pays produisant les marchandises pour lesquelles par sa situation, son climat et ses autres avantages naturels ou artificiels, il est adapté. et en les échangeant contre des marchandises d'autres pays, afin qu'elles soient augmentées par une augmentation du taux des profits.

J'ai essayé de montrer tout au long de cet ouvrage que le taux des profits ne peut jamais être augmenté que par une baisse des salaires, et qu'il ne peut y avoir de baisse permanente des salaires qu'en conséquence d'une baisse des biens de première nécessité pour lesquels les salaires sont dépensés. . Si donc, grâce au développement du commerce extérieur ou au perfectionnement des machines, la nourriture et les nécessités du travailleur peuvent être amenées sur le marché à un prix réduit, les profits augmenteront. Si, au lieu de cultiver notre propre blé ou de fabriquer les vêtements et autres articles de première nécessité du travailleur , nous découvrons un nouveau marché à partir duquel nous pouvons nous approvisionner en ces marchandises à meilleur prix, les salaires baisseront et les profits augmenteront ; mais si les marchandises obtenues à meilleur marché, par l'extension du commerce extérieur ou par l'amélioration des machines, sont exclusivement les marchandises consommées par les riches, aucune modification n'aura lieu dans le taux des profits. Le taux des salaires ne serait pas affecté, bien que le vin, les velours, les soieries et autres marchandises coûteuses baissent de 50 pour cent, et par conséquent les bénéfices resteraient inchangés.

Le commerce extérieur donc, bien que très bénéfique à un pays, car il augmente la quantité et la variété des objets pour lesquels les revenus peuvent être dépensés et offre, par l'abondance et le bon marché des marchandises, des incitations à l'épargne et à l'accumulation de capital. , n'a aucune tendance à augmenter les profits des capitaux, à moins que les marchandises importées soient de celles pour lesquelles les salaires du travail sont dépensés.

Les remarques qui ont été faites sur le commerce extérieur s'appliquent également au commerce intérieur. Le taux des profits n'est jamais augmenté par une meilleure répartition du travail , par l'invention de machines, par l'établissement de routes et de canaux, ni par aucun moyen permettant de réduire le travail , soit dans la fabrication, soit dans le transport des marchandises. Ce sont des causes qui agissent sur les prix et qui ne manquent jamais d'être très bénéfiques pour les consommateurs ; puisqu'ils leur permettent, avec le même travail , ou avec la valeur du produit du même travail , d'obtenir en échange une plus grande quantité de la marchandise à laquelle l'amélioration est appliquée ; mais ils n'ont aucun effet sur le profit. D'un autre côté, toute diminution des salaires du travail augmente les profits, mais ne produit aucun effet sur le prix des marchandises. L'un est avantageux pour toutes les classes, car toutes les classes sont des consommateurs ; l'autre ne profite qu'aux producteurs ; ils gagnent davantage, mais tout reste à son ancien prix. Dans le premier cas, ils obtiennent le même qu'avant ; mais tout ce pour quoi leurs gains sont dépensés est diminué en valeur échangeable.

La même règle qui règle la valeur relative des marchandises dans un pays ne règle pas la valeur relative des marchandises échangées entre deux ou plusieurs pays.

Dans un système de commerce parfaitement libre, chaque pays consacre naturellement son capital et son travail aux emplois qui lui sont le plus bénéfiques. Cette recherche de l'avantage individuel est admirablement liée au bien universel de l'ensemble. En stimulant l'industrie, en récompensant l'ingéniosité et en utilisant le plus efficacement possible les pouvoirs particuliers conférés par la nature, elle distribue le travail de la manière la plus efficace et la plus économique : tandis qu'en augmentant la masse générale des productions, elle diffuse le bénéfice général et lie les unes aux autres par une unité commune. lien d'intérêt et de relations, la société universelle des nations à travers le monde civilisé. C'est ce principe qui détermine que le vin doit être fabriqué en France et au Portugal, que le maïs doit être cultivé en Amérique et en Pologne, et que la quincaillerie et autres biens doivent être fabriqués en Angleterre.

Dans un même pays, les profits sont, en général, toujours au même niveau ; ou ne diffèrent que selon que l'emploi du capital peut être plus ou moins sûr et agréable. Il n'en va pas de même entre différents pays. Si les profits du capital employé dans le Yorkshire dépassaient ceux du capital employé à Londres, le capital se déplacerait rapidement de Londres vers le Yorkshire, et une égalité des profits s'effectuerait ; mais si, par suite de la diminution du taux de production dans les pays d'Angleterre, par suite de l'augmentation du capital et de la population, les salaires devaient augmenter et les profits diminuer, il ne s'ensuivrait pas que le capital et la population se déplaceraient nécessairement d'Angleterre vers la Hollande ou l'Espagne. , ou en Russie, où les profits pourraient être plus élevés.

Si le Portugal n'avait aucun lien commercial avec d'autres pays, au lieu d'employer une grande partie de son capital et de son industrie à la production de vins, avec lesquels il achète pour son propre usage le tissu et la quincaillerie d'autres pays, il serait obligé de consacrer une une partie de l'obtention de ce capital pour la fabrication de ces marchandises, dont elle serait ainsi probablement inférieure en qualité ainsi qu'en quantité.

La quantité de vin qu'elle donnera en échange du drap d'Angleterre n'est pas déterminée par les quantités respectives de travail consacré à la production de chacun, comme ce serait le cas si les deux marchandises étaient fabriquées en Angleterre, ou les deux au Portugal.

L'Angleterre peut se trouver dans une situation telle que la production du tissu peut nécessiter le travail de 100 hommes pendant un an ; et si elle essayait de faire du vin, cela pourrait nécessiter le travail de 120 hommes pour le même temps. L'Angleterre aurait donc intérêt à importer du vin et à l'acheter par l'exportation de draps.

Produire du vin au Portugal pourrait nécessiter seulement le travail de quatre-vingts hommes pendant un an, et produire du drap dans le même pays pourrait nécessiter le travail de quatre-vingt-dix hommes pour le même temps. Il lui serait donc avantageux d'exporter du vin en échange de tissus. Cet échange pourrait même avoir lieu, bien que la marchandise importée par le Portugal puisse y être produite avec moins de travail qu'en Angleterre. Même si elle pouvait fabriquer le tissu avec le travail de quatre-vingt-dix hommes, elle l'importait d'un pays où cela nécessitait du travail . d'hommes pour le produire, car il lui serait plus avantageux d'employer son capital à la production du vin, pour lequel elle obtiendrait plus de draps d'Angleterre, qu'elle ne pourrait en produire en détournant une partie de son capital de la culture de la vigne. à la fabrication du tissu.

Ainsi, l'Angleterre donnerait le produit du travail de 100 hommes pour le produit du travail de 80. Un tel échange ne pourrait avoir lieu entre les individus d'un même pays. Le travail de 100 Anglais ne peut pas être donné pour celui de 80 Anglais, mais le produit du travail de 100 Anglais peut être donné pour le produit du travail de 80 Portugais, 60 Russes ou 120 Indiens de l'Est. La différence à cet égard entre un seul pays et plusieurs pays s'explique facilement, en considérant la difficulté avec laquelle le capital se déplace d'un pays à l'autre, pour rechercher un emploi plus rentable, et l'activité avec laquelle il passe invariablement d'une province. à un autre dans le même pays. [14]

Il serait sans aucun doute avantageux pour les capitalistes d'Angleterre et pour les consommateurs des deux pays que, dans de telles circonstances, le vin et le drap soient tous deux fabriqués au Portugal, et par conséquent que le capital et le travail de l'Angleterre employés à la fabrication du drap soient tous deux fabriqués au Portugal . devrait être renvoyé au Portugal à cette fin. Dans ce cas, la valeur relative de ces marchandises serait réglée par le même principe, comme si l'une était le produit du Yorkshire et l'autre de Londres ; et dans tous les autres cas, si le capital affluait vers les pays où il pourrait être employé avec le plus de profit, il ne pourrait y avoir de différence dans le taux de profit, ni d'autre différence dans le prix réel ou du travail des marchandises, que la quantité supplémentaire de travail . nécessaires pour les acheminer vers les différents marchés où ils devaient être vendus.

L'expérience montre cependant que l'insécurité imaginaire ou réelle du capital, lorsqu'il n'est pas sous le contrôle immédiat de son propriétaire, ainsi que la réticence naturelle de tout homme à quitter le pays de sa naissance et de ses relations, et à se confier à toutes ses habitudes fixes , à un gouvernement étrange et à des lois nouvelles, freinez l'émigration des capitaux. Ces sentiments, que je regretterais de voir s'affaiblir, portent la plupart des hommes possédants à se contenter d'un faible taux de profit dans leur propre pays, plutôt que de chercher un emploi plus avantageux pour leur richesse dans les pays étrangers.

L'or et l'argent ayant été choisis comme moyen de circulation générale, ils sont, par la concurrence du commerce, distribués dans des proportions telles entre les différents pays du monde, qu'ils s'accommodent du trafic naturel qui aurait lieu si de tels métaux n'étaient pas disponibles. existait, et le commerce entre les pays était purement un commerce de troc.

Ainsi, le drap ne peut être importé au Portugal, à moins qu'il n'y soit vendu plus d'or que ce qu'il coûtait dans le pays d'où il a été importé ; et le vin ne peut être importé en Angleterre, à moins qu'il n'y soit vendu plus cher qu'il ne coûte au Portugal. Si le commerce était purement un commerce de troc, il ne pourrait continuer que tant que l'Angleterre pourrait fabriquer du tissu à un si bas prix qu'elle obtiendrait une plus grande quantité de vin avec une quantité de travail donnée, en fabriquant du tissu plutôt qu'en cultivant de la vigne ; et aussi pendant que l'industrie du Portugal subissait les effets inverses. Supposons maintenant que l'Angleterre découvre un procédé pour faire du vin, de sorte qu'elle ait intérêt à le cultiver plutôt qu'à l'importer : elle détournerait naturellement une partie de son capital du commerce extérieur vers le commerce intérieur ; elle cesserait de fabriquer des tissus destinés à l'exportation et cultiverait du vin pour elle-même. Le prix monétaire de ces marchandises serait réglementé en conséquence ; le vin chuterait ici tandis que le drap resterait à son ancien prix, et au Portugal aucune modification n'aurait lieu dans le prix de l'une ou l'autre denrée. Le tissu continuerait pendant quelque temps à être exporté de ce pays, parce que son prix continuerait à être plus élevé au Portugal qu'ici ; mais de l'argent au lieu du vin serait donné en échange, jusqu'à ce que l'accumulation d'argent ici et sa diminution à l'étranger exercent une telle action sur la valeur relative du drap dans les deux pays, qu'il cesserait d'être rentable de l'exporter. Si l'amélioration de la vinification était très importante, il pourrait devenir rentable pour les deux pays d'échanger des emplois ; que l'Angleterre produise tout le vin, et le Portugal tout le drap qu'ils consomment : mais cela ne pourrait être effectué que par une nouvelle distribution des métaux précieux, qui ferait monter le prix du drap en Angleterre et le baisserait au Portugal. Le prix relatif du vin baisserait en Angleterre par suite de l'avantage réel que procurerait l'amélioration de sa fabrication ; c'est-à-dire que son prix naturel baisserait : le prix relatif du drap y augmenterait par suite de l'accumulation d'argent.

Ainsi, supposons qu'avant l'amélioration de la vinification en Angleterre, le prix du vin était ici de 50 *l.* par pipe, et le prix d'une certaine quantité de tissu était de 45 *l.* , alors qu'au Portugal le prix de la même quantité de vin était de 45 *l.* , et celle de la même quantité de tissu 50 *l.* ; le vin serait exporté du Portugal avec un bénéfice de 5 *l.* , et du drap d'Angleterre avec un bénéfice du même montant.

Supposons qu'après amélioration, le vin tombe à 45 *l.* en Angleterre, le drap continue au même prix. Chaque transaction commerciale est une transaction indépendante. Alors qu'un commerçant peut acheter du tissu en Angleterre pour 45 *l.* , et le vendra avec le profit habituel au Portugal, il continuera à l'exporter d'Angleterre. Son affaire consiste simplement à acheter du drap anglais et à le payer par lettre de change, qu'il achète avec de l'argent portugais. Peu lui importe ce que devient cet argent ; il s'est acquitté de sa dette par la remise de la facture. Sa transaction est sans doute réglée par les conditions dans lesquelles il peut obtenir cet effet, mais elles lui sont alors connues ; et les causes qui peuvent influencer le prix du marché des billets, ou le taux de change, ne sont pas ses considérations.

Si les marchés sont favorables à l'exportation du vin du Portugal en Angleterre, l'exportateur du vin sera vendeur d'un billet, qui sera acheté soit par l'importateur du drap, soit par celui qui lui a vendu son billet ; et ainsi, sans qu'il soit nécessaire que de l'argent transite par l'un ou l'autre pays, les exportateurs de chaque pays seront payés pour leurs marchandises. Sans avoir aucune transaction directe entre eux, l'argent payé au Portugal par l'importateur de drap sera versé à l'exportateur portugais de vin ; et en Angleterre, par la négociation du même billet, l'exportateur du drap sera autorisé à recevoir sa valeur de l'importateur de vin.

Mais si les prix du vin étaient tels qu'aucun vin ne pouvait être exporté en Angleterre, l'importateur de draps paierait également une facture ; mais le prix de ce billet serait plus élevé, du fait que son vendeur saurait qu'il n'y avait aucune contre-effet sur le marché par lequel il pourrait finalement régler les transactions entre les deux pays : il pourrait savoir que l'or ou l'argent d'argent qu'il recevait en échange de sa lettre de change devait effectivement être exporté à son correspondant en Angleterre, pour lui permettre de payer la demande qu'il avait autorisé à lui faire, et il pouvait donc facturer dans le prix de sa lettre de change tout les dépenses à engager, ainsi que son bénéfice juste et habituel.

Si donc cette prime pour une lettre sur l'Angleterre était égale au profit sur le drap importé, l'importation cesserait naturellement ; mais si la prime sur la facture n'était que de 2 pour cent, on serait en mesure de payer une dette de 100 *l en Angleterre.* , 102 *litres.* doit être payé au Portugal, tandis que le tissu coûte 45 *l.* se vendrait 50 *l.* , le tissu serait importé, les billets seraient achetés et l'argent serait exporté, jusqu'à ce que la diminution de l'argent au Portugal et son accumulation en Angleterre aient produit un état de prix tel qu'il ne serait plus rentable de poursuivre ces transactions. .

Mais la diminution de la monnaie dans un pays et son augmentation dans un autre n'agissent pas sur le prix d'une marchandise seulement, mais sur les prix de tous, et par conséquent le prix du vin et du drap augmentera en Angleterre, et les deux prix augmenteront. abaissé au Portugal. Le prix du tissu est de 45 *l.* dans un pays, et 50 *l.* dans l'autre, il tomberait probablement à 49 *l.* ou 48 *litres.* au Portugal, et s'élève à 46 *l.* ou 47 *litres.* en Angleterre, et ne peuvent pas réaliser un bénéfice suffisant après avoir payé une prime pour une facture, pour inciter un commerçant à importer cette marchandise.

C'est ainsi que l'argent de chaque pays ne lui est alloué que dans la mesure nécessaire pour régler un commerce de troc profitable. L'Angleterre exportait du drap en échange de vin, parce que ce faisant, son industrie lui devenait plus productive ; elle avait plus de drap et de vin que si elle les avait fabriqués elle-même ; et le Portugal importait du drap et exportait du vin, parce que l'industrie du Portugal pourrait être employée plus avantageusement pour les deux pays à la production de vin. Qu'il y ait plus de difficulté en Angleterre à produire du drap, ou au Portugal à produire du vin, ou qu'il y ait plus de facilité en Angleterre à produire du vin, ou au Portugal à produire du drap, et le commerce doit cesser immédiatement.

Aucun changement ne se produit dans la situation du Portugal ; mais l'Angleterre découvre qu'elle peut employer son travail de manière plus productive à la fabrication du vin, et instantanément le commerce du troc entre les deux pays change. Non seulement l'exportation du vin du Portugal est arrêtée, mais une nouvelle distribution des métaux précieux a lieu, et l'importation de tissus est également empêchée.

Les deux pays auraient probablement intérêt à produire leur propre vin et leur propre tissu ; mais ce résultat singulier se produirait : en Angleterre, quoique le vin fût moins cher, le drap serait de prix plus élevé, le consommateur le paierait davantage ; tandis qu'au Portugal, les consommateurs, tant de draps que de vins, pourraient acheter ces produits à meilleur prix. Dans le pays où l'amélioration aurait été réalisée, les prix seraient augmentés ; là où aucun changement ne s'était produit, mais où ils avaient été privés d'une branche rentable du commerce extérieur, les prix baisseraient.

Ce n'est cependant qu'un avantage apparent pour le Portugal, car la quantité de drap et de vin produite ensemble dans ce pays diminuerait, tandis que la quantité produite en Angleterre augmenterait. La monnaie aurait dans une certaine mesure changé de valeur dans les deux pays : elle aurait été abaissée en Angleterre et augmentée au Portugal. Évalué en argent, tout le revenu du Portugal serait diminué ; estimé dans le même milieu, tout le revenu de l'Angleterre serait augmenté.

donc que l'amélioration d'une manufacture dans un pays quelconque tend à modifier la répartition des métaux précieux entre les nations du monde : elle tend à augmenter la quantité des marchandises, en même temps qu'elle élève les prix généraux dans le monde. pays où l'amélioration a lieu.

Pour simplifier la question, j'ai supposé que le commerce entre deux pays se bornait à deux marchandises, au vin et au drap, mais il est bien connu que des articles nombreux et divers entrent dans la liste des exportations et des importations. Par le retrait de l'argent d'un pays et son accumulation dans un autre, toutes les marchandises sont affectées dans le prix, et par conséquent l'exportation de beaucoup plus de marchandises en plus de l'argent est encouragée, ce qui empêchera donc un si grand effet de se produire. sur la valeur de la monnaie dans les deux pays, comme on pourrait s'y attendre.

Outre les progrès des arts et des machines, il existe diverses autres causes qui agissent constamment sur le cours naturel des échanges commerciaux et qui interfèrent avec l'équilibre et la valeur relative de la monnaie. Les primes à l'exportation ou à l'importation, les nouveaux impôts sur les marchandises, tantôt par leur opération directe, tantôt par leur opération indirecte, perturbent le commerce naturel du troc et produisent par conséquent une nécessité d'importer ou d'exporter de l'argent, afin que les prix puissent s'accommoder. au cours naturel du commerce ; et cet effet se produit non seulement dans le pays où la cause perturbatrice a lieu, mais, à un degré plus ou moins grand, dans tous les pays du monde commercial.

Cela expliquera dans une certaine mesure la valeur différente de la monnaie selon les pays ; elle nous expliquera pourquoi les prix des marchandises domestiques et de celles de grande quantité sont, indépendamment d'autres causes, plus élevés dans les pays où les manufactures sont florissantes. De deux pays ayant exactement la même population et la même quantité de terres d'égale fertilité en culture, avec la même connaissance de l'agriculture, les prix des produits bruts seront les plus élevés dans celui où l'on utilise le plus de savoir-faire et les meilleures machines. la fabrication de produits exportables. Le taux des profits ne différera probablement que peu ; car le salaire, ou la récompense réelle du travailleur , peut être le même dans les deux cas ; mais ces salaires, ainsi que les produits bruts, seront plus chers en argent dans ce pays, dans lequel, grâce aux avantages attachés à leur habileté et à leurs machines, une abondance d'argent est importée en échange de leurs marchandises.

De ces deux pays, si l'un avait l'avantage dans la fabrication de marchandises d'une qualité donnée, et l'autre dans la fabrication de marchandises d'une autre qualité, il n'y aurait pas d'afflux marqué de métaux précieux dans l'un ou l'autre ; mais si l'avantage était très fortement prépondérant en faveur de l'un ou de l'autre, cet effet serait inévitable.

Dans la première partie de cet ouvrage, nous avons supposé, aux fins de l'argumentation, que l'argent restait toujours de la même valeur ; nous essayons maintenant de voir qu'à côté des variations ordinaires de la valeur de la monnaie, et de celles qui sont communes à tout le monde commercial, il existe aussi des variations partielles auxquelles la monnaie est soumise dans des pays particuliers ; et en fait, que la valeur de l'argent n'est jamais la même dans deux pays, car elle dépend de la fiscalité relative, de la compétence manufacturière, des avantages du climat, des productions naturelles et de bien d'autres causes.

Cependant, bien que la monnaie soit sujette à de telles variations perpétuelles, et que, par conséquent, les prix des marchandises communes à la plupart des pays soient également sujets à des différences considérables, aucun effet ne sera produit sur le taux des profits, ni par l'afflux, ni par l'influence de l'argent. sortie d'argent. Le capital ne sera pas augmenté parce que le support de circulation est augmenté. Si le fermage payé par le fermier à son propriétaire et les salaires de ses ouvriers , sont de 20 pour cent. plus élevé dans un pays que dans un autre, et si en même temps la valeur nominale du capital de l'agriculteur est de 20 pour cent. de plus, il recevra exactement le même taux de profit, bien qu'il vende ses produits bruts à 20 pour cent. plus haut.

Les profits, on ne le répétera jamais assez, dépendent des salaires ; non pas sur les salaires nominaux, mais réels ; non sur le nombre de livres qui peuvent être payées annuellement au travailleur , mais sur le nombre de jours de travail nécessaires pour obtenir ces livres. Les salaires peuvent donc être exactement les mêmes dans deux pays : ils peuvent aussi être dans la même proportion à la rente et à l'ensemble des produits tirés du pays, bien que dans l'un de ces pays le travailleur doive recevoir dix shillings par semaine, et dans l'autre douze.

Dans les premiers états de la société, lorsque les industries manufacturières ont fait peu de progrès et que la production de tous les pays est à peu près la même, composée des marchandises les plus volumineuses et les plus utiles, la valeur de la monnaie dans les différents pays sera principalement réglée par la distance qui les sépare des mines. qui fournissent les métaux précieux ; mais à mesure que les arts et les progrès de la société progressent, et que les différentes nations excellent dans des manufactures particulières, même si la distance entre toujours en compte dans le calcul, la valeur des métaux précieux sera principalement réglée par la supériorité de ces manufactures.

Supposons que toutes les nations produisent uniquement du blé, du bétail et des vêtements grossiers, et que ce soit par l'exportation de ces marchandises que l'or puisse être obtenu des pays qui les produisaient, ou de ceux qui les tenaient assujettis ; l'or aurait naturellement une plus grande valeur échangeable en Pologne qu'en Angleterre, à cause des dépenses plus élevées liées à l'envoi d'une marchandise aussi volumineuse que le blé lors d'un voyage plus éloigné, et aussi des dépenses plus élevées liées au transport de l'or en Pologne.

Cette différence dans la valeur de l'or, ou ce qui est la même chose, cette différence dans le prix du blé dans les deux pays, existerait bien que les facilités de production du blé en Angleterre dépassent de beaucoup celles de la Pologne, à cause de la plus grande fertilité des terres. la terre, et la supériorité dans les compétences et les mises en œuvre du travailleur .

Si toutefois la Pologne devait être la première à améliorer ses industries manufacturières, si elle parvenait à fabriquer une marchandise généralement désirable, comprenant une grande valeur en peu de volume, ou si elle devait être exclusivement dotée d'une production naturelle, généralement désirable, et non possédée par d'autres pays, elle obtiendrait une quantité supplémentaire d'or en échange de cette marchandise, qui agirait sur le prix de son blé, de son bétail et de ses vêtements grossiers. Le désavantage de la distance serait probablement plus que compensé par l'avantage de disposer d'un produit exportable de grande valeur, et l'argent aurait en permanence une valeur inférieure en Pologne qu'en Angleterre. Si, au contraire, l'Angleterre possédait l'avantage de l'habileté et des machines, une autre raison s'ajouterait à celle qui existait auparavant, pour laquelle l'or aurait moins de valeur en Angleterre qu'en Pologne, et pourquoi le blé, le bétail et les vêtements devraient être vendus. à un prix plus élevé dans l'ancien pays.

Ce sont, je crois, les deux seules causes qui règlent la valeur comparée de la monnaie dans les différents pays du monde ; car, bien que l'impôt occasionne un trouble de l'équilibre monétaire, il le fait en privant le pays dans lequel il est imposé de certains des avantages inhérents à la compétence, à l'industrie et au climat.

J'ai essayé de distinguer soigneusement entre une faible valeur de l'argent et une valeur élevée du blé, ou de toute autre marchandise avec laquelle l'argent peut être comparé. Ces termes ont généralement été considérés comme signifiant la même chose ; mais il est évident que lorsque le blé s'élève de cinq à dix shillings le boisseau, cela peut être dû soit à une baisse de la valeur de l'argent, soit à une hausse de la valeur du blé. Ainsi nous avons vu que, de la nécessité de recourir successivement à des terres de moins en moins bonne qualité, pour nourrir une population croissante, le blé doit augmenter en valeur relative par rapport aux autres choses. Si donc la monnaie reste constamment à la même valeur, le blé s'échangera contre davantage de cette monnaie, c'est-à-dire que son prix augmentera. La même hausse du prix du blé sera produite par une telle amélioration des machines dans les manufactures, qu'elle nous permettra de fabriquer des marchandises présentant des avantages particuliers : car l'afflux d'argent en sera la conséquence ; sa valeur diminuera et sera donc échangée contre moins de maïs. Mais les effets résultant d'un prix élevé du blé, lorsqu'il est produit par la hausse de la valeur du blé, ou lorsqu'il est provoqué par une baisse de la valeur de la monnaie, sont totalement différents. Dans les deux cas, le prix monétaire des salaires augmentera, mais si c'est par suite de la baisse de la valeur de la monnaie, non seulement les salaires et le blé, mais toutes les autres marchandises augmenteront. Si le fabricant doit payer davantage pour ses salaires, il recevra davantage pour ses produits manufacturés, et le taux de profit ne sera pas affecté. Mais lorsque la hausse du prix du blé est l'effet des difficultés de production, les profits diminuent ; car le fabricant sera obligé de payer des salaires plus élevés et ne pourra pas se rémunérer en augmentant le prix de sa marchandise manufacturée.

Toute amélioration dans la facilité d'exploitation des mines, grâce à laquelle les métaux précieux peuvent être produits avec une moindre quantité de travail , diminuera généralement la valeur de la monnaie. Il s'échangera alors contre moins de marchandises dans tous les pays ; mais lorsqu'un pays particulier excelle dans l'industrie manufacturière, de manière à provoquer un afflux d'argent vers lui, la valeur de la monnaie sera plus basse, et les prix du blé et du travail seront relativement plus élevés dans ce pays que dans tout autre.

Cette valeur plus élevée de l'argent ne sera pas indiquée par l'échange ; les factures peuvent continuer à être négociées au pair, même si les prix du maïs et de la main-d'œuvre devraient être de 10, 20 ou 30 pour cent. plus élevé dans un pays que dans un autre. Dans les circonstances supposées, une telle différence de prix est l'ordre naturel des choses, et l'échange ne peut être au pair que lorsqu'une quantité suffisante d'argent est introduite dans le pays, excellent dans les produits manufacturés, de manière à élever le prix de son blé et de ses produits. travail . Si les pays étrangers interdisaient l'exportation de monnaie et parvenaient à imposer l'obéissance à une telle loi, ils pourraient en effet empêcher la hausse des prix du blé et du travail du pays manufacturier ; car une telle hausse ne peut avoir lieu qu'après l'afflux des métaux précieux, à supposer qu'on n'utilise pas le papier-monnaie ; mais ils ne purent empêcher que le change ne leur fût très défavorable . Si l'Angleterre était le pays manufacturier et qu'il était possible d'empêcher l'importation de monnaie, le taux d'échange avec la France, la Hollande et l'Espagne pourrait être de 5, 10 ou 20 pour cent. contre ces pays.

Chaque fois que le courant de la monnaie est arrêté de force, et lorsque la monnaie est empêchée de se stabiliser à son juste niveau, il n'y a pas de limites aux variations possibles de l'échange. Les effets sont semblables à ceux qui surviennent lorsqu'un papier-monnaie, non échangeable contre des espèces au gré de son détenteur, est mis en circulation. Une telle monnaie est nécessairement confinée au pays où elle est émise : elle ne peut, lorsqu'elle est trop abondante, se diffuser généralement parmi les autres pays. Le niveau de la circulation est détruit, et l'échange sera inévitablement défavorable au pays où il est excessif en quantité : ainsi seraient les effets d'une circulation métallique, si par des moyens forcés, par des lois incontournables, l'argent devait être retenu dans un pays, alors que le courant commercial lui donnait une impulsion vers d'autres pays.

Lorsque chaque pays aura précisément la quantité de monnaie qu'il devrait avoir, la monnaie n'aura en effet pas la même valeur dans chacun, car, pour beaucoup de marchandises, elle peut différer de 5, 10 ou même 20 pour cent, mais le taux de change sera au pair. Cent livres en Angleterre, ou l'argent qui se trouve dans 100 *l.* , achètera une facture de 100 *l.* , ou une quantité égale d'argent en France, en Espagne ou en Hollande.

En parlant de l'échange et de la valeur comparée de la monnaie dans les différents pays, nous ne devons pas du tout nous référer à la valeur de la monnaie estimée en marchandises, dans l'un ou l'autre pays. L'échange n'est jamais assuré en estimant la valeur comparative de l'argent en blé, en tissu ou en n'importe quelle marchandise, mais en estimant la valeur de la monnaie d'un pays dans la monnaie d'un autre.

On peut également s'en assurer en le comparant à une norme commune aux deux pays. Si une facture sur l'Angleterre pour 100 *l.* achètera la même quantité de marchandises en France ou en Espagne que ferait une facture sur Hambourg pour la même somme, l'échange entre Hambourg et l'Angleterre est au pair ; mais si une facture sur l'Angleterre pour 130 *l.* , n'achètera pas plus d'une facture de 100 l à Hambourg . , l'échange est de 30 pour cent. contre l'Angleterre.

En Angleterre 100 *l.* peut acheter une facture, ou le droit de recevoir 101 *l.* en Hollande, 102 *l.* en France, et 105 *l.* en Espagne. Le change avec l'Angleterre est alors dit de 1 pour cent. contre la Hollande, 2 pour cent. contre la France, et 5 pour cent. contre l'Espagne. Cela indique que le niveau de la monnaie est plus élevé qu'il ne devrait l'être dans ces pays, et que la valeur comparative de leur monnaie et de celle de l'Angleterre serait immédiatement rétablie au pair, en faisant abstraction de la leur ou en ajoutant à celle de l'Angleterre.

Ceux qui soutenaient que notre monnaie s'était dépréciée au cours des dix dernières années, lorsque le taux de change variait de 20 à 30 pour cent. contre ce pays, n'ont jamais soutenu, comme on l'a accusé de le faire, que l'argent ne pouvait pas avoir plus de valeur dans un pays que dans un autre, comparativement à diverses marchandises ; mais ils ont soutenu que 130 *l.* ne pouvait être détenu en Angleterre, lorsqu'il n'avait pas plus de valeur, estimée en monnaie de Hambourg ou de Hollande, que 100 *l.*

En envoyant 130 *l.* de bonnes livres sterling anglaises à Hambourg , même au prix de 5 *l.* , je devrais y être possédé de 125 *l.* ; qu'est-ce qui pourrait alors me faire consentir à donner 130 *l.* pour une facture qui me donnerait 100 *l.* à Hambourg , mais que mes livres n'étaient pas de bonnes livres sterling ? — elles étaient détériorées, leur valeur intrinsèque se dégradait au-dessous des livres sterling de Hambourg , et si elles y étaient effectivement envoyées, au prix de 5 *l.* , ne se vendrait que pour 100 *l.* Avec des livres sterling métalliques, on ne nie pas que mes 130 *l.* m'en procurerais 125 *l.* à Hambourg , mais avec du papier livres sterling, je ne peux obtenir que 100 *l.* ; et pourtant on maintient que 130 *l.* en papier, est de valeur égale à 130 *l.* en argent ou en or. Certains en effet plus raisonnablement entretenus, que 130 *l.* en papier n'avait pas la même valeur que 130 *l.* en monnaie métallique ; mais ils disaient que c'était la monnaie métallique qui avait changé de valeur, et non le papier-monnaie. Ils voulaient limiter le sens du mot dépréciation à une baisse réelle de la valeur, et non à une différence comparative entre la valeur de l'argent et la norme par laquelle la loi la réglemente. Cent livres de monnaie anglaise avaient autrefois la même valeur et permettaient d'acheter 100 *l.* de l'argent de Hambourg : dans tout autre pays, un billet de 100 *l.* En Angleterre ou à Hambourg , ils pourraient acheter exactement la même quantité de marchandises. Pour obtenir les mêmes choses, j'ai été obligé dernièrement de donner 130 *l.* De l'argent anglais, alors que Hambourg pouvait les obtenir pour 100 *l.* L'argent de Hambourg . Si la monnaie anglaise avait alors la même valeur qu'auparavant, la monnaie de Hambourg aurait dû prendre de la valeur. Mais où en est la preuve ? Comment savoir si la monnaie anglaise a baissé ou si la monnaie hambourgeoise a augmenté ? il n'existe aucune norme permettant de déterminer cela. C'est un argument qui n'admet aucune preuve et qui ne peut être ni positivement affirmé, ni positivement contredit. Les nations du monde ont dû être très tôt convaincues qu'il n'existait dans la nature aucun étalon de valeur auquel on puisse se référer de manière infaillible, et ont donc choisi un milieu qui, dans l'ensemble, leur paraissait moins variable que toute autre marchandise.

Nous devons nous conformer à cette norme jusqu'à ce que la loi soit changée et jusqu'à ce qu'une autre marchandise soit découverte, grâce à laquelle nous obtiendrons une norme plus parfaite que celle que nous avons établie. Alors que l'or est exclusivement l'étalon dans ce pays, la monnaie sera dépréciée lorsqu'une livre sterling n'aura pas la même valeur que 5 dwts . et 3 grammes. de l'or standard, et cela, que l'or augmente ou diminue en valeur générale.

CHAPITRE VII

SUR LES IMPÔTS.

LES IMPÔTS sont une partie du produit de la terre et du travail d'un pays, mise à la disposition du gouvernement ; et sont toujours payés en fin de compte, soit sur le capital, soit sur les revenus du pays.

Nous avons déjà montré comment le capital d'un pays est soit fixe, soit circulant, selon qu'il est plus ou moins durable. Il est difficile de définir strictement où commence la distinction entre capital circulant et capital fixe ; car il existe des degrés presque infinis dans la durabilité du capital. La nourriture d'un pays est consommée et reproduite au moins une fois par an ; les vêtements du travailleur ne sont probablement pas consommés et reproduits en moins de deux ans ; tandis que sa maison et ses meubles sont calculés pour durer dix ou vingt ans.

Lorsque les productions annuelles d'un pays dépassent sa consommation annuelle, on dit qu'il augmente son capital ; lorsque sa consommation annuelle au moins n'est pas remplacée par sa production annuelle, on dit qu'elle diminue son capital. Le capital peut donc être augmenté par une production accrue ou par une consommation diminuée.

Si la consommation du gouvernement, lorsqu'elle est augmentée par le prélèvement d'impôts supplémentaires, est satisfaite soit par une production accrue, soit par une consommation diminuée de la part du peuple, les impôts tomberont sur le revenu, et le capital national restera intact. ; mais s'il n'y a pas d'augmentation de la production ni de diminution de la consommation de la part du peuple, les impôts tomberont nécessairement sur le capital.

A mesure que le capital d'un pays diminue, ses productions seront nécessairement diminuées ; et par conséquent, si les mêmes dépenses du peuple et du gouvernement continuent, avec une reproduction annuelle constamment décroissante, les ressources du peuple et de l'État diminueront avec une rapidité croissante, et la détresse et la ruine s'ensuivront.

Malgré les immenses dépenses du gouvernement anglais au cours des vingt dernières années, il ne fait guère de doute que l'augmentation de la production de la part du peuple les a plus que compensées. Le capital national n'a pas seulement été intact, il a été considérablement augmenté, et le revenu annuel du peuple, même après le paiement de ses impôts, est probablement plus élevé à l'heure actuelle qu'à aucune période antérieure de notre histoire.

Pour preuve de cela, nous pourrions nous référer à l'augmentation de la population, à l'expansion de l'agriculture, à l'augmentation de la navigation et des manufactures, à la construction de docks, à l'ouverture de nombreux canaux, ainsi qu'à bien d'autres entreprises coûteuses ; tout cela dénote une augmentation à la fois du capital et de la production annuelle.

Il n'y a pas d'impôts qui n'aient tendance à empêcher l'accumulation, parce qu'il n'y en a pas qui ne puissent être considérés comme freinant la production et comme provoquant les mêmes effets qu'un mauvais sol ou un mauvais climat, une diminution de l'habileté ou de l'industrie, une pire répartition des revenus. le travail , ou la perte de certaines machines utiles ; et bien que certains impôts produisent ces effets à un degré bien plus grand que d'autres, il faut avouer que le grand mal de l'impôt réside moins dans le choix de ses objets que dans la quantité générale de ses effets. collectivement.

Les impôts ne sont pas nécessairement des impôts sur le capital, car ils sont imposés sur le capital ; ni sur le revenu, car ils sont imposés sur le revenu. Si sur mes revenus de 1000 *l.* par an, je dois payer 100 *l.* , ce sera en réalité un impôt sur mes revenus, si je me contente de dépenser les 900 *l restants.* ; mais ce sera un impôt sur le capital, si je continue à dépenser 1000 *l.*

Le capital dont mes revenus sont de 1000 *l.* est dérivé peut être d'une valeur de 10 000 *l.* ; une taxe de un pour cent. sur un tel capital serait de 100 *l.* ; mais mon capital n'en serait pas affecté, si, après avoir payé cet impôt, je me contentais de la même manière de la dépense de 900 *l.*

Le désir qu'a chaque homme de maintenir sa condition dans la vie et de maintenir sa richesse au niveau qu'elle a une fois atteint, fait que la plupart des impôts, qu'ils soient imposés sur le capital ou sur le revenu, sont payés sur le revenu ; et par conséquent, à mesure que les impôts augmentent, ou que le gouvernement augmente ses dépenses, les dépenses annuelles du peuple doivent être diminuées, à moins qu'il ne soit permis d'augmenter proportionnellement ses capitaux et ses revenus. La politique des gouvernements devrait être d'encourager la disposition du peuple à faire cela, et de ne jamais imposer des impôts qui tomberaient inévitablement sur le capital ; car, ce faisant, ils diminuent les fonds destinés à l'entretien du travail et diminuent ainsi la production future du pays.

En Angleterre, cette politique a été négligée dans l'imposition des homologations testamentaires, dans les droits de succession et dans tous les impôts affectant le transfert de propriété des morts aux vivants. Si un héritage de 1000 *l.* être soumis à une taxe de 100 *l.* , le légataire considère son héritage comme seulement 900 *l.* , et ne ressent aucune motivation particulière pour économiser les 100 *l.* les droits sont prélevés sur ses dépenses, et ainsi le capital du pays est diminué ; mais s'il avait vraiment reçu 1000 *l.* et avait dû payer 100 *l.* comme impôt sur le revenu, sur le vin, sur les chevaux ou sur les domestiques, il aurait probablement diminué, ou plutôt n'aurait pas augmenté ses dépenses de cette somme, et la capitale du pays n'aurait pas été altérée.

"Les impôts sur le transfert de propriété d'un mort à un vivant", dit Adam Smith, "retombent en définitive, ainsi qu'immédiatement, sur la personne à qui la propriété est transférée. Les impôts sur la vente de terres tombent entièrement sur le vendeur . Le vendeur est presque toujours dans la nécessité de vendre et doit donc prendre le prix qu'il peut obtenir. L'acheteur est rarement dans la nécessité d'acheter et ne donnera donc que le prix qu'il veut. Il considère ce que le Le pays lui coûtera à la fois en impôt et en prix. Plus il est obligé de payer sous forme d'impôt, moins il sera disposé à donner sous forme de prix. De tels impôts tombent donc presque toujours sur une personne nécessaire. et doit donc être très cruel et oppressif. « Les droits de timbre et les droits d'enregistrement des obligations et des contrats portant sur l'argent emprunté incombent entièrement à l'emprunteur et sont en fait toujours payés par lui. Les droits de même nature en matière de poursuites judiciaires incombent aux prétendants. Ils réduisent à l'un et à l'autre le valeur en capital de l'objet en litige. Plus il en coûte pour acquérir une propriété, moins doit être sa valeur nette une fois acquise. Tous les impôts sur le transfert de propriété de toute sorte, dans la mesure où ils diminuent la valeur en capital de cette propriété. La propriété, tendent à diminuer les fonds destinés à l'entretien du travail . Ce sont tous des impôts plus ou moins peu économes, qui augmentent le revenu du souverain, qui n'entretient rarement que des ouvriers improductifs , aux dépens du capital du peuple, qui n'en maintient que productif.

Mais ce n'est pas la seule objection aux impôts sur les transferts de propriété ; ils empêchent que le capital national soit distribué de la manière la plus bénéfique pour la communauté. Pour la prospérité générale, on ne peut donner trop de facilité au transport et à l'échange de toutes sortes de propriétés, car c'est par de tels moyens que les capitaux de toutes espèces sont susceptibles de trouver leur chemin entre les mains de ceux qui les emploieront le mieux. en augmentant les productions du pays. « Pourquoi, demande M. Say, un individu désire-t-il vendre sa terre ? c'est parce qu'il a un autre emploi en vue où ses fonds seront plus productifs. Pourquoi un autre veut-il acheter cette même terre ? c'est pour employer un capital qui lui rapporte trop peu, qui était sans emploi, ou dont il croit l'usage susceptible d'être amélioré. Cet échange augmentera le revenu général, puisqu'il augmente le revenu de ces partis. Mais si les charges sont si exorbitantes qu'elles pour empêcher l'échange, ils font obstacle à cet accroissement du revenu général. Ces impôts sont cependant faciles à percevoir ; et beaucoup peuvent penser que cela offre une certaine compensation pour leurs effets préjudiciables.

CHAPITRE VIII

IMPÔTS SUR LES PRODUITS BRUTS.

AYANT ÉTABLI DANS UNE PREMIÈRE PARTIE DE CET OUVRAGE, J'ESPÈRE DE MANIÈRE SATISFAISANTE, LE PRINCIPE SELON LEQUEL LE PRIX du blé est réglé par le coût de sa production sur cette terre exclusivement, ou plutôt avec ce capital exclusivement, qui ne paie aucune rente, il suivra que tout ce qui peut augmenter le coût de production augmentera le prix ; tout ce qui peut le réduire fera baisser le prix. La nécessité de cultiver des terres plus pauvres, ou d'obtenir un moindre rendement avec un capital supplémentaire donné sur des terres déjà cultivées, augmentera inévitablement la valeur échangeable des produits bruts. La découverte de machines qui permettront au cultivateur d'obtenir son blé à moindre coût de production, en abaissera nécessairement la valeur échangeable. Tout impôt qui peut être imposé au cultivateur, que ce soit sous la forme d'un impôt foncier, d'une dîme ou d'un impôt sur le produit une fois obtenu, augmentera le coût de production et augmentera par conséquent le prix des produits bruts.

Si le prix des produits bruts n'augmentait pas de manière à compenser l'impôt du cultivateur, celui-ci quitterait naturellement un métier où ses profits étaient réduits au-dessous du niveau général des profits : cela entraînerait une diminution de l'offre, jusqu'à ce que la demande constante ont provoqué une telle hausse du prix des produits bruts, qu'ils ont rendu leur culture aussi rentable que l'investissement de capitaux dans tout autre commerce.

Une hausse des prix est le seul moyen par lequel il pourrait payer l'impôt et continuer à tirer les bénéfices habituels et généraux de cet emploi de son capital. Il ne pourrait pas déduire l'impôt de son loyer et obliger son propriétaire à le payer, car il ne paie aucun loyer. Il ne le déduirait pas de ses bénéfices, car il n'y a aucune raison pour qu'il continue à exercer un emploi qui rapporte de petits bénéfices. quand tous les autres emplois rapportent davantage. Il ne fait alors aucun doute qu'il aura le pouvoir d'augmenter le prix des produits bruts d'une somme égale à l'impôt.

Une taxe sur les produits bruts ne serait pas payée par le propriétaire ; il ne serait pas payé par l'agriculteur ; mais il serait payé, à un prix majoré, par le consommateur.

La rente, il faut le rappeler, est la différence entre le produit obtenu par des portions égales de travail et le capital employé sur des terres de qualités identiques ou différentes. Il faut se rappeler aussi que la rente monétaire de la terre et la rente céréalière de la terre ne varient pas dans la même proportion.

Dans le cas d'un impôt sur les produits bruts, d'un impôt foncier ou d'une dîme, la rente du blé variera, tandis que la rente monétaire restera la même.

Si, comme nous l'avons supposé précédemment, les terres cultivées étaient de trois qualités, et cela avec un capital égal,

180 qrs. de maïs ont été obtenus à partir de la terre		Non. 1.
170	depuis	2.
160	depuis	3.

le loyer du No. 1 serait de 20 quarts, la différence entre celle du No. 3 et n° 1; et du No. 2, 10 quarts-temps, la différence entre celui du No. 3 et n° 2 ; alors que non. 3 ne paierait aucun loyer.

Maintenant, si le prix du maïs était de 4 *l.* par trimestre, le loyer en argent du No. 1 ferait 80 *l.* , et celui du No. 2, 40 *litres*.

Supposons qu'un impôt de 8 *shillings* par trimestre soit imposé sur le blé ; alors le prix passerait à 4 *l.* 20 *heures* ; et si les propriétaires obtenaient la même rente de blé qu'auparavant, la rente du No. 1 serait 88 *l.* , et celui du No. 2,44 *litres* Mais ils n'obtiendraient pas la même rente de blé ; la taxe tomberait plus lourdement sur le numéro 1. 1 que sur le No. 2, et sur le No. 2 que sur le No. 3, parce qu'elle serait prélevée sur une plus grande quantité de blé. C'est la difficulté de la production sur le No. 3 qui régule les prix ; et le maïs monte à 4 *l.* 8 *s.* , que les bénéfices du capital employé sur le No. 3 peut être au niveau des bénéfices généraux des actions.

Le produit et l'impôt sur les trois qualités de terres seront les suivants :

Non. 1, cédant	180	qrs. à 4 *l.* 8 *s.* par qr.	792 £
Déduire la valeur de	16.3	ou 8 *s.* par qr. sur 180 qrs.	72
Production nette de maïs	163,7	Production monétaire nette	720 £

Non. 2, cédant	170	qrs. à 4 *l.* 8 *s.* par qr.	748 £
Déduire la valeur de	15.4	qrs. à 4 *l.* 8 *p.* ou 8 *p.* le qr. sur 170 qrs.	68
Production nette de maïs	154,6	Production monétaire nette	680 £

Non. 3,	160	qrs. à 4 *l.* 8s .	704 £
Déduire la valeur de	14.5	qrs. à 4 *l.* 8 *p.* ou 8 *p.* par qr. sur 160	64
Production nette de maïs	145,5	Production monétaire nette	640 £

Le loyer en argent du No. 1 continuerait à être de 80 *l.* , soit la différence entre 640 et 720 *l.* ; et celui du No. 2, 40 *litres.* , soit la différence entre 640 *l.* et 680 *litres.* , exactement le même qu'avant ; mais la rente du maïs sera réduite de 20 quarters à No. 1 à 18,2 quarts, et celui du No. 2 de 10 à 9,1 quarts.

Un impôt sur le blé tomberait donc sur les consommateurs de blé et augmenterait sa valeur, par rapport à toutes les autres marchandises, dans une mesure proportionnelle à l'impôt. leur valeur serait également augmentée, à moins que l'impôt ne soit compensé par d'autres causes. Ils seraient en effet indirectement imposés et leur valeur augmenterait proportionnellement à l'impôt.

Cependant, un impôt sur les produits bruts et sur les produits de première nécessité du travailleur aurait un autre effet : il augmenterait les salaires. En raison de l'effet du principe de population sur l'accroissement de l'humanité, les salaires les plus bas ne restent jamais bien au-dessus du taux que la nature et l'habitude exigent pour subvenir aux besoins des travailleurs . Cette classe n'est jamais en mesure de supporter une part considérable d'impôts ; et, par conséquent, s'ils devaient payer 8 *shillings* par trimestre en plus pour le blé, et dans une moindre proportion pour les autres produits de première nécessité, ils ne pourraient pas subsister avec les mêmes salaires qu'auparavant, ni entretenir la race des ouvriers . . Les salaires augmenteraient inévitablement et nécessairement ; et à mesure qu'ils augmenteraient, les profits diminueraient. Le gouvernement recevrait un impôt de 8 *shillings* par trimestre sur tout le blé consommé dans le pays, dont une partie serait payée directement par les consommateurs de blé ; l'autre partie serait payée indirectement par ceux qui emploient du travail , et affecterait les bénéfices de la même manière que si les salaires avaient été augmentés en raison de la demande accrue de travail par rapport à l'offre, ou d'une difficulté croissante d'obtenir la nourriture et les produits de première nécessité nécessaires. par l' ouvrier .

Dans la mesure où l'impôt pourrait affecter les consommateurs, ce serait un impôt égal, mais dans la mesure où il affecterait les bénéfices, ce serait un impôt partiel ; car elle n'agirait ni sur le propriétaire ni sur l'actionnaire, puisqu'ils continueraient à recevoir, l'un le même loyer en argent, l'autre les mêmes dividendes en argent qu'auparavant. Une taxe sur les produits du pays fonctionnerait alors comme suit :

1er. Elle augmenterait le prix des produits bruts d'une somme égale à l'impôt, et retomberait donc sur chaque consommateur proportionnellement à sa consommation.

2èmement. Cela augmenterait les salaires du travail et diminuerait les profits.

Il pourra alors être opposé à une telle taxe,

1er. Qu'en augmentant les salaires du travail et en diminuant les profits, c'est un impôt inégal, car il affecte le revenu du fermier, du commerçant et du fabricant, et laisse non imposés le revenu du propriétaire, de l'actionnaire et des autres personnes bénéficiant de revenus fixes.

2èmement. Qu'il y aurait un intervalle considérable entre la hausse du prix du blé et la hausse des salaires, pendant lequel beaucoup de détresse serait éprouvée par l' ouvrier .

3èmement. L'augmentation des salaires et la diminution des profits découragent l'accumulation et agissent de la même manière qu'une pauvreté naturelle du sol.

4ème. Qu'en augmentant le prix des produits bruts, les prix de toutes les marchandises dans lesquelles les produits bruts entrent augmenteraient, et que par conséquent nous ne devrions pas rencontrer les fabricants étrangers sur un pied d'égalité sur le marché général.

En ce qui concerne la première objection, selon laquelle en augmentant les salaires du travail et en diminuant les profits, elle agit de manière inégale, car elle affecte le revenu du fermier, du commerçant et du fabricant, et laisse non imposés les revenus du propriétaire foncier, de l'actionnaire et des autres personnes bénéficiant d'un revenu fixe. revenus, on peut répondre que si l'effet de l'impôt est inégal, c'est au législateur de le rendre égal, en taxant directement la rente de la terre et les dividendes des actions. Ce faisant, tous les objets d'un impôt sur le revenu seraient obtenus, sans l'inconvénient de recourir à la mesure odieuse consistant à s'immiscer dans les préoccupations de chacun et à doter les commissaires de pouvoirs répugnants aux habitudes et aux sentiments d'un pays libre.

En ce qui concerne la deuxième objection, selon laquelle il y aurait un intervalle considérable entre la hausse du prix du blé et la hausse des salaires, pendant lequel beaucoup de détresse serait éprouvée par les classes inférieures, je réponds que, dans des circonstances différentes, les salaires suivre le prix des produits bruts avec des degrés de célérité très différents ; que, dans certains cas, la hausse du blé n'a aucun effet sur les salaires ; dans d'autres, la hausse des salaires précède la hausse du prix du blé ; encore une fois, dans certains cas, l'effet est lent, et dans d'autres, l'intervalle doit être très court.

Ceux qui soutiennent que c'est le prix des produits de première nécessité qui régule le prix du travail , en tenant toujours compte de l'état particulier de progression dans lequel la société, peuvent sembler avoir trop facilement admis qu'une hausse ou une baisse du prix des produits de première nécessité serait inévitable. très lentement par une hausse ou une baisse des salaires. Un prix de commission élevé peut provenir de causes très différentes et peut, par conséquent, produire des effets très différents. Cela peut provenir de

1er. Un approvisionnement insuffisant.

2ème. D'une demande progressivement croissante, à laquelle on peut finalement répondre par un coût de production accru.

3èmement. D'une chute de la valeur de l'argent.

4ème. Des taxes sur les nécessités.

Ces quatre causes n'ont pas été suffisamment distinguées et séparées par ceux qui ont recherché l'influence du prix élevé des denrées de première nécessité sur les salaires. Nous les examinerons individuellement.

Une mauvaise récolte produira un prix de commission élevé, et le prix élevé est le seul moyen par lequel la consommation est obligée de se conformer à l'état de l'offre. Si tous les acheteurs de blé étaient riches, le prix pourrait monter à un degré quelconque, mais le résultat resterait inchangé ; le prix serait enfin si élevé, que les moins riches seraient obligés de renoncer à l'usage d'une partie de la quantité qu'ils consomment habituellement, car par la seule diminution de la consommation, la demande pourrait être ramenée aux limites de l'offre. Dans de telles circonstances, aucune politique ne peut être plus absurde que celle qui consiste à réguler de force les salaires monétaires en fonction du prix des denrées alimentaires, comme cela se fait fréquemment par une mauvaise application des lois sur les pauvres. Une telle mesure n'apporte aucun soulagement réel au travailleur , parce qu'elle a pour effet de faire monter encore plus le prix du blé, et qu'en fin de compte il doit être obligé de limiter sa consommation proportionnellement à l'offre limitée. Dans le cours naturel des choses , un approvisionnement insuffisant dû à de mauvaises saisons, sans aucune intervention pernicieuse et imprudente, ne serait pas suivi d'une augmentation des salaires. L'augmentation des salaires n'est que nominale pour ceux qui les reçoivent ; elle accroît la concurrence sur le marché du maïs, et son effet ultime est d'augmenter les profits des producteurs et des marchands de maïs. Les salaires du travail sont en réalité réglés par la proportion entre l'offre et la demande de biens de première nécessité et l'offre et la demande de travail ; et l'argent n'est que le moyen, ou la mesure, dans lequel les salaires sont exprimés. Dans ce cas, la détresse du travailleur est inévitable, et aucune législation ne peut y remédier, sinon par l'importation de nourriture supplémentaire.

Lorsqu'un prix élevé du blé est l'effet d'une demande croissante, il est toujours précédé d'une augmentation des salaires, car la demande ne peut augmenter sans une augmentation des moyens du peuple pour payer ce qu'il désire. Une accumulation de capital produit naturellement une concurrence accrue entre les employeurs du travail , et par conséquent une hausse de son prix. Les salaires augmentés ne sont pas immédiatement dépensés en nourriture, mais sont d'abord destinés à contribuer aux autres jouissances du travailleur . Cependant, son état amélioré l'incite et lui permet de se marier, et alors la demande de nourriture pour subvenir aux besoins de sa famille remplace naturellement celle des autres jouissances pour lesquelles son salaire était temporairement dépensé. Le blé augmente donc parce que la demande augmente, parce que certains dans la société ont amélioré leurs moyens de le payer ; et les profits du fermier s'élèveront au-dessus du niveau général des profits, jusqu'à ce que la quantité de capital requise ait été employée à sa production. Que, après cela, le prix du blé revienne à son ancien prix, ou qu'il continue à augmenter de façon permanente, cela dépendra de la qualité du pays d'où la quantité accrue de blé a été fournie. S'il est obtenu sur une terre de même fertilité que celle qui a été cultivée en dernier lieu, et sans coût de travail plus élevé , le prix reviendra à son état antérieur ; s'il provient de terres plus pauvres, il continuera à augmenter en permanence. Les salaires élevés provenaient d'abord d'un accroissement de la demande de travail : dans la mesure où ils encourageaient le mariage et soutenaient les enfants, ils produisaient pour effet d'augmenter l'offre de travail . Mais lorsque l'offre sera obtenue, les salaires retomberont à leur premier prix, si le blé est tombé à son ancien prix ; à un prix plus élevé que l'ancien prix, si l'offre accrue de blé a été produite sur une terre de qualité inférieure. Un prix élevé n'est en aucun cas incompatible avec une offre abondante : le prix est constamment élevé, non pas parce que la quantité est insuffisante, mais parce que le coût de production a augmenté. Il arrive généralement, en effet, que lorsqu'un stimulus a été donné à la population, un effet se produit au-delà de ce que le cas exige ; la population peut être, et est généralement tellement augmentée, que, malgré la demande accrue de travail , elle supporte une plus grande proportion des fonds destinés à l'entretien des ouvriers qu'avant l'augmentation du capital. Dans ce cas, une réaction aura lieu, les salaires seront au-dessous de leur niveau naturel, et cela persistera jusqu'à ce que la proportion habituelle entre l'offre et la demande soit rétablie. Dans ce cas donc, la hausse du prix du blé est précédée d'une hausse des salaires et n'entraîne donc aucune détresse pour l' ouvrier .

Une baisse de la valeur de la monnaie, par suite d'un afflux de métaux précieux provenant des mines, ou de l'abus des privilèges bancaires, est une autre cause de la hausse du prix des denrées alimentaires ; mais cela ne modifiera en rien la quantité produite. Cela ne perturbe pas non plus le nombre de travailleurs , ainsi que la demande pour ceux-ci ; car il n'y aura ni augmentation ni diminution du capital. La quantité de choses nécessaires à attribuer au travailleur dépend de la demande et de l'offre comparatives de choses nécessaires, avec la demande et l'offre comparatives de travail ; l'argent n'est que le moyen dans lequel la quantité s'exprime ; et comme aucun de ces éléments n'est modifié, la véritable récompense du travailleur ne changera pas. Le salaire monétaire augmentera, mais il lui permettra seulement de se procurer la même quantité de produits de première nécessité qu'auparavant. Ceux qui contestent ce principe doivent comprendre pourquoi une augmentation de la monnaie n'aurait pas le même effet en augmentant le prix du travail , dont la quantité n'a pas augmenté, comme ils l'admettent, cela aurait eu le même effet sur le prix des chaussures. des chapeaux et du blé, si la quantité de ces marchandises n'était pas augmentée. La valeur marchande relative des chapeaux et des chaussures est régulée par la demande et l'offre de chapeaux, comparées à la demande et à l'offre de chaussures, et l'argent n'est que le moyen par lequel leur valeur s'exprime. Si le prix des chaussures double, le prix des chapeaux sera également doublé et ils conserveront la même valeur comparative. Ainsi , si le prix du blé et de tous les produits de première nécessité du travailleur double, le prix du travail sera également doublé, et tant qu'il n'y aura pas d'interruption de la demande et de l'offre habituelles de produits de première nécessité et de travail , il n'y a aucune raison pour qu'ils ne le fassent pas. conserver leur valeur relative.

Ni une baisse de la valeur de la monnaie, ni un impôt sur les produits bruts, bien que chacun fasse monter le prix, n'interférera *nécessairement* avec la quantité des produits bruts ; ou avec le nombre de personnes qui sont à la fois capables de l'acheter et disposées à le consommer. Il est très facile de comprendre pourquoi, lorsque le capital d'un pays augmente irrégulièrement, les salaires doivent augmenter, tandis que le prix du blé reste stationnaire ou augmente dans une moindre proportion ; et pourquoi, lorsque le capital d'un pays diminue, les salaires devraient baisser tandis que le blé reste stationnaire, ou baisse dans une bien moindre proportion, et cela aussi pendant un temps considérable ; la raison en est que le travail est une marchandise qui ne peut être ni augmentée ni diminuée à volonté. S'il y a trop peu de chapeaux sur le marché par rapport à la demande, le prix augmentera, mais seulement pour une courte période ; car, dans le cours d'une année, en employant plus de capital dans ce commerce, on peut faire une augmentation raisonnable à la quantité des chapeaux, et par conséquent leur prix de marché ne peut pas longtemps dépasser de beaucoup leur prix naturel ; mais il n'en est pas ainsi des hommes ; on ne peut pas augmenter leur nombre en un ou deux ans quand il y a une augmentation du capital, ni diminuer rapidement leur nombre quand le capital est dans un état rétrograde ; et par conséquent, le nombre des ouvriers augmentant ou diminuant lentement, tandis que les fonds destinés à l'entretien du travail augmentent ou diminuent rapidement, il faut un intervalle considérable avant que le prix du travail soit exactement réglé par le prix du blé et des produits de première nécessité ; mais dans le cas d'une baisse de la valeur de l'argent ou d'un impôt sur le blé, il n'y a pas nécessairement d'excès dans l'offre de travail , ni de diminution de la demande, et il ne peut donc y avoir aucune raison pour que le travailleur subisse un soutien financier. une véritable diminution des salaires.

Un impôt sur le blé ne diminue pas nécessairement la quantité de blé, il augmente seulement son prix monétaire ; cela ne diminue pas nécessairement la demande par rapport à l'offre de travail ; pourquoi donc diminuerait-elle la part payée au travailleur ? Supposons qu'il diminue la quantité donnée à l' ouvrier , en d'autres termes qu'il n'augmente pas son salaire en argent dans la même proportion que l'impôt augmente le prix du blé qu'il consomme ; l'offre de blé ne dépasserait-elle pas la demande ? le prix ne baisserait-il pas ? et l' ouvrier n'obtiendrait-il pas ainsi sa part habituelle ? Dans un tel cas, le capital serait effectivement retiré de l'agriculture ; car si le prix n'était pas augmenté de la totalité du montant de l'impôt, les profits agricoles seraient inférieurs au niveau général des profits, et le capital chercherait un emploi plus avantageux. En ce qui concerne donc un impôt sur les produits bruts, qui est le point en discussion, il me semble qu'aucun intervalle qui pourrait exercer une pression oppressive sur le travailleur ne s'écoulerait entre la hausse du prix des produits bruts et la hausse des salaires. du travailleur ; et que par conséquent aucun autre inconvénient ne serait subi par cette classe, que celui qu'elle souffrirait de tout autre mode d'imposition, à savoir le risque que l'impôt puisse porter atteinte aux fonds destinés à l'entretien du travail, et pourrait par conséquent freiner ou réduire la demande.

En ce qui concerne la troisième objection contre les impôts sur les produits bruts, à savoir que l'augmentation des salaires et la diminution des profits découragent l'accumulation et agissent de la même manière qu'une pauvreté naturelle du sol ; J'ai essayé de montrer dans une autre partie de cet ouvrage que des économies peuvent être réalisées aussi bien sur les dépenses que sur la production ; d'une diminution de la valeur des marchandises, comme d'une hausse du taux des profits. En augmentant mes bénéfices de 1000 *l.* à 1200 *l.* , tandis que les prix restent les mêmes, ma capacité d'augmenter mon capital par l'épargne est augmentée, mais elle n'est pas augmentée autant qu'elle le serait si mes profits continuaient comme avant, tandis que le prix des marchandises était tellement abaissé que 800 l. m'en procurerais jusqu'à 1000 *l.* acheté auparavant.

L'impôt sous toutes ses formes ne présente qu'un choix de maux ; si elle n'agit pas sur le profit, elle doit agir sur la dépense ; et pourvu que le fardeau soit également supporté et ne réprime pas la reproduction, il est indifférent à qui il incombe. Les impôts sur la production ou sur les bénéfices des capitaux, qu'ils soient appliqués immédiatement aux bénéfices, ou indirectement, en taxant la terre ou ses produits, ont cet avantage sur les autres impôts ; aucune classe de la communauté ne peut y échapper, et chacun y contribue selon ses moyens.

Un avare peut échapper aux impôts sur les dépenses ; il peut avoir un revenu de 10 000 l par an et ne dépenser que 300 *l.* ; mais il ne peut échapper aux impôts sur les bénéfices, directs ou indirects ; il y contribuera soit en cédant une partie, soit la valeur d'une partie de ses produits ; soit par la hausse des prix des produits de première nécessité essentiels à la production, il ne pourra plus continuer à accumuler au même rythme. Il peut bien avoir un revenu de même valeur, mais il n'aura pas la même maîtrise du travail , ni une quantité égale de matériaux sur lesquels ce travail peut s'exercer.

Si un pays est isolé de tous les autres, n'ayant de commerce avec aucun de ses voisins , il ne peut en aucune manière se retirer de lui-même une quelconque partie de ses impôts. Une partie du produit de ses terres et de son travail sera consacrée au service de l'État ; et je ne peux m'empêcher de penser que, à moins qu'elle n'exerce une pression inégale sur la classe qui accumule et épargne, peu importe que les impôts soient levés sur les profits, sur les produits agricoles ou sur les produits manufacturés. Si mon revenu est de 1000 *l.* par an, et je dois payer des impôts à hauteur de 100 *l.* , peu importe que je le paye sur mes revenus, ne me laissant que 900 *l.* , ou payer 100 *l.* en plus pour mes denrées agricoles, ou pour mes biens manufacturés. Si 100 *l.* est ma juste part des dépenses du pays, la vertu de l'impôt consiste à m'assurer que je paierai ces 100 *l.* , ni plus ni moins ; et cela ne peut être réalisé d'une manière aussi sûre que par des impôts sur les salaires, les bénéfices ou les produits bruts.

La quatrième et dernière objection qui reste à remarquer est la suivante : en augmentant le prix des produits bruts, les prix de toutes les marchandises dans lesquelles les produits bruts entrent seront augmentés, et que par conséquent nous ne pourrons pas rencontrer le fabricant étranger sur un pied d'égalité dans le marché général.

En premier lieu, le prix du blé et *de toutes* les marchandises domestiques ne pourrait pas être sensiblement augmenté sans un afflux de métaux précieux ; car la même quantité d'argent ne pouvait pas circuler la même quantité de marchandises, à des prix élevés ou bas, et les métaux précieux ne pouvaient jamais être achetés avec des marchandises chères. Lorsqu'il faut davantage d'or, il faut l'obtenir en échangeant davantage de marchandises, et non pas moins. Le papier ne pourrait pas non plus combler le manque de monnaie, car ce n'est pas le papier qui règle la valeur de l'or en tant que marchandise, mais l'or qui règle la valeur du papier. A moins que la valeur de l'or ne puisse être abaissée, aucun papier ne pourrait être ajouté à la circulation sans être déprécié. Et que la valeur de l'or ne pouvait pas être abaissée apparaît clairement, si l'on considère que la valeur de l'or en tant que marchandise doit être réglée par la quantité de marchandises qui doivent être données aux étrangers en échange. Quand l'or est bon marché, les matières premières sont chères ; et quand l'or est cher, les marchandises sont bon marché et leurs prix baissent. Maintenant qu'aucune raison n'est donnée pour expliquer pourquoi les étrangers devraient vendre leur or à un prix inférieur à la normale, il ne semble pas probable qu'il y ait un afflux d'or. Sans un tel afflux, il ne peut y avoir ni augmentation de quantité, ni baisse de valeur, ni hausse du prix général des marchandises.

L'effet probable d'une taxe sur les produits bruts serait d'augmenter le prix de toutes les marchandises dans lesquelles les produits bruts entrent, mais dans une mesure non proportionnelle à la taxe ; tandis que d'autres marchandises dans lesquelles aucun produit brut n'entrait, comme les articles faits de métaux et de terres, diminueraient de prix : de sorte que la même quantité d'argent qu'auparavant suffirait à toute la circulation.

Un impôt qui aurait pour effet d'élever le prix de toutes les productions intérieures ne découragerait pas l'exportation, sauf pendant un temps très limité. Si leur prix était augmenté à l'intérieur, ils ne pourraient en effet pas être exportés immédiatement avec profit, car ils seraient soumis ici à un fardeau dont ils étaient exemptés à l'étranger . L'impôt produirait le même effet qu'une altération de la valeur de la monnaie, qui ne serait pas générale et commune à tous les pays, mais limitée à un seul. Si l'Angleterre était ce pays, elle ne serait peut-être pas en mesure de vendre, mais elle serait en mesure d'acheter, car les prix des produits importables n'augmenteraient pas. Dans ces circonstances, rien d'autre que de l'argent ne pourrait être exporté en échange de marchandises étrangères, mais c'est un commerce qui ne pourrait pas durer longtemps ; une nation ne peut pas être épuisée de son argent, car après qu'une certaine quantité l'ait quittée, la valeur du reste augmentera, et il en résultera un tel prix des marchandises, qu'elles pourront de nouveau être exportées avec profit. Lorsque la monnaie aurait augmenté, nous ne devions donc plus l'exporter en échange de marchandises importées, mais nous devrions exporter les produits manufacturés dont le prix avait d'abord augmenté par la hausse du prix des produits bruts à partir desquels ils étaient fabriqués, et puis à nouveau abaissé par l'exportation de monnaie.

Mais on peut objecter que lorsque la valeur de la monnaie augmenterait ainsi, celle-ci augmenterait par rapport aux marchandises étrangères aussi bien que par rapport aux marchandises intérieures, et par conséquent tout encouragement à importer des marchandises étrangères cesserait. Supposons donc que nous importions des marchandises qui coûtent 100 *l.* à l'étranger, et qui se vendait 120 *l.* ici, on cesserait de les importer, alors que la valeur de la monnaie aurait tellement augmenté en Angleterre, qu'ils ne se vendraient plus que 100 *l.* ici : cependant, cela ne pourrait jamais arriver. Le motif qui nous détermine à importer une marchandise est la découverte de son bon marché relatif à l'étranger : c'est la comparaison de son prix naturel à l'étranger avec son prix naturel dans le pays. Si un pays exporte des chapeaux et importe du tissu, c'est parce qu'il peut obtenir plus de tissu en fabriquant des chapeaux et en les échangeant contre du tissu, que s'il fabriquait lui-même le tissu. Si l'augmentation des matières premières entraîne une augmentation des coûts de production dans la fabrication des chapeaux, elle entraînera également une augmentation des coûts dans la fabrication des tissus. Si donc les deux marchandises étaient fabriquées dans le pays, elles augmenteraient toutes deux. Cependant, l'une étant une marchandise que nous importons, elle ne monterait ni ne baisserait lorsque la valeur de la monnaie augmenterait ; car en ne tombant pas, il retrouverait son rapport naturel avec la marchandise exportée. La hausse des produits bruts fait monter un chapeau de 30 à 33 shillings, soit 10 pour cent : la *même* cause, si nous fabriquions du drap, le ferait monter de 20 shillings à 22 shillings *par* mètre . Cette montée en puissance ne détruit pas la relation entre le tissu et les chapeaux ; un chapeau valait et continue de valoir un mètre et demi de tissu. Mais si nous importons du drap, son prix restera uniformément à 20 *shillings* par mètre, sans être affecté d'abord par la baisse, puis par la hausse de la valeur de la monnaie ; tandis que les chapeaux, qui étaient passés de 30 *s* à 33 *s* , retomberont de 33 *s* à 30 *s* , date à laquelle le rapport entre tissu et chapeaux sera rétabli.

Pour simplifier l'examen de ce sujet, j'ai supposé qu'une hausse de la valeur des matières premières affecterait, dans une égale proportion, toutes les marchandises intérieures ; que si l'effet sur l'un d'eux devait l'augmenter de 10 pour cent, cela augmenterait tous les 10 pour cent ; mais comme la valeur des marchandises est très différemment composée de matière première et de travail ; comme certaines marchandises, par exemple toutes celles fabriquées à partir de métaux, ne seraient pas affectées par la montée des produits bruts de la surface de la terre, il est évident qu'il y aurait la plus grande variété dans les effets produits sur la valeur des marchandises, par une taxe sur les produits bruts. Dans la mesure où cet effet serait produit, il stimulerait ou retarderait l'exportation de marchandises particulières, et entraînerait sans aucun doute les mêmes inconvénients qui accompagnent la taxation des marchandises ; cela détruirait le rapport naturel entre la valeur de chacun. Ainsi, le prix naturel d'un chapeau, au lieu d'être le même qu'un mètre et demi de tissu, pourrait n'être que de la valeur d'un mètre et quart, ou bien il pourrait être de la valeur d'un mètre et trois quarts, c'est pourquoi une direction différente pourrait être donnée au commerce extérieur. Tous ces inconvénients ne gêneraient pas la valeur des exportations et des importations ; elles ne feraient qu'empêcher la meilleure répartition du capital du monde entier, qui n'est jamais aussi bien réglée que lorsque chaque marchandise peut s'établir à son prix naturel.

Même si alors la hausse du prix de la plupart de nos propres marchandises freinerait pendant un certain temps l'exportation en général et pourrait empêcher de façon permanente l'exportation de quelques marchandises, elle ne pourrait pas gêner matériellement le commerce extérieur et ne nous placerait pas dans une situation comparable. désavantageux en ce qui concerne la concurrence sur les marchés étrangers.

CHAPITRE VIII.*

IMPÔTS SUR LE LOYER.

UNE TAXE sur le loyer affecterait uniquement le loyer ; cela incomberait entièrement aux propriétaires et ne pourrait être transféré à aucune catégorie de consommateurs. Le propriétaire ne pouvait pas augmenter son loyer, parce qu'il laisserait inchangée la différence entre le produit obtenu sur la terre la moins productive en culture et celui obtenu sur une terre de toute autre qualité. Trois sortes de terres, non. 1, 2 et 3 sont en culture, et donnent respectivement avec le même travail 180, 170 et 160 quarters de blé ; mais non. Le 3 ne paie aucun loyer, et n'est donc pas imposé : le loyer alors du No. Le 2 ne peut pas dépasser la valeur de dix, ni le No. 1, de vingt trimestres. Une telle taxe ne pourrait pas augmenter le prix des produits bruts, car comme le cultivait le No. 3 ne paie ni loyer ni impôt, il ne pourrait en aucun cas augmenter le prix de la marchandise produite. Un impôt sur la rente ne découragerait pas la culture de nouvelles terres, car ces terres ne payent aucun loyer et ne seraient pas imposées. Sinon. 4 furent mis en culture et rapportèrent 150 quarters, aucun impôt ne serait payé pour de telles terres ; mais cela créerait un loyer de dix quarters au No. 3, qui commencerait alors à payer la taxe.

Un impôt sur la rente, telle qu'elle est constituée, découragerait la culture, parce que ce serait un impôt sur les bénéfices du propriétaire. Le terme de rente foncière, comme je l'ai observé ailleurs, s'applique au montant total de la valeur payée par le fermier à son propriétaire, dont une partie seulement est strictement un loyer. le propriétaire, font strictement partie du stock de la ferme et doivent avoir été fournis par le locataire, s'ils ne sont pas fournis par le propriétaire. Le loyer est la somme versée au propriétaire pour l'usage du terrain, et pour l'usage du terrain uniquement. La somme supplémentaire qui lui est payée sous le nom de loyer est pour l'usage des bâtiments, etc., et est en réalité le profit du capital du propriétaire. En taxant la rente, comme aucune distinction ne serait faite entre la partie payée pour l'usage de la terre et celle payée pour l'usage du capital du propriétaire, une partie de l'impôt retomberait sur les bénéfices du propriétaire et découragerait donc la culture. à moins que le prix des produits bruts n'augmente. Sur ce terrain, pour l'usage duquel aucun loyer n'était payé, une indemnité sous ce nom pouvait être donnée au propriétaire pour l'usage de ses immeubles. Ces bâtiments ne seraient pas construits et les produits bruts ne seraient pas cultivés sur ces terres avant que le prix auquel ils se vendaient ne paierait non seulement toutes les dépenses habituelles, mais aussi cette taxe supplémentaire . Cette partie de l'impôt ne pèse pas sur le propriétaire foncier, ni sur l'agriculteur, mais sur le consommateur de produits bruts.

Il ne fait guère de doute que si un impôt était établi sur le loyer, les propriétaires trouveraient bientôt un moyen de faire une distinction entre ce qui leur est payé pour l'usage du terrain et celui qui leur est payé pour l'usage des bâtiments. et les améliorations qui ont été apportées par le stock du propriétaire. Cette dernière serait soit appelée location de maisons et de bâtiments, soit dans toutes les nouvelles terres mises en culture, ces bâtiments et améliorations seraient effectués par le locataire et non par le propriétaire. Le capital du propriétaire pourrait en effet être réellement employé à cette fin ; il pourrait être nominalement dépensé par le locataire, le propriétaire lui en fournissant les moyens, soit sous forme de prêt, soit sous forme d'achat d'une rente pour la durée du bail. Qu'elles soient distinguées ou non, il y a une différence réelle entre la nature des compensations que le propriétaire reçoit pour ces différents objets ; et il est tout à fait certain qu'un impôt sur la rente réelle de la terre tombe entièrement sur le propriétaire foncier, mais qu'un impôt sur la rémunération que le propriétaire reçoit pour l'usage de son capital dépensé dans la ferme, s'il est sur le consommateur de produits bruts . Si un impôt était établi sur le loyer, et qu'aucun moyen de séparer la rémunération actuellement versée par le locataire au propriétaire sous le nom de loyer n'était adopté, l'impôt, dans la mesure où il concerne le loyer des immeubles et autres installations, ne serait jamais incombent pendant un certain temps au propriétaire, mais au consommateur. Le capital dépensé pour ces bâtiments, etc., doit fournir les bénéfices habituels du capital ; mais elle cesserait de faire ce profit sur les dernières terres cultivées, si les dépenses de ces bâtiments, etc. n'est pas tombé sur le locataire ; et s'ils le faisaient, le locataire cesserait alors de faire ses bénéfices habituels sur les stocks, à moins qu'il ne puisse les imputer au consommateur.

CHAPITRE IX.

DîMES.

LES DîMES sont un impôt sur le produit brut du pays et, comme les impôts sur les produits bruts, elles pèsent entièrement sur le consommateur. Ils diffèrent d'un impôt sur les loyers, en ce qu'ils affectent des pays où un tel impôt n'atteindrait pas ; et augmenter le prix des produits bruts, que la taxe ne modifierait pas. Les terres de la pire qualité, aussi bien que des meilleures, paient la dîme, et exactement en proportion de la quantité de produit qu'elles en tirent ; Les dîmes sont donc un impôt égal.

Si les terres de dernière qualité, ou celles qui ne payent pas de fermage et qui règlent le prix du blé, rendent une quantité suffisante pour donner au fermier les bénéfices habituels du bétail, lorsque le prix du blé est de 4 l. par trimestre, le prix doit monter à 4 *l.* 8 *s.* avant que les mêmes bénéfices puissent être obtenus après l'imposition des dîmes, car pour chaque quart de blé, le cultivateur doit payer huit shillings à l'église.

La seule différence entre les dîmes et les impôts sur les produits bruts, c'est que l'un est un impôt monétaire variable, l'autre un impôt monétaire fixe. Dans un état stationnaire de la société, où il n'y a ni augmentation ni diminution de la facilité de produire du blé, ils seront exactement les mêmes dans leurs effets ; car dans un tel État le blé sera à un prix invariable, et par conséquent l'impôt sera également invariable. Soit dans un état rétrograde, soit dans un état dans lequel de grands progrès sont réalisés dans l'agriculture, et où par conséquent les produits bruts perdront de la valeur comparativement aux autres choses, la dîme sera un impôt plus léger qu'un impôt permanent sur l'argent ; car si le prix du maïs tombait de 4 *l.* à 3 *l.* , la taxe passerait de huit à six shillings. Dans une société progressiste, mais sans progrès notables dans l'agriculture, le prix du blé augmenterait et la dîme serait un impôt plus lourd qu'un impôt permanent sur l'argent . à 5 *litres.* , les dîmes sur la même terre avançaient de huit à dix shillings.

Ni les dîmes ni un impôt monétaire n'affecteront le loyer monétaire des propriétaires, mais les deux affecteront matériellement les loyers du maïs. Nous avons déjà observé comment un impôt monétaire opère sur les rentes du blé, et il est également évident qu'un effet similaire serait produit par les dîmes. Si les terres, non. 1, 2, 3, produisaient respectivement 180, 170 et 160 quarters, les loyers pourraient être sur le No. 1, vingt quarts, et sur le No. 2, dix quarts ; mais ils ne conserveraient plus cette proportion après le paiement des dîmes : car si l'on prenait un dixième à chacun, le produit restant serait de 162, 153, 144, et par conséquent la rente de blé de No. 1 sera réduit à dix-huit, et celui du No. 2 à neuf quarts. Mais le prix du maïs passerait de 4 *l.* à 4 *l.* 8 *articles* 10 ⅔ *d.* ; pour neuf quarts sont à 4 *l.* comme dix quarts à 4 *l.* 8

articles 10 ⅔ *d.* , et par conséquent la rente monétaire resterait inchangée ; pour le No. 1 ce serait 80 *l.* , et sur Non. 2, 40 *litres.*

La principale objection contre la dîme est qu'elle n'est pas un impôt permanent et fixe, mais qu'elle augmente en valeur à mesure qu'augmente la difficulté de produire du blé. Si ces difficultés devaient faire monter le prix du maïs à 4 *l.* la taxe est de 8 *s.* , s'ils la portent à 5 *l.* , la taxe est de 10 *s.* , et de 6 *l.* , c'est 12 *s.* Non seulement ils augmentent en valeur, mais ils augmentent en quantité : ainsi, quand No. 1 était cultivé, l'impôt n'était levé que sur 180 quarters ; quand non. 2 était cultivé, on le prélevait sur 180 + 170, soit 350 quarters ; et quand Non. 3 a été cultivé, sur 180 + 170 + 160 = 510 quartiers. Non-seulement le montant de l'impôt est augmenté de 100,000 quarters à 200,000 quarters, lorsque le produit passe de un à deux millions de quarters ; mais, en raison du travail accru nécessaire pour produire le deuxième million, la valeur relative des produits bruts est si avancée, que les 200 000 quarters peuvent être, bien que seulement deux fois en quantité, néanmoins en valeur trois fois supérieure à celle des 100 000 quarters qui ont été payés. avant.

Si une valeur égale était augmentée pour l'Église par tout autre moyen, augmentant de la même manière que les dîmes augmentent, proportionnellement à la difficulté de la culture, l'effet serait le même. L'Église obtiendrait constamment une part accrue du produit net de la terre et du travail du pays. Dans un état social qui s'améliore, le produit net de la terre diminue toujours en proportion de son produit brut ; mais c'est sur le revenu net d'un pays que tous les impôts sont finalement payés, soit dans un pays progressif, soit dans un pays stationnaire. Un impôt qui augmente avec le revenu brut et s'abat sur le revenu net doit nécessairement être un impôt très onéreux et très intolérable. La dîme est un dixième du produit brut et non du produit net du pays, et donc comme la société Lorsque la richesse augmente, ils doivent, quoique représentant la même proportion du produit brut, devenir une partie de plus en plus grande du produit net.

Cependant, les dîmes peuvent être considérées comme préjudiciables aux propriétaires fonciers, dans la mesure où elles agissent comme une prime à l'importation, en taxant la croissance du blé national, tandis que l'importation du blé étranger reste libre. Et si, pour soulager les propriétaires terriens des effets de la diminution de la demande de terres, qu'une telle générosité doit encourager, on taxait également le blé importé au dixième, et les produits payés à l'État, aucune mesure ne pourrait être plus juste et plus équitable ; puisque tout ce qui serait payé à l'État par cet impôt, servirait à diminuer les autres impôts que les dépenses du gouvernement rendent nécessaires : mais si un tel impôt était consacré uniquement à augmenter le fonds payé à l'Église, il pourrait en effet sur le tout cela augmenterait la masse générale de la production, mais cela diminuerait la part de cette masse allouée aux classes productives.

Si le commerce des tissus restait parfaitement libre, nos fabricants pourraient vendre les tissus à un prix inférieur à celui que nous pourrions importer. Si une taxe était imposée au fabricant national et non à l'importateur de tissu, le capital pourrait être détourné de la fabrication du tissu vers la fabrication d'un autre produit, car il pourrait alors être importé à moindre coût qu'il ne pourrait être fabriqué dans le pays. . Si le tissu importé était également taxé, le tissu serait à nouveau fabriqué dans le pays. Le consommateur achetait d'abord du tissu chez lui, parce qu'il était moins cher que le tissu étranger ; il acheta ensuite du tissu étranger, parce qu'il était moins cher hors taxes que le tissu national taxé ; il l'acheta finalement de nouveau chez lui, parce qu'il était moins cher lorsque le tissu national et étranger était taxé. C'est dans ce dernier cas qu'il paie le plus gros prix pour son drap, mais tout son supplément revient à l'État. Dans le deuxième cas, il paie plus que dans le premier, mais tout ce qu'il paie en plus n'est pas reçu par l'État, c'est une augmentation de prix causée par la difficulté de production, qui est encourue, car les moyens de production les plus faciles lui sont retirés. de notre part, en étant payé avec une taxe.

CHAPITRE X

IMPÔT DE PAYS.

UN IMPÔT FONCIER , levé proportionnellement à la rente de la terre, et variant avec chaque variation de rente, est en effet un impôt sur la rente ; et comme un tel impôt ne s'appliquera pas à la terre qui ne rapporte aucune rente, ni au produit du capital qui est employé sur la terre en vue d'un simple profit, et qui ne paie jamais de rente, il n'affectera en aucune façon le prix des produits bruts, mais retombera entièrement sur les propriétaires. Un tel impôt ne différerait en rien d'un impôt sur la rente, mais si un impôt foncier était imposé sur toutes les terres cultivées, si modéré que soit cet impôt, ce serait un impôt sur les produits, et par conséquent augmenterait le prix des produits. . Sinon. 3. Quelle que soit la dernière terre cultivée, bien qu'elle ne paye aucun fermage, elle ne peut, après l'impôt, être cultivée et permettre le taux général de profit, à moins que le prix des produits n'augmente pour faire face à l' impôt . emploi jusqu'à ce que le prix du blé ait augmenté, par suite de la demande, suffisamment pour permettre le profit habituel ; ou s'il est déjà employé dans un tel pays, il le quittera pour chercher un emploi plus avantageux. L'impôt ne peut pas être retiré au propriétaire, car en supposant qu'il ne reçoive aucun loyer : un tel impôt peut être proportionné à la qualité de la terre et à l'abondance de ses produits, et alors il ne diffère en rien de la dîme ; ou bien il peut s'agir d'un impôt fixe par acre sur toutes les terres cultivées, quelle que soit leur qualité.

Un impôt foncier de cette dernière description serait un impôt très inégal et serait contraire à l'une des quatre maximes concernant les impôts en général, auxquelles, selon Adam Smith, tous les impôts devraient se conformer. Les quatre maximes sont les suivantes :

1. « Les sujets de chaque État doivent contribuer au soutien du gouvernement, autant que possible en proportion de leurs capacités respectives.

2. « L'impôt que chaque individu est tenu de payer doit être certain et non arbitraire.

3. « Tout impôt devrait être prélevé au moment ou de la manière dont il est le plus pratique pour le contributeur de le payer.

4. "Tout impôt devrait être conçu de manière à retirer et à garder hors des poches du peuple le moins possible, en plus de ce qu'il rapporte au trésor public de l'État."

Un impôt foncier égal, imposé sans discernement et sans aucune distinction de qualité, sur toutes les terres cultivées, fera monter le prix du blé en proportion de l'impôt payé par le cultivateur de la terre de la plus mauvaise qualité. Des terres de qualité différente, avec l'emploi du même capital, produiront des quantités très différentes de produits bruts. Si c'est sur une terre qui rapporte mille quarters de blé avec un capital donné, un impôt de 100 *l.* sera posé, le blé augmentera de 2 *s.* par trimestre pour dédommager le fermier de l'impôt. Mais avec le même capital sur une terre de meilleure qualité, on pourra produire 2.000 quarters, ce qui, avec 2 s. par *quart* d'avance, donnerait 200 *l.* . ; mais l'impôt, supporté également sur les deux terres, sera de 100 *l.* sur les meilleurs comme sur les inférieurs, et par conséquent le consommateur de blé sera imposé, non seulement pour payer les exigences de l'État, mais aussi pour donner au cultivateur de la meilleure terre, 100 l. par an. pendant la durée de son bail, et ensuite de porter le loyer du propriétaire à ce montant. Un impôt de cette nature serait donc contraire à la quatrième maxime d'Adam Smith : il retirerait et garderait hors des poches du peuple plus que ce qu'il rapporterait au trésor de l'État. La taille, en France, avant la Révolution, était un impôt de ce genre ; Seules étaient taxées les terres qui étaient détenues par des propriétaires ignorants, le prix des produits bruts augmentait proportionnellement à l'impôt, et c'est pourquoi ceux dont les terres n'étaient pas imposées bénéficiaient de l'augmentation de leur fermage. car les dîmes sont exemptes de cette objection : elles élèvent le prix des produits bruts, mais elles prélèvent sur chaque qualité de terre une contribution proportionnelle à son produit actuel, et non proportionnelle au produit de celle qui est la moins productive.

De l'opinion particulière qu'Adam Smith avait de la rente, du fait qu'il n'avait pas remarqué que beaucoup de capital est dépensé dans chaque pays, sur la terre pour laquelle aucune rente n'est payée, il a conclu que tous les impôts sur la terre, qu'ils soient imposés sur la terre. la terre elle-même, sous forme d'impôt foncier ou de dîme, ou sur le produit de la terre, ou encore prélevée sur les bénéfices du fermier, était invariablement payée par le propriétaire, et qu'il était dans tous les cas le véritable contributeur, bien que la taxe était en général nominalement avancée par le locataire. « Les impôts sur le produit de la terre, dit-il, sont en réalité des impôts sur le fermage ; et bien qu'ils puissent être avancés à l'origine par le fermier, ils sont finalement payés par le propriétaire. Lorsqu'une certaine partie du produit doit être payé pour un impôt, le fermier calcule tant bien que mal quelle est la valeur de cette portion, année après année, susceptible de s'élever, et il fait un abattement proportionnel au loyer qu'il s'engage à payer au propriétaire. ... Il n'y a pas de fermier qui ne calcule d'avance ce que le titre ecclésiastique, qui est un impôt foncier de ce genre, est susceptible de s'élever d'une année sur l'autre. Il est sans aucun doute vrai que le fermier calcule effectivement ses dépenses probables de toutes sortes, lorsqu'il s'entend avec son propriétaire concernant le loyer de sa ferme ; et si pour la dîme payée à l'Église, ou pour l'impôt sur les produits de la terre, il n'était pas compensé par une augmentation de la valeur relative des produits de sa ferme, il les déduirait naturellement de son fermage. C'est précisément la question en litige : s'il finira par les déduire de son loyer, ou s'il sera compensé par un prix plus élevé des produits. Pour les raisons qui ont déjà été exposées, je ne peux avoir le moindre doute qu'elles n'augmenteraient le prix des produits, et par conséquent qu'Adam Smith ait adopté une vision erronée de cette importante question.

Dr. Le point de vue de Smith sur ce sujet est probablement la raison pour laquelle il a décrit « le titre de propriété et tout autre impôt foncier de ce genre, sous l'apparence d'une parfaite égalité, comme des impôts très inégaux ; une certaine partie du produit étant dans des situations différentes, équivalent à une part très différente du loyer. J'ai essayé de montrer que de tels impôts ne frappent pas avec un poids inégal sur les différentes classes d'agriculteurs ou de propriétaires fonciers, puisqu'ils sont tous deux compensés par la hausse des matières premières, et ne contribuent à l'impôt que dans la mesure où ils sont consommateurs de matières premières. . Dans la mesure même où les salaires et, par les salaires, le taux des profits sont affectés, les propriétaires fonciers, au lieu de contribuer pleinement à cet impôt, constituent la classe particulièrement exemptée. Ce sont les bénéfices des capitaux, d'où provient la partie de l'impôt, qui incombe aux ouvriers qui, à cause de l'insuffisance de leurs fonds, sont incapables de payer des impôts ; Cette part est exclusivement supportée par tous ceux dont les revenus proviennent de l'emploi du bétail, et elle n'affecte donc en aucune manière les propriétaires.

Il ne faut pas déduire de cette vision des dîmes et des impôts sur la terre et ses produits qu'ils ne découragent pas la culture. Tout ce qui augmente la valeur échangeable des marchandises de toute espèce, qui sont très généralement demandées, tend à décourager à la fois la culture et la production ; mais c'est un mal inséparable de tout impôt, et qui ne se limite pas aux impôts particuliers dont nous parlons ici.

Ceci peut en effet être considéré comme le désavantage inévitable qui accompagne tous les impôts reçus et dépensés par l'État. Tout nouvel impôt devient une nouvelle charge sur la production et augmente le prix naturel. Une partie du travail du pays, qui était auparavant à la disposition du contribuable, est mise à la disposition de l'État. Cette part peut devenir si grande qu'il ne reste plus assez de produit excédentaire pour stimuler les efforts de ceux qui augmentent habituellement par leurs épargnes le capital de l'État. Heureusement, dans aucun pays libre, l'impôt n'a encore jamais été poussé aussi loin que constamment, d'année en année, pour diminuer son capital. Un tel état de taxation ne pouvait pas être supporté longtemps ; ou si elle était supportée, elle absorberait constamment une grande partie du produit annuel du pays au point de provoquer la scène la plus étendue de misère, de famine et de dépeuplement.

« Un impôt foncier, dit Adam Smith, qui, comme celui de la Grande-Bretagne, est imposé à chaque district selon un certain canon invariable, bien qu'il doive être égal au moment de son premier établissement, devient nécessairement inégal dans le processus de époque, selon les degrés inégaux d'amélioration ou de négligence dans la culture des différentes parties du pays. En Angleterre, l'évaluation selon laquelle les différents comtés et paroisses étaient évalués à l'impôt foncier le 4. Guillaume et Marie, était très inégal, même à son premier établissement. Cet impôt, donc, jusqu'ici offense la première des quatre maximes mentionnées ci-dessus. Il est parfaitement agréable aux trois autres. Il est parfaitement certain. Le moment du paiement de l'impôt étant le la même que celle du loyer, est aussi commode qu'elle peut l'être au contributeur. Bien que le propriétaire soit dans tous les cas le véritable contributeur, l'impôt est communément avancé par le locataire, à qui le propriétaire est obligé de le permettre dans le paiement. du loyer. »

Si l'impôt est transféré par le locataire non sur le propriétaire mais sur le consommateur, alors s'il n'est pas inégal au début, il ne pourra jamais le devenir ; car le prix des produits a été immédiatement élevé en proportion de l'impôt, et ne variera plus ensuite pour cette raison. Elle peut offenser si elle est inégale, comme j'ai essayé de le montrer, contre la quatrième maxime mentionnée ci-dessus, mais elle n'offensera pas contre la première. Il se peut qu'il retire plus des poches du peuple qu'il n'en rapporte au trésor public de l'État, mais il ne retombera pas de manière inégale sur une catégorie particulière de contributeurs. M. Say me paraît s'être trompé sur la nature et les effets de l'impôt foncier anglais, lorsqu'il dit : « Beaucoup de personnes attribuent à cette évaluation fixe la grande prospérité de l'agriculture anglaise. Il n'y a aucun doute. Mais que dirons-nous à un gouvernement qui, s'adressant à un petit commerçant, tiendrait ce langage : « Avec un petit capital, vous faites un commerce limité, et votre contribution directe est par conséquent très faible. » et accumulez des capitaux ; étendez votre commerce, afin qu'il vous procure d'immenses profits ; cependant vous ne paierez jamais une plus grande contribution. De plus, lorsque vos successeurs hériteront de vos profits, et les auront encore augmentés, ils ne seront pas plus évalués. pour eux qu'ils ne le sont pour vous, et vos successeurs ne supporteront pas une plus grande part des charges publiques.

" Sans doute ce serait un grand encouragement donné à l'industrie et au commerce ; mais serait-ce juste ? Leur avancement ne pourrait-il pas être obtenu à un autre prix ? En Angleterre même, l'industrie manufacturière et commerciale n'a-t-elle pas fait de plus grands progrès encore, depuis que le même période, sans se distinguer avec tant de partialité ? Un propriétaire par son assiduité, son économie et son habileté, augmente son revenu annuel de 5,000 francs. Si l'État lui réclame la cinquième partie de son revenu augmenté, il ne lui restera pas 4,000 francs de revenu. augmenter pour stimuler ses efforts ultérieurs ?

Si la suggestion de M. Say était suivie et que l'État réclamait le cinquième partie du revenu augmenté du fermier, ce serait un impôt partiel, s'agissant des bénéfices du fermier et n'affectant pas les bénéfices des autres emplois. L'impôt serait payé par toutes les terres, par celles qui rapportaient peu comme par celles qui rapportaient abondamment ; et sur certaines terres, il ne pourrait y avoir de compensation par déduction du loyer, car aucun loyer n'est payé. Un impôt partiel sur les bénéfices ne frappe jamais le commerce sur lequel il est imposé, car soit le commerçant quitte son emploi, soit il se rémunère de l'impôt. Or, ceux qui ne paient pas de fermage ne pourraient être récompensés que par une hausse du prix des produits. , et ainsi l'impôt proposé par M. Say tomberait-il sur le consommateur, et non sur le propriétaire foncier ou le fermier.

Si l'impôt proposé était augmenté proportionnellement à l'augmentation de la quantité ou de la valeur du produit brut obtenu du pays, il ne différerait en rien de la dîme et serait également transféré au consommateur. Qu'il frappe alors le produit brut ou le produit net de la terre, ce serait également un impôt sur la consommation, et n'affecterait le propriétaire et le fermier que de la même manière que les autres impôts sur les produits bruts.

Si aucun impôt n'avait été imposé sur la terre, et si la même somme avait été collectée par tout autre moyen, l'agriculture aurait prospéré au moins aussi bien qu'elle l'a fait ; car il est impossible qu'un impôt foncier quelconque puisse encourager l'agriculture ; un impôt modéré n'empêchera peut-être pas grandement la production, et ne l'empêchera probablement pas, mais il ne peut pas encourager la production. Le gouvernement anglais n'a pas tenu un langage semblable à celui que M. Say a supposé. Il ne promettait pas d'exonérer la classe agricole et ses successeurs de tout impôt futur, ni de lever les fournitures supplémentaires dont l'État pourrait avoir besoin auprès des autres classes de la société ; il disait seulement : « de cette manière, nous n'alourdirons pas davantage la terre ; mais nous nous réservons la liberté la plus parfaite de vous faire payer, sous une autre forme, la totalité de votre part aux exigences futures de l'État.

Parlant des impôts en nature, ou d'un impôt sur une certaine proportion du produit, qui est précisément le même que la dîme, M. Say dit : « Ce mode d'imposition paraît le plus équitable ; il n'y en a cependant aucun qui le soit moins. : il laisse totalement de côté les avances faites par le producteur ; il est proportionné au revenu brut, et non au revenu net. Deux agriculteurs cultivent des espèces différentes de produits bruts : l'un cultive du blé sur des terres moyennes, ses dépenses s'élevant annuellement sur une en moyenne à

8 000 francs ; les produits bruts de ses terres se vendent 12 000 francs ; il a alors un revenu net de 4 000 francs.

« Son voisin a des pâturages ou des bois, qui lui rapportent chaque année une pareille somme de 12.000 francs, mais ses dépenses ne s'élèvent qu'à 2.000 francs. Il a donc en moyenne un revenu net de 10.000 francs.

« Une loi ordonne qu'un douzième du produit de tous les fruits de la terre soit prélevé en nature, quels qu'ils soient. Du premier est prélevé en conséquence de cette loi, du blé de la valeur de 1000 francs ; et du second , du foin, du bétail ou du bois, d'une même valeur de 1000 francs. Que s'est-il passé? A l'un, on a pris le quart de son revenu net, 4000 francs; à l'autre, dont le revenu était de 10.000 francs, un dixième Le revenu est le bénéfice net qui reste après avoir remis le capital exactement dans son état antérieur. Un commerçant a-t-il un revenu égal à toutes les ventes qu'il fait dans le cours d'une année ? certainement pas ; son revenu ne s'élève qu'à l'excédent de ses ventes sur ses avances, et c'est sur cet excédent seulement que doivent tomber les impôts sur le revenu.

L'erreur de M. Say dans le passage ci-dessus est de supposer que parce que la valeur du produit de l'une de ces deux fermes, après rétablissement du capital, est plus grande que la valeur du produit de l'autre, de ce fait le revenu net des cultivateurs différeront du même montant. M. Say a complètement omis de considérer les différents montants de fermage que ces cultivateurs auraient à payer. Il ne peut y avoir deux taux de profit dans le même emploi, et donc lorsque le produit est dans des proportions différentes par rapport au capital, c'est la rente qui différera, et non le profit. Sous quel prétexte qu'un homme au capital de 2.000 francs pourrait tirer de son emploi un bénéfice net de 10.000 francs, tandis qu'un autre au capital de 8.000 francs n'obtiendrait que 4.000 francs ? Que M. Say fasse une provision pour le loyer ; qu'il considère en outre l'effet qu'un tel impôt aurait sur les prix de ces différentes espèces de produits bruts, et il s'apercevra alors que ce n'est pas un impôt inégal, et de plus que les producteurs eux-mêmes n'y contribueront pas autrement, que toute autre classe de consommateurs.

CHAPITRE XI.

IMPÔTS SUR L'OR.

LA HAUSSE du prix des marchandises, par suite de l'impôt ou des difficultés de production, finira par s'ensuivre ; mais la durée de l'intervalle qui s'écoule avant que le prix du marché des marchandises ne se conforme à leur prix naturel, doit dépendre de la nature de la marchandise et de la facilité avec laquelle elle peut être réduite en quantité. Si la quantité de marchandises imposées ne pouvait être diminuée, si le capital du fermier ou du chapelier, par exemple, ne pouvait être détourné vers d'autres emplois, il n'aurait aucune conséquence que leurs bénéfices soient réduits au-dessous du niveau général par des moyens d'un impôt; à moins que la demande de leurs marchandises n'augmente, ils ne pourraient jamais élever le prix du marché du maïs et des chapeaux au niveau du prix naturel plus élevé. Leurs menaces de quitter leur emploi et de déplacer leurs capitaux vers des métiers plus favorisés seraient traitées comme une vaine menace qui ne pourrait être mise à exécution ; et par conséquent le prix ne serait pas augmenté par une production diminuée. Cependant, les marchandises de toutes sortes peuvent être réduites en quantité, et les capitaux peuvent être retirés des échanges les moins rentables vers ceux qui le sont plus, mais avec des degrés de rapidité différents. À mesure que l'offre d'une marchandise particulière peut être plus facilement réduite, son prix augmentera plus rapidement après que la difficulté de sa production aura été augmentée par l'impôt ou par tout autre moyen. Le blé étant une denrée indispensable à chacun , un impôt n'aura que peu d'effet sur la demande, et par conséquent l'offre ne pourrait pas être longtemps excessive, même si les producteurs avaient de grandes difficultés à retirer leurs capitaux du pays. ; le prix du blé augmentera donc rapidement par l'impôt, et le fermier pourra transférer l'impôt de lui-même au consommateur.

Si les mines qui nous fournissent de l'or se trouvaient dans ce pays, et si l'or était taxé, sa valeur relative ne pourrait pas augmenter par rapport aux autres choses tant que sa quantité n'aurait pas été réduite. Ce serait plus particulièrement le cas si l'or était utilisé exclusivement comme monnaie. Il est vrai que les mines les moins productives, celles qui ne payaient pas de rente, ne pouvaient plus être exploitées, puisqu'elles ne pouvaient se permettre le taux général des profits jusqu'à ce que la valeur relative de l'or s'élève d'une somme égale à l'impôt. l'or, et donc la quantité de monnaie diminuerait lentement ; il diminuerait un peu une année, un peu plus l'autre, et enfin sa valeur s'élèverait en proportion de l'impôt ; mais dans l'intervalle, les propriétaires ou détenteurs, lorsqu'ils paieraient l'impôt, seraient les victimes, et non ceux qui utilisaient l'argent. Si sur 1 000 quarters de blé dans le pays, et sur 1 000 quarters produits à l'avenir, le gouvernement exigeait 100 quarters à titre d'impôt, les 900 quarters restants s'échangeraient contre la même quantité d'autres marchandises que 1 000 auparavant ; mais si la même chose se produisait pour l'or, si tous les 1000 *l.* l'argent qui se trouve actuellement dans le pays ou qui y sera introduit à l'avenir, le gouvernement pourrait exactement 100 *l.* à titre de taxe, les 900 *l restants.* achèterait très peu plus de 900 *l.* acheté auparavant. L'impôt retomberait sur celui dont la propriété était constituée d'argent, et continuerait à le faire jusqu'à ce que sa quantité soit réduite proportionnellement à l'augmentation du coût de sa production causée par l'impôt.

Cela serait peut-être plus particulièrement vrai pour un métal utilisé comme monnaie que pour toute autre marchandise, parce que la demande de monnaie ne porte pas sur une quantité définie, comme c'est le cas pour la demande de vêtements ou de nourriture. La demande de monnaie est entièrement réglée par sa valeur, et sa valeur par sa quantité. Si l'or valait le double, la moitié de la quantité remplirait les mêmes fonctions en circulation, et s'il valait la moitié, il en faudrait le double. Si la valeur marchande du blé était augmentée d'un dixième par l'impôt ou par les difficultés de production, il est douteux que cela produirait un quelconque effet sur la quantité consommée, parce que le besoin de chaque homme concerne une quantité définie, et, par conséquent, si s'il a les moyens d'acheter, il continuera à consommer comme avant ; mais pour l'argent, la demande est exactement proportionnelle à sa valeur. Aucun homme ne pourrait consommer deux fois la quantité de blé, qui est habituellement nécessaire à son entretien, mais tout homme qui achète et vend seulement la même quantité de marchandises peut être obligé d'employer deux, trois fois ou un nombre quelconque de fois la même quantité d'argent. .

L'argument que je viens d'utiliser ne s'applique qu'aux états de société dans lesquels les métaux précieux sont utilisés comme monnaie et où le crédit papier n'est pas établi. L'or métallique, comme toutes les autres marchandises, a sa valeur sur le marché, en fin de compte, réglée par la facilité ou la difficulté relative de le produire ; et bien qu'en raison de sa nature durable et de la difficulté d'en réduire la quantité, il ne se plie pas facilement aux variations de sa valeur marchande, cette difficulté est cependant beaucoup accrue du fait qu'il est utilisé comme monnaie. Si la quantité d'or sur le marché, destinée uniquement au commerce, était de 10 000 onces, et que la consommation dans nos manufactures était de 2 000 onces par an, elle pourrait être augmentée d'un quart, ou 25 pour cent. dans sa valeur, en un an, en retenant la provision annuelle ; mais si, par suite de son utilisation comme monnaie, la quantité employée était de 100,000 onces, elle ne augmenterait pas d'un quart en valeur en moins de dix ans. Comme la monnaie faite de papier peut être facilement réduite en quantité, sa valeur, bien que son étalon soit l'or, augmenterait aussi rapidement que celle du métal lui-même augmenterait s'il n'avait aucun rapport avec la monnaie .

Si l'or était le produit d'un seul pays, et s'il était universellement utilisé comme monnaie, on pourrait imposer sur lui un impôt très considérable, qui ne tomberait sur aucun pays, sauf dans la mesure où il l'emploierait dans les manufactures et pour les ustensiles ; sur cette partie qui servait à l'argent, même si un impôt important pouvait être perçu, personne ne le paierait. C'est une qualité propre à l'argent. Toutes les autres marchandises dont il existe une quantité limitée et qui ne peuvent être augmentées par la concurrence, dépendent, pour leur valeur, des goûts, du caprice et de la puissance des acheteurs ; mais l'argent est une marchandise qu'aucun pays n'a le désir ou la nécessité d'augmenter : il n'y a pas plus d'avantage à en utiliser vingt millions qu'à en utiliser dix millions de monnaie. Un pays pourrait avoir le monopole de la soie ou du vin, et pourtant les prix de la soie et du vin pourraient baisser, parce que, par caprice, par mode, ou par goût, le tissu et l'eau-de-vie pourraient être préférés et remplacés ; le même effet pourrait, dans une certaine mesure, se produire avec l'or, dans la mesure où son usage est limité aux produits manufacturés : mais tandis que l'argent est le moyen général d'échange, sa demande n'est jamais une question de choix, mais toujours de nécessité ; vous devez l'accepter en échange de vos marchandises, et il n'y a donc aucune limite à la quantité qui peut vous être imposée par le commerce extérieur, si sa valeur diminue ; et aucune réduction à laquelle vous ne devez pas vous soumettre, si elle augmente. Vous pouvez certes substituer le papier-monnaie, mais vous ne le faites pas et ne pouvez pas diminuer la quantité de monnaie ; ce n'est que par la hausse du prix des marchandises que vous pouvez empêcher qu'elles soient exportées d'un pays où elles sont achetées avec peu d'argent vers un pays où elles peuvent être vendues plus cher, et cette hausse ne peut être effectuée que par une importation de monnaie métallique de l'étranger, ou par la création ou l'ajout de papier-monnaie dans le pays. Si donc le roi d'Espagne, supposant qu'il était en possession exclusive des mines, et que l'or seul pouvait servir de monnaie, établissait un impôt considérable sur l'or, il augmenterait beaucoup sa valeur naturelle ; et comme sa valeur marchande en Europe est finalement réglée par sa valeur naturelle en Amérique espagnole, l'Europe donnerait davantage de marchandises pour une quantité donnée d'or. Mais la même quantité d'or ne serait pas produite en Amérique, puisque sa valeur n'augmenterait qu'en proportion de la diminution de quantité résultant par conséquent de l'augmentation du coût de production. On n'obtiendrait alors plus de marchandises en Amérique, en échange de tout l'or qu'elle exportait, qu'auparavant ; et l'on peut se demander quel serait alors le bénéfice pour l'Espagne et ses colonies ? L'avantage serait le suivant : si moins d'or était produit, moins de capital serait employé à le produire ; la même valeur de marchandises d'Europe serait importée par l'emploi du capital le plus petit, celle qui était auparavant obtenue par l'emploi du capital plus grand ; et donc toutes les productions obtenues par l'emploi des capitaux retirés des mines seraient un bénéfice que l'Espagne tirerait de l'imposition de l'impôt, et qu'elle ne pourrait obtenir avec une telle abondance, ni avec une telle certitude, en possédant l'impôt. monopole de toute autre marchandise quelle qu'elle soit. D'un tel impôt, en ce qui concerne l'argent, les nations de l'Europe ne subiraient aucun préjudice ; ils auraient la même quantité de biens, et par conséquent les mêmes moyens de jouissance qu'auparavant, mais ces biens circuleraient avec une moindre quantité d'argent.

Si, grâce à l'impôt, on n'obtenait des mines qu'un dixième de la quantité actuelle d'or, ce dixième aurait la même valeur que les dix dixièmes actuellement produits. Mais le roi d'Espagne n'est pas exclusivement en possession des mines des métaux précieux ; et s'il l'était, l'avantage qu'il tire de leur possession et le pouvoir de taxation seraient considérablement réduits par la limitation de la demande et de la consommation en Europe, par suite de la substitution universelle, à un plus ou moins grand degré, du papier-monnaie. L'accord du marché et des prix naturels de toutes les marchandises dépend à tout moment de la facilité avec laquelle l'offre peut être augmentée ou diminuée. Dans le cas de l'or, des maisons et du travail , ainsi que de bien d'autres choses, cet effet ne peut, dans certaines circonstances, se produire rapidement. Mais il en va autrement des marchandises qui sont consommées et reproduites d'année en année, comme les chapeaux, les chaussures, le blé et le tissu ; ils peuvent être réduits si nécessaire, et l'intervalle ne peut pas être long avant que la fourniture ne soit contractée proportionnellement au lot accru de leur production.

Un impôt sur les produits bruts provenant de la surface de la terre tombera, comme nous l'avons vu, sur le consommateur et n'affectera en rien la rente ; à moins qu'en diminuant les fonds destinés à l'entretien du travail , il n'abaisse les salaires, ne diminue la population et ne diminue la demande de blé. Mais un impôt sur le produit des mines d'or doit, en augmentant la valeur de ce métal, en réduire nécessairement la demande, et doit donc nécessairement déplacer le capital de l'emploi auquel il était appliqué. Même si l'Espagne tirerait tous les bénéfices que j'ai indiqués d'un impôt sur l'or, les propriétaires des mines d'où l'on retirerait les capitaux perdraient toute leur rente : ce serait une perte pour les particuliers, mais non une perte nationale ; la rente n'étant pas une création, mais simplement un transfert de richesse : le roi d'Espagne et les propriétaires des mines qui continuaient à être exploitées recevraient ensemble non seulement tout ce que produisait le capital libéré, mais tout ce que les autres propriétaires perdaient.

Supposons que les mines de 1ère, 2ème et 3ème qualité soient exploitées et produisent respectivement 100, 80 et 70 livres d'or, et donc la rente du No. 1 à trente livres, et celui du No. 2 dix livres. Supposons maintenant que l'impôt soit de soixante-dix livres d'or par an sur chaque mine exploitée ; et par conséquent ce No. 1 seul pourrait être exploité de manière rentable ; il est évident que toute rente disparaîtrait immédiatement. Avant l'imposition de la taxe, sur les 100 livres produites sur le No. 1, un loyer était payé de trente livres, et l'ouvrier de la mine en conservait soixante-dix, somme égale au produit de la mine la moins productive. La valeur donc de ce qui reste au capitaliste de la mine No. 1 doit être le même qu'avant, sinon il n'obtiendrait pas les bénéfices communs des actions ; et par conséquent, après avoir payé soixante-dix de ses 100 livres d'impôt, la valeur des trente livres restantes doit être aussi grande que soixante-dix l'étaient auparavant, et donc la valeur de la centaine entière aussi grande que 233 livres auparavant. Sa valeur pourrait être plus élevée, mais elle ne pourrait pas être inférieure, sinon même cette mine cesserait d'être exploitée. Etre monopolisé marchandise, elle pourrait dépasser sa valeur naturelle, et alors elle paierait une rente égale à cet excédent ; mais aucun fonds ne serait employé à la mine s'il était au-dessous de cette valeur. En échange d'un tiers du travail et du capital employés dans les mines, l'Espagne obtiendrait autant d'or qu'elle en échangerait contre la même quantité, ou à peu près la même, de marchandises qu'auparavant. Elle serait plus riche du produit des deux tiers libérés des mines. Si la valeur des 100 livres d'or devait être égale à celle des 250 livres extraites auparavant ; la part du roi d'Espagne, ses soixante-dix livres, serait égale à 175 à l'ancienne valeur : une petite partie seulement de l'impôt du roi retomberait sur ses propres sujets, la plus grande partie étant obtenue par une meilleure répartition des capitaux.

Le récit de l'Espagne serait le suivant :

Anciennement produit :

		mètres
Or 250 livres, d'une valeur de (supposons).	10 000	de
		tissu.

Maintenant produit :

		mètres
Par les deux capitalistes qui ont quitté les mines, la valeur de 140 livres d'or, soit	5 000	de
		tissu.

		mètres
Par le capitaliste qui exploite la mine, non. 1, trente livres d'or ont augmenté en valeur, comme 1 à 2½, et donc maintenant de la valeur de	3 000	de
		tissu.

Impôt au roi soixante-dix livres, maintenant de la valeur de | 7 000   mètres de tissu.

15 600

Sur les 7.000 reçus par le roi, le peuple espagnol n'en contribuerait que 1.400, et 5.600 seraient un pur gain, réalisé par le capital libéré.

Si l'impôt, au lieu d'être une somme fixe par mine exploitée, était une certaine partie de son produit, la quantité n'en serait pas réduite en conséquence. Si l'on prenait pour l'impôt la moitié, le quart ou le tiers de chaque mine, l'intérêt des propriétaires serait encore de faire rendre leurs mines aussi abondamment qu'auparavant ; mais si la quantité n'était pas réduite, mais seulement une partie transférée du propriétaire au roi, sa valeur n'augmenterait pas ; l'impôt retomberait sur la population des colonies et n'en retirerait aucun avantage. Une taxe de ce type aurait l'effet qu'Adam Smith suppose que les taxes sur les produits bruts auraient sur le loyer de la terre : elle pèserait entièrement sur le loyer de la mine. Poussé un peu plus loin, l'impôt non seulement absorberait la totalité de la rente, mais priverait l'ouvrier de la mine des bénéfices communs du capital, et il retirerait par conséquent son capital de la production de l'or. Si l'on s'étendait encore davantage, la rente de mines encore meilleures serait absorbée et les capitaux seraient davantage retirés ; et ainsi la quantité serait continuellement réduite et sa valeur augmentée, et les mêmes effets se produiraient comme nous l'avons déjà signalé ; une partie de l'impôt serait payée par la population des colonies espagnoles, et l'autre partie serait une nouvelle création de produits, en augmentant la puissance de l'instrument utilisé comme moyen d'échange. Les taxes sur l'or sont de deux sortes, l'une sur la quantité réelle d'or en circulation, l'autre sur la quantité annuelle produite par les mines. Tous deux ont tendance à réduire la quantité et à augmenter la valeur de l'or ; mais sa valeur ne s'élèvera pas non plus jusqu'à ce que la quantité soit réduite, et par conséquent ces impôts tomberont pendant un certain temps, jusqu'à ce que l'offre diminue, sur les propriétaires d'argent, mais en fin de compte ils seront payés par le propriétaire de la mine dans le même temps. réduction de la rente, et par les acheteurs de la partie de l'or, qui est utilisée comme une marchandise contribuant aux jouissances de l'humanité, et non réservée exclusivement à un moyen de circulation.

CHAPITRE XII.

IMPÔTS SUR LES MAISONS.

IL EXISTE ÉGALEMENT d'autres marchandises dont la quantité ne peut pas être rapidement réduite ; Tout impôt sur lequel cela retombera donc sur le propriétaire, si l'augmentation du prix devait diminuer la demande.

Les impôts sur les maisons sont de cette nature ; Bien qu'ils soient à la charge de l'occupant, ils diminueront fréquemment par une diminution du loyer sur le propriétaire. Les produits de la terre sont consommés et reproduits d'année en année, ainsi que de nombreuses autres marchandises ; comme ils peuvent donc être rapidement portés au niveau de la demande, ils ne peuvent dépasser longtemps leur prix naturel. Mais comme un impôt sur les maisons peut être envisagé en fonction d'un loyer supplémentaire payé par le locataire, sa tendance sera de diminuer la demande de maisons de même loyer annuel, sans diminuer leur offre. Le loyer va donc baisser, et une partie de la taxe sera payée indirectement par le propriétaire.

« Le loyer d'une maison, dit Adam Smith, peut être divisé en deux parties, dont l'une peut être très proprement appelée rente de construction, l'autre est communément appelée rente foncière. La rente de construction est l'intérêt ou le profit de la propriété. le capital dépensé pour construire la maison. Pour mettre le métier de constructeur au niveau des autres métiers, il faut que cette rente soit suffisante d'abord pour payer le même intérêt qu'il aurait obtenu pour son capital, s'il l'avait prêté contre de bonnes garanties ; et deuxièmement, maintenir la maison en constante réparation, ou ce qui revient au même, remplacer dans un certain délai d'années le capital qui avait été employé à sa construction. « Si, en proportion de l'intérêt de l'argent, le métier de constructeur rapporte à un moment quelconque un profit bien plus grand que celui-ci, il tirera bientôt des autres métiers autant de capitaux qu'il réduira le profit à son niveau convenable. à tout moment beaucoup moins que cela, d'autres métiers en tireront bientôt autant de capital qu'ils augmenteront à nouveau ce profit. Toute partie du loyer total d'une maison qui dépasse ce qui est suffisant pour procurer ce profit raisonnable, va naturellement à le fermage du terrain, et lorsque le propriétaire du terrain et le propriétaire du bâtiment sont deux personnes différentes, il est dans la plupart des cas entièrement payé au premier. Dans les maisons de campagne, éloignées de toute grande ville, où il y a un Comme il y a un grand choix de terrains, le loyer foncier n'est presque rien, ou pas plus que ce que l'espace sur lequel se trouve la maison, rapporterait s'il était employé à l'agriculture. Dans les villas de campagne, dans le voisinage de quelque grande ville, c'est parfois un bon beaucoup plus élevé, et la commodité particulière, ou la beauté de la situation, y est souvent très chèrement payée. Les rentes foncières sont généralement les plus élevées dans la capitale et dans les parties particulières de la capitale où il se trouve qu'il y a la plus grande demande de maisons, quelle que soit la raison de cette demande, que ce soit pour le commerce et les affaires, pour le plaisir et la société, ou pour de simples raisons. vanité et mode. " Un impôt sur le loyer des maisons peut tomber soit sur l'occupant, soit sur le propriétaire du terrain, soit sur le propriétaire de l'immeuble. Dans les cas ordinaires, on peut présumer que la totalité de l'impôt serait payée immédiatement et définitivement par l'occupant.

Si l'impôt était modéré et les circonstances du pays telles qu'il soit stationnaire ou en progression, il n'y aurait guère de raison pour que l'occupant d'une maison se contente d'un impôt d'une pire qualité. Mais si l'impôt était élevé, ou si d'autres circonstances diminuaient la demande de logements, le revenu du propriétaire diminuerait, car l'occupant serait en partie compensé par l'impôt par une diminution du loyer. dans quelles proportions la partie de l'impôt économisée par l'occupant grâce à une baisse du loyer, retomberait sur le loyer du bâtiment et sur le loyer foncier : il est probable qu'en premier lieu, les deux seraient affectés ; mais comme les maisons sont, quoique lentement, mais certainement périssables, et comme on ne pourrait plus en construire d'autres, jusqu'à ce que les profits du constructeur soient rétablis au niveau général, le loyer des bâtiments serait, après un intervalle, rétabli à son prix naturel. Comme le constructeur ne perçoit un loyer que pendant la durée de l'ouvrage, il ne pourrait payer aucune partie de l'impôt, dans les circonstances les plus désastreuses, pendant une période plus longue.

Le paiement de cet impôt reviendrait donc en fin de compte à l'occupant et au propriétaire du terrain, mais « dans quelle proportion ce paiement final serait partagé entre eux », dit Adam Smith, « il n'est peut-être pas très facile de le déterminer. serait probablement très différent selon les circonstances, et un impôt de ce genre pourrait, selon ces différentes circonstances, affecter très inégalement à la fois l'habitant de la maison et le propriétaire du terrain.
15

Adam Smith considère les rentes foncières comme des sujets particulièrement propices à l'imposition. « Les rentes foncières et la rente ordinaire des terres, dit-il, sont une espèce de revenu dont le propriétaire jouit dans de nombreux cas, sans aucun soin ni attention de sa part. lui, afin de subvenir aux dépenses de l'État, aucun découragement ne sera ainsi donné à aucune sorte d'industrie. Le produit annuel de la terre et du travail de la société, la richesse et le revenu réels du grand corps du peuple, pourraient être le même après un tel impôt qu'avant. Les rentes foncières et la rente ordinaire des terres sont donc peut-être l'espèce de revenu qui peut le mieux supporter qu'un impôt particulier leur soit imposé. Il faut admettre que les effets de ces impôts seraient tels que ceux décrits par Adam Smith ; mais il serait certainement très injuste d'imposer exclusivement les revenus d'une classe particulière d'une communauté. Les charges de l'État doivent être supportées par tous en proportion de leurs moyens : c'est l'une des quatre maximes mentionnées par Adam Smith, qui doivent régir toute fiscalité. La rente appartient souvent à ceux qui, après de nombreuses années de labeur, ont réalisé leurs gains et dépensé leur fortune dans l'achat de terres ; et ce serait certainement une violation de ce principe qui devrait toujours être tenu pour sacré, la sécurité de la propriété, que de la soumettre à une taxation inégale. Il est à déplorer que le droit de timbre, dont est chargé le transfert de propriété foncière, entrave matériellement le transfert de cette propriété entre les mains où elle serait probablement rendue la plus productive. Et si l'on considérait que ces terrains, considérés comme sujets à une imposition exclusive, non seulement seraient réduits de prix, pour compenser le risque de cette imposition, mais, proportionnellement au caractère indéfini et à la valeur incertaine du risque, devenir un sujet propice aux spéculations, s'apparentant davantage à la nature du jeu qu'au commerce sobre, il semblera probable que les mains dans lesquelles le pays serait dans ce cas le plus susceptible de tomber seraient celles de ceux qui possèdent plus des qualités du joueur que des qualités du propriétaire sobre, qui est susceptible d'employer sa terre au plus grand avantage.

CHAPITRE XIII.

IMPÔTS SUR LES BÉNÉFICES.

LES IMPÔTS SUR CES MARCHANDISES, QUI SONT GÉNÉRALEMENT APPELÉES PRODUITS DE LUXE , ne pèsent que sur ceux qui en font usage. Une taxe sur le vin est payée par le consommateur de vin. Un impôt sur les chevaux de plaisance ou sur les carrosses est payé par ceux qui se procurent eux-mêmes de telles jouissances, et dans la proportion exacte qu'ils les fournissent. Mais les impôts sur les produits de première nécessité n'affectent pas les consommateurs de produits de première nécessité, proportionnellement à la quantité qu'ils peuvent consommer, mais souvent dans une proportion beaucoup plus élevée. Un impôt sur le blé, nous l'avons observé, affecte non seulement un fabricant dans la mesure où lui et sa famille peuvent consommer du blé, mais il modifie le taux des profits des actions, et par conséquent affecte également son revenu. Tout ce qui augmente les salaires du travail diminue les profits des actions ; Par conséquent, tout impôt sur une marchandise consommée par le travailleur a tendance à abaisser le taux de profit.

Une taxe sur les chapeaux augmentera le prix des chapeaux ; une taxe sur les chaussures, le prix des chaussures ; si tel n'était pas le cas, la taxe serait finalement payée par le fabricant ; ses profits seraient réduits au-dessous du niveau général et il quitterait son métier. Un impôt partiel sur les bénéfices augmentera le prix de la marchandise sur laquelle il tombe : un impôt, par exemple sur les bénéfices du chapelier, augmenterait le prix des chapeaux ; car si ses profits étaient imposés, et non ceux de tout autre commerce, ses profits, à moins qu'il n'augmente le prix de ses chapeaux, seraient au-dessous du taux général des profits, et il quitterait son emploi pour un autre.

De la même manière, un impôt sur les bénéfices du fermier ferait monter le prix du blé ; un impôt sur les bénéfices du drapier, le prix du drap ; et si un impôt proportionnel aux profits était imposé sur tous les métiers, le prix de chaque marchandise augmenterait. Mais si la mine, qui nous fournit l'étalon de notre argent, se trouvait dans ce pays, et si les bénéfices du mineur étaient également imposés, le prix d'aucune marchandise n'augmenterait, chaque homme donnerait une proportion égale de son revenu, et tout serait comme avant.

Si l'argent n'est pas imposé et qu'il est par conséquent permis de conserver sa valeur, tandis que tout le reste est imposé et augmente en valeur, le chapelier, le fermier et le drapier, employant chacun les mêmes capitaux et obtenant les mêmes bénéfices, payer le même montant d'impôt, si l'impôt est de 100 *l.* , les chapeaux, le drap et le blé seront chacun augmentés de valeur de 100 *l.* Si le chapelier gagne par ses chapeaux 1100 *l.* , au lieu de 1000 *l.* , il paiera 100 *l.* au gouvernement pour la taxe ; et aura donc toujours 1000 *l.* disposer de biens destinés à sa propre consommation. Mais comme le drap, le blé et toutes les autres marchandises seront augmentés de prix pour la même cause, il n'en obtiendra pas davantage pour ses 1000 *l.* que ce qu'il avait obtenu auparavant pour 910 *l.* , et ainsi il contribuera par ses dépenses réduites aux exigences de l'État ; il aura, par le paiement de l'impôt, mis une partie du produit de la terre et du travail du pays à la disposition du gouvernement, au lieu d'utiliser lui-même cette partie. Si au lieu de dépenser ses 1000 *l.* , il l'ajoute à son capital, il trouvera dans l'augmentation des salaires, et dans l'augmentation du coût de la matière première et des machines, que son économie de 1000 *l.* ne représente qu'une économie de 910 *l.* s'élevait à avant.

Si l'argent est imposé, ou si par toute autre cause sa valeur est altérée, et que toutes les marchandises restent exactement au même prix qu'auparavant, les bénéfices du fabricant et du fermier seront également les mêmes qu'auparavant, ils continueront à être de 1 000 l . . ; et comme ils devront payer chacun 100 *l.* au Gouvernement, ils ne retiendront que 900 *l.* , ce qui leur donnera moins de contrôle sur les produits de la terre et sur le travail du pays, qu'ils les dépensent en travail productif ou improductif . Ce qu'ils perdent précisément, le gouvernement le gagnera. Dans le premier cas, le cotisant à l'impôt devra, pour 1000 *l.* , dispose d'une quantité de marchandises aussi importante qu'auparavant pour 910 *l.* ; dans le second, il n'aurait que la quantité qu'il avait avant pour 900 *l.* Celle-ci provient de la différence du montant de l'impôt ; dans le premier cas, ce n'est qu'un onzième de ses revenus, dans le second, c'est un dixième ; l'argent dans les deux cas étant de valeur différente.

Mais même si, si l'argent n'est pas imposé et ne change pas de valeur, toutes les marchandises augmenteront de prix, mais elles n'augmenteront pas dans la même proportion ; ils n'auront pas après l'impôt la même valeur relative l'un par rapport à l'autre qu'avant l'impôt. Dans une partie précédente de cet ouvrage, nous avons discuté les effets de la division du capital en capital fixe et circulant, ou plutôt en capital durable et périssable. , sur les prix des matières premières. Nous avons montré que deux fabricants pouvaient employer exactement la même quantité de capital et en tirer exactement la même quantité de profits, mais qu'ils vendraient leurs marchandises pour des sommes d'argent très différentes, selon que les capitaux qu'ils employaient étaient rapides. ou lentement, consommé et reproduit. Celui-ci pourrait vendre sa marchandise pour 4000 *l.* , l'autre pour 10 000 *l.* , et ils pourraient tous deux employer 10 000 *l.* du capital et obtenir 20 pour cent. bénéfice, soit 2000 *l.* Le capital d'une personne pourrait être par exemple de 2000 *l.* capital circulant, à reproduire, et 8000 *l.* fixes, dans les bâtiments et les machines ; le capital de l'autre, au contraire, pourrait être de 8 000 *l.* de circulation, et de seulement 2000 *l.* capital fixe en machines et en bâtiments. Maintenant, si chacune de ces personnes était imposée à 10 pour cent. sur ses revenus, soit 200 *l.* , l'un, pour que son affaire lui rapporte le taux général de profit, doit faire monter sa marchandise de 10 000 *l.* à 10 200 *litres.* ; l'autre serait également obligé d'augmenter le prix de ses marchandises de 4000 *l.* à 4200 *l.* Avant la taxe, les biens vendus par l'un de ces fabricants avaient 2,5 fois plus de valeur que les biens de l'autre ; après l'impôt, ils auront 2,42 fois plus de valeur : l'un aura augmenté de 2 pour cent ; les 5 pour cent restants : par conséquent, un impôt sur le revenu, tandis que la valeur de la monnaie demeure inchangée, modifierait les prix relatifs et la valeur des marchandises. Cela est vrai si l'impôt, au lieu d'être imposé sur les profits, était imposé sur les marchandises elles-mêmes : pourvu qu'elles fussent imposées proportionnellement à la valeur du capital employé à leur production, elles augmenteraient également, quelle que soit leur valeur, et Ils ne conserveraient donc pas la même proportion qu'auparavant. Une marchandise qui s'élèverait de dix à onze mille livres n'aurait plus le même rapport qu'auparavant avec une autre qui s'élèverait de 2 à 3 000 *livres.* Si, dans ces circonstances , la monnaie augmentait en valeur, quelle qu'en soit la cause, cela n'affecterait pas les prix des marchandises dans la même proportion. La même cause qui ferait baisser le prix d'un de 10 200 *l.* à 10 000 *litres.* ou moins de 2 pour cent, ferait baisser le prix de l'autre de 4 200 *l.* à 4000 *litres.* ou 4-3/4 pour cent. S'ils diminuaient dans des proportions différentes, les profits ne seraient pas égaux ; car pour les rendre égaux, lorsque le prix du premier produit était de 10 000 *l.* , le prix du second devrait être de 4000 *l.* ; et quand le prix du premier était de 10 200 *l.* , le prix de l'autre devrait être de 4200 *l.*

La considération de ce fait amènera à la compréhension d'un principe très important, auquel, je crois, n'a jamais été évoqué. C'est ça; que dans un pays où aucun impôt ne subsiste, l'altération de la valeur de la monnaie, provenant de la rareté ou de l'abondance, s'opérera dans une égale proportion sur les prix de toutes les marchandises ; que si une marchandise de 1000 *l.* la valeur monte à 1200 *l.* , ou tomber à 800 *l.* , une marchandise de 10 000 *l.* la valeur passera à 12 000 *l.* ou tomber à 8000 *l.* ; mais dans un pays où les prix sont artificiellement élevés par l'impôt, l'abondance de monnaie provenant d'un afflux, ou l'exportation et la rareté qui en résulte de la demande étrangère, n'agiront pas dans la même proportion sur les prix de toutes les marchandises ; pour certains, il augmentera ou diminuera de 5, 6 ou 12 pour cent, d'autres de 3, 4 ou 7 pour cent. Si un pays n'était pas imposé et que la valeur de la monnaie diminuait, son abondance sur chaque marché produirait des effets similaires sur chacun. Si la viande augmentait de 20 pour cent, le pain, la bière, les chaussures, le travail et toutes les marchandises augmenteraient également de 20 pour cent ; il est nécessaire qu'ils le fassent pour assurer à chaque commerce le même taux de profits. Mais cela n'est plus vrai lorsque l'une de ces marchandises est taxée ; si dans ce cas ils augmentaient tous proportionnellement à la baisse de la valeur de la monnaie, les profits seraient rendus inégaux ; dans le cas des marchandises imposées, les profits seraient élevés au-dessus du niveau général, et le capital serait déplacé d'un emploi à un autre, jusqu'à ce qu'un équilibre des profits soit rétabli, ce qui ne pourrait se produire qu'après une modification des prix relatifs.

Ce principe ne rend-il pas compte des différents effets que, a-t-on remarqué, produisaient sur les prix des marchandises, la valeur altérée de la monnaie pendant la restriction bancaire ? On a objecté à ceux qui prétendaient que la monnaie était alors dépréciée, à cause de la trop grande abondance du papier en circulation, que, si tel était le fait, toutes les marchandises auraient dû augmenter dans la même proportion ; mais on a constaté que beaucoup avaient varié considérablement plus que d'autres, et on a alors déduit que la hausse des prix était due à quelque chose affectant la valeur des marchandises, et non à une altération de la valeur de la monnaie. Il apparaît cependant, comme nous venons de le voir, que dans un pays où les marchandises sont taxées, leur prix ne variera pas toutes dans la même proportion, soit par suite d'une hausse, soit d'une baisse de la valeur de la monnaie.

Si les bénéfices de tous les métiers étaient imposés, à l'exception des bénéfices des agriculteurs, la valeur monétaire de tous les biens augmenterait, à l'exception des produits bruts. Le fermier aurait le même revenu en maïs qu'auparavant et vendrait également son maïs au même prix monétaire ; mais comme il serait obligé de payer un prix supplémentaire pour toutes les marchandises, à l'exception du blé, qu'il consomme, ce serait pour lui un impôt sur les dépenses. Il ne serait pas non plus exempté de cet impôt par une modification de la valeur de la monnaie, car une modification de la valeur de la monnaie pourrait faire chuter toutes les marchandises taxées à leur ancien prix, mais la marchandise non taxée tomberait au-dessous de son ancien niveau ; et par conséquent, même si le fermier achèterait ses marchandises au même prix qu'auparavant, il aurait moins d'argent pour les acheter.

Le propriétaire foncier serait lui aussi exactement dans la même situation, il aurait le même blé et la même rente monétaire qu'auparavant, si toutes les marchandises augmentaient de prix et si l'argent restait à la même valeur ; et il aurait le même blé, mais une rente monétaire moindre, si toutes les marchandises restaient au même prix : de sorte que dans les deux cas, bien que ses revenus ne soient pas directement imposés, il contribuerait indirectement à l'argent collecté.

Mais supposons que les bénéfices du fermier soient également imposés, il se trouverait alors dans la même situation que les autres commerçants ; sa production brute augmenterait, de sorte qu'il aurait le même revenu monétaire, après avoir payé l'impôt, mais il paierait un prix supplémentaire pour toutes les marchandises qu'il consommerait, y compris les produits bruts.

Mais son propriétaire serait dans une situation différente : il bénéficierait de l'impôt sur les bénéfices de son fermier, puisqu'il serait indemnisé du prix supplémentaire auquel il achèterait ses produits manufacturés, si leur prix augmentait ; et il aurait le même revenu monétaire si, par suite d'une élévation de la valeur de la monnaie, les marchandises se vendaient à leur premier prix. Un impôt sur les bénéfices du fermier n'est pas un impôt proportionnel au produit brut de la terre, mais à son produit net, après paiement des fermages, des salaires et de toutes autres charges. Comme les cultivateurs des différents types de terres, Non. 1, 2 et 3, emploient exactement les mêmes capitaux, ils obtiendront exactement les mêmes profits, quelle que soit la quantité de produit brut que l'un pourra obtenir plus que l'autre ; et par conséquent ils seront tous imposés de la même manière. Supposons que le produit brut du pays de qualité No. 1, soit 180 qrs., celui du No. 2, 170 qrs., et du No. 3, 160, et chacun sera taxé 10 quarters, la différence entre le produit du No. 1, non. 2, et non. 3, après avoir payé la taxe, sera le même qu'avant ; car si non. 1 soit réduit à 170, Non. 2 à 160, et non. 3 à 150 qrs.; la différence entre 3 et 1 sera comme auparavant, 20 qrs. ; et du No. 3 et n° 2, 10 qrs. Si, après l'impôt, les prix du blé et de toutes les autres marchandises restaient les mêmes qu'auparavant, la rente monétaire ainsi que la rente du blé resteraient inchangées ; mais si le prix du blé et de toutes les autres marchandises devait augmenter par suite de l'impôt, la rente monétaire augmenterait également dans la même proportion. Si le prix du maïs était de 4 *l.* par trimestre, le loyer du No. 1 aurait fait 80 *l.* , et celui du No. 2, 40 *litres.* ; mais si le maïs augmentait de dix pour cent, ou jusqu'à 4 *l.* 8 *s.* , le loyer augmenterait aussi de dix pour cent, car vingt quarters de blé vaudraient alors 88 *l.* , et dix quarts 44 *l.* ; de sorte que, dans tous les cas, le propriétaire ne sera pas affecté par un tel impôt. Un impôt sur les bénéfices des capitaux laisse toujours la rente du blé inchangée, et par conséquent la rente monétaire varie avec le prix du blé ; mais un impôt sur les produits bruts, ou sur les dîmes, ne laisse jamais la rente du blé inchangée, mais laisse généralement la rente monétaire la même qu'auparavant. Dans une autre partie de cet ouvrage, j'ai observé que si un impôt foncier du même montant était établi sur toutes les espèces de terres en culture, sans tenir compte des différences de fertilité, son application serait très inégale, car ce serait un profit pour le propriétaire des terres les plus fertiles. Cela augmenterait le prix du blé proportionnellement au fardeau supporté par le fermier du pire pays ; mais ce prix supplémentaire étant obtenu pour la plus grande quantité de produit produite par les meilleures terres, les agriculteurs de ces terres en bénéficieraient pendant la durée de leurs baux, et ensuite l'avantage reviendrait au propriétaire sous la forme d'une augmentation de fermage. d'un impôt égal sur les bénéfices de l'agriculteur est exactement la même ; il augmente le loyer en argent des propriétaires, si l'argent conserve la même valeur ; mais comme les bénéfices de tous les autres métiers sont imposés, ainsi que ceux du fermier, et que par conséquent les prix de toutes les marchandises, ainsi que celui du blé, sont augmentés, le propriétaire perd autant par l'augmentation du prix en argent des marchandises et du blé. sur lequel sa rente augmente, à mesure qu'il gagne par l'augmentation de sa rente. Si l'argent devait augmenter en valeur, et si toutes choses, après un impôt sur les bénéfices des actions, tombaient à leurs prix antérieurs, la rente serait également la même. comme avant. Le propriétaire recevrait le même loyer en argent et obtiendrait toutes les marchandises pour lesquelles il a été dépensé à leur ancien prix ; de sorte qu'en toutes circonstances il continuerait à ne pas être imposé.

Un impôt sur les bénéfices des actions affecterait également l'actionnaire, si toutes les marchandises augmentaient proportionnellement à l'impôt ; mais si, par suite de l'altération de la valeur de l'argent, toutes les marchandises tombaient à leur premier prix, l'actionnaire ne paierait rien pour l'impôt ; il achèterait toutes ses marchandises au même prix, mais recevrait toujours le même dividende en argent.

S'il était convenu qu'en taxant les bénéfices d'un seul fabricant, le prix de ses marchandises augmenterait, pour le mettre sur un pied d'égalité avec tous les autres fabricants ; et qu'en taxant les bénéfices de deux fabricants, les prix de deux sortes de marchandises doivent augmenter. Je ne vois pas comment on peut contester qu'en taxant les bénéfices de tous les fabricants, les prix de toutes les marchandises augmenteraient, pourvu que la mine qui nous fournissaient de l'argent, étaient imposés dans le pays. Mais comme la monnaie, ou l'étalon de la monnaie, est une marchandise importée de l'étranger, les prix de toutes les marchandises ne pourraient pas augmenter ; car un tel effet ne pourrait avoir lieu sans une quantité supplémentaire de monnaie, qui ne pourrait être obtenue en échange de marchandises coûteuses, comme cela a été montré à la page 108. Si toutefois une telle augmentation pouvait avoir lieu, elle ne pourrait pas être permanente, car cela aurait une puissante influence sur le commerce extérieur. En échange de marchandises importées, ces chères marchandises ne pourraient pas être exportées, et c'est pourquoi nous devrions pendant un certain temps continuer à acheter, bien que nous cessions de vendre ; et devraient exporter de l'argent, ou des lingots, jusqu'à ce que les prix relatifs des matières premières soient à peu près les mêmes qu'auparavant. Il me semble absolument certain qu'un impôt bien réglé sur les bénéfices ramènerait finalement les marchandises de fabrication nationale et étrangère au même prix monétaire qu'elles avaient avant l'imposition de l'impôt.

Comme les impôts sur les produits bruts, les impôts sur les salaires et sur les biens de première nécessité du travailleur , en augmentant les salaires, diminueront les profits, ils produiront tous, bien qu'à des degrés non égaux, les mêmes effets.

La découverte de machines, qui améliorent matériellement les manufactures domestiques, tend toujours à augmenter la valeur relative de la monnaie, et par conséquent à encourager son importation. Tous les impôts, toutes les entraves accrues, soit au fabricant, soit au producteur de marchandises, tendent au contraire à abaisser la valeur relative de la monnaie, et par conséquent à encourager son exportation.

CHAPITRE XIV

IMPÔTS SUR LES SALAIRES.

LES IMPÔTS sur les salaires feront augmenter les salaires, et donc diminueront le taux des profits des actions . Nous avons déjà vu qu'un impôt sur les produits de première nécessité ferait monter leurs prix, et serait suivi d'une hausse des salaires. La seule différence entre un impôt sur les choses nécessaires et un impôt sur les salaires, c'est que la première sera nécessairement accompagnée d'une hausse du prix des choses nécessaires, mais pas la seconde ; par conséquent, ni les actionnaires, ni les propriétaires fonciers, ni aucune autre classe que les employeurs de travail ne contribueront à un impôt sur les salaires. Un impôt sur les salaires est entièrement un impôt sur les bénéfices, un impôt sur les produits de première nécessité est en partie un impôt sur les bénéfices et en partie un impôt sur les riches consommateurs. Les effets ultimes qui résulteront de tels impôts sont alors exactement les mêmes que ceux qui résulteraient d'un impôt direct sur les bénéfices.

« Les salaires des classes inférieures d'ouvriers, dit Adam Smith, que j'ai essayé de montrer dans le premier livre, sont chacun nécessairement réglés par deux circonstances différentes : la demande de travail et le prix ordinaire ou moyen des commissions. La demande de travail , selon qu'elle est ou croissante, stationnaire ou décroissante, ou qu'elle nécessite une population croissante, stationnaire ou décroissante, règle la subsistance du travailleur et détermine dans quelle mesure elle sera soit libérale, modérée ou rare. Le prix *ordinaire ou moyen* des commissions détermine la quantité d'argent qui doit être payée à l'ouvrier, pour lui permettre d'acheter d'une année sur l'autre cette subsistance libérale, modérée ou rare . , et le prix des commissions reste donc le même, un impôt direct sur les salaires du travail ne peut avoir d'autre effet que de les élever un peu plus haut que l'impôt.

A la proposition, telle qu'elle est ici avancée par le Dr. Smith, M. Buchanan présente deux objections. Premièrement, il nie que les salaires monétaires du travail soient réglés par le prix des commissions ; et deuxièmement, il nie qu'un impôt sur les salaires du travail fasse monter le prix du travail . Sur le premier point, l'argument de M. Buchanan est le suivant, page 59 : « Le salaire du travail , comme on l'a déjà remarqué, ne consiste pas en argent, mais en argent, mais en argent qui permet d'acheter, c'est-à-dire des commissions et autres choses nécessaires ; le travailleur du fonds commun sera toujours proportionné à l'offre. Là où les commissions sont *bon marché et abondantes* , sa part sera la plus grande, et là où elles sont *rares et chères* , elle sera la moindre. Son salaire donnera toujours lui sa juste part, et ils ne peuvent lui en donner davantage. C'est en effet une opinion, adoptée par le Dr Smith et la plupart des autres auteurs, que le prix monétaire du travail est réglé par le prix monétaire des commissions, et que lorsque le prix des commissions augmente , les salaires augmentent en proportion. Mais il est clair que le prix du travail n'a pas de rapport nécessaire avec le prix de la nourriture, puisqu'il dépend entièrement de l' offre de travailleurs par rapport à la demande. Le prix de la commission est une certaine indication d'un approvisionnement insuffisant et apparaît dans le cours naturel des choses, dans le but de retarder la consommation. Une plus petite quantité de nourriture, partagée entre le même nombre de consommateurs, laissera évidemment une plus petite portion à chacun, et le travailleur devra supporter sa part du besoin commun. Pour répartir équitablement ce fardeau et empêcher le travailleur de consommer sa subsistance comme auparavant, le prix augmente. Mais il semble que les salaires doivent augmenter en même temps, afin qu'il puisse toujours utiliser la même quantité d'une denrée plus rare ; et ainsi la nature est représentée comme allant à l'encontre de ses propres objectifs : d'abord, augmenter le prix de la nourriture, pour diminuer la consommation, et ensuite, augmenter les salaires pour donner au travailleur la même offre qu'auparavant.

Dans cet argument de M. Buchanan, il me semble y avoir un grand mélange de vérité et d'erreur. Parce qu'un prix de commission élevé est parfois occasionné par un approvisionnement insuffisant, M. Buchanan le considère comme une certaine indication d'un approvisionnement insuffisant. Il attribue à une seule cause exclusivement ce qui peut naître de plusieurs. Il est sans doute vrai qu'en cas d'approvisionnement insuffisant, une plus petite quantité sera partagée entre le même nombre de consommateurs, et une plus petite part reviendra à chacun. Pour répartir équitablement cette privation et empêcher le travailleur de consommer sa subsistance comme auparavant, le prix augmente. Il faut donc admettre à M. Buchanan que toute hausse du prix des commissions, causée par une offre insuffisante, n'augmentera pas nécessairement les salaires monétaires du travail ; car la consommation doit être retardée ; ce qui ne peut être réalisé qu'en diminuant le pouvoir d'achat des consommateurs. Mais comme le prix de la commission est élevé par une offre insuffisante, nous ne sommes en aucun cas autorisés à conclure, comme semble le faire M. Buchanan, qu'il ne peut pas y avoir une offre abondante, avec un prix élevé ; non pas un prix élevé en ce qui concerne l'argent seulement, mais en ce qui concerne toutes les autres choses.

Le prix naturel des marchandises, qui détermine toujours en fin de compte leur prix de marché, dépend de la facilité de production ; mais la quantité produite n'est pas proportionnelle à cette facilité. Bien que les terres actuellement mises en culture soient bien inférieures aux terres cultivées il y a trois siècles, et que par conséquent la difficulté de la production soit accrue, qui peut douter que la quantité produite maintenant dépasse de beaucoup la quantité puis produit ? Non seulement un prix élevé est compatible avec une offre accrue, mais il manque rarement de l'accompagner. Si donc, par suite de l'impôt ou des difficultés de production, le prix des commissions s'élève et que la quantité ne diminue pas, les salaires monétaires du travail augmenteront ; car, comme M. Buchanan vient de l'observer, « le salaire du travail ne consiste pas en argent, mais en ce que l'argent achète, c'est-à-dire en commissions et autres objets nécessaires ; et l'allocation du travailleur sur le fonds commun sera toujours proportionnelle à l'argent. la provision."

En ce qui concerne le deuxième point, à savoir si un impôt sur les salaires augmenterait le prix du travail , M. Buchanan dit : « Après que le travailleur a reçu la juste récompense de son travail , comment peut-il avoir un recours contre son employeur, pour " Qu'est-il ensuite obligé de payer en impôts ? Il n'y a aucune loi ou principe dans les affaires humaines pour justifier une telle conclusion. Après que l' ouvrier a reçu son salaire, il est en sa propre garde, et il doit, dans la mesure où il le peut, capable, supporter la naissance de toutes les exactions auxquelles il pourra être exposé par la suite : car il n'a évidemment aucun moyen de contraindre à le rembourser ceux qui lui ont déjà payé le juste prix de son travail. M. Buchanan a cité avec une grande approbation le passage suivant de l'ouvrage de M. Malthus sur la population, qui me paraît répondre complètement à son objection. « Le prix du travail , lorsqu'on le laisse trouver son niveau naturel, est un baromètre politique des plus importants, exprimant le rapport entre l'offre et la demande de commissions, entre la quantité à consommer et le nombre de consommateurs ; et , pris en moyenne, indépendamment des circonstances accidentelles, il exprime en outre clairement les besoins de la société en matière de population, c'est-à-dire quel que soit le nombre d'enfants d'un mariage nécessaire pour entretenir exactement la population actuelle, le prix du travail sera juste suffisant pour soutenir ce nombre, ou être au-dessus ou au-dessous, selon l'état des fonds réels, pour l'entretien du travail, qu'il soit stationnaire, progressif ou rétrograde. léger, nous le considérons comme quelque chose qu'on peut augmenter ou diminuer à volonté, quelque chose qui dépend principalement des juges de paix de Sa Majesté. Quand une avance dans le prix des commissions exprime déjà que la demande est trop grande pour l'offre, pour pour mettre l' ouvrier dans le même état qu'auparavant, on élève le prix du travail , c'est-à-dire qu'on augmente la demande, et on s'étonne alors beaucoup que le prix des commissions continue de monter. En cela, nous agissons à peu près de la même manière, comme si, lorsque le mercure dans le verre météo commun se trouvait à un *niveau orageux* , nous devions le soulever par une forte pression pour qu'il se stabilise équitablement, et alors nous étions grandement étonnés qu'il continue de pleuvoir. "

« Le prix du travail exprimera clairement les besoins de la société en matière de population ; » ce sera juste suffisant pour subvenir aux besoins de la population, ce qu'exige alors l'état des fonds pour l'entretien des ouvriers . Si les salaires de l'ouvrier étaient auparavant seulement suffisants pour approvisionner la population requise, ils seront, après l'impôt, insuffisants pour cette offre, car il n'aura pas les mêmes fonds à dépenser pour sa famille. Le travail va donc augmenter, parce que la demande continue, et ce n'est qu'en augmentant les prix que l'offre n'est pas freinée.

Rien n'est plus commun que de voir des chapeaux ou du malt se lever lorsqu'ils sont taxés ; ils augmentent parce que l'offre nécessaire ne serait pas assurée s'ils n'augmentaient pas : ainsi avec le travail , lorsque les salaires sont imposés, son prix augmente, parce que, s'il ne le faisait pas, la population requise ne serait pas entretenue. Admettons tout ce qui est soutenu lorsqu'il dit que « s'il (l' ouvrier) était effectivement réduit à une simple allocation du nécessaire, il ne souffrirait alors plus de réduction de son salaire, puisqu'il ne pourrait pas, dans de telles conditions, continuer sa course ? " Supposons que les circonstances du pays soient telles que les travailleurs les plus bas soient appelés non seulement à continuer leur race, mais à l'augmenter ; leurs salaires auraient été réglementés en conséquence. Peuvent-ils se multiplier, si un impôt leur enlève une partie de leur salaire et le réduit au strict nécessaire ?

Il est sans aucun doute vrai qu'une marchandise taxée n'augmentera pas proportionnellement à l'impôt, si la demande diminue et si la quantité ne peut être réduite. Si la monnaie métallique était d'un usage général, sa valeur ne serait pas augmentée pendant un temps considérable par un impôt, proportionnellement au montant de l'impôt, parce qu'à un prix plus élevé, la demande diminuerait et la quantité ne diminuerait pas. ; et incontestablement la même cause influence fréquemment les salaires du travail : le nombre des ouvriers ne peut pas être rapidement augmenté ou diminué en proportion de l'augmentation ou de la diminution du fonds qui doit les employer ; mais dans le cas supposé, il n'y a pas de diminution nécessaire de la demande de travail , et si elle diminue, la demande ne diminue pas proportionnellement à l'impôt. M. Buchanan oublie que le fonds levé par l'impôt est employé par le gouvernement à entretenir les ouvriers . improductifs certes, mais toujours ouvriers . Si le travail n'augmentait pas lorsque les salaires sont imposés, il y aurait une forte concurrence pour le travail , car les propriétaires du capital, qui n'auraient rien à payer pour un tel impôt, auraient les mêmes fonds pour employer travail ; tandis que le gouvernement qui percevrait l'impôt disposerait d'un fonds supplémentaire dans le même but. Le gouvernement et le peuple deviennent ainsi concurrents, et la conséquence de leur concurrence est une hausse du prix du travail . Le même nombre d'hommes seulement sera employé, mais ils seront employés avec des salaires supplémentaires.

Si l'impôt avait été imposé immédiatement au peuple, son fonds destiné à l'entretien du travail aurait été diminué dans la même mesure que le fonds du gouvernement destiné à cet effet aurait été augmenté ; et donc il n'y aurait pas eu d'augmentation des salaires ; car s'il y aurait la même demande, il n'y aurait pas la même concurrence. Si, lorsque l'impôt était levé, le gouvernement en exportait immédiatement le produit comme subvention à un État étranger, et si par conséquent ces fonds étaient consacrés à l'entretien des travailleurs étrangers, et non anglais, tels que les soldats, les marins, etc. . etc.; alors, en effet, il y aurait une diminution de la demande de travail , et les salaires pourraient ne pas augmenter, bien qu'ils soient imposés ; mais la même chose arriverait si l'impôt avait été établi sur les biens consommables, sur les bénéfices des capitaux, ou si de toute autre manière la même somme avait été levée pour fournir cette subvention : moins de travail pourrait être employé à la maison . Dans un cas, on empêche les salaires d'augmenter, dans l'autre, ils doivent absolument baisser. Mais supposons que le montant d'un impôt sur les salaires soit, après avoir été levé sur les ouvriers , payé gratuitement à leurs employeurs, cela augmenterait leur fonds monétaire pour l'entretien du travail , mais il n'augmenterait ni les marchandises ni le travail . Cela augmenterait par conséquent la concurrence entre les employeurs de main-d'œuvre , et l'impôt serait finalement perçu sans perte ni pour le maître ni pour l'ouvrier . Le maître paierait le travail plus cher ; l'addition que le travailleur recevrait serait payée comme impôt au gouvernement, et serait de nouveau restituée aux maîtres. Il ne faut cependant pas oublier que le produit des impôts est souvent dépensé en gaspillage, et qu'en diminuant le capital ils tendent à diminuer le fonds réel destiné à l'entretien du travail ; et donc de diminuer la demande réelle. Les impôts donc, en général, dans la mesure où ils portent atteinte au capital réel du pays, diminuent la demande de travail , et c'est pourquoi c'est une conséquence probable, mais non nécessaire, ni particulière, d'un impôt sur les salaires, que, même si les salaires augmenteraient, , ils n'augmenteraient pas d'une somme exactement égale à l'impôt.

Adam Smith, comme nous l'avons vu, a pleinement admis que l'effet d'un impôt sur les salaires serait d'augmenter les salaires d'une somme au moins égale à l'impôt, et qu'ils seraient finalement, sinon immédiatement, payés par l'employeur du travail . Jusqu'à présent, nous sommes entièrement d'accord ; mais nos vues diffèrent essentiellement sur l'application ultérieure d'un tel impôt.

« Un impôt direct sur les salaires du travail , dit Adam Smith, même si l' ouvrier pourrait peut-être le payer de ses propres mains, ne pourrait pas proprement être considéré comme étant même avancé par lui ; du moins si la demande de travail et le prix moyen de la commission restait le même après l'impôt qu'avant l'impôt. Dans tous ces cas, non seulement l'impôt, mais quelque chose de plus que l'impôt, serait en réalité avancé par la personne qui l'employait immédiatement. Différents cas tombent sur différentes personnes. L'augmentation qu'un tel impôt pourrait occasionner dans les salaires du travail manufacturier serait avancée par le maître fabricant, *qui aurait le droit et l'obligation de l'imputer avec un profit sur le prix de ses marchandises* . L'augmentation qu'un tel impôt pourrait occasionner dans le travail des campagnes serait avancée par le fermier, qui, pour entretenir le même nombre d' ouvriers qu'auparavant, serait obligé d'employer un plus grand capital. *Avec les profits ordinaires des capitaux* , il faudrait qu'il retienne une plus grande partie, ou ce qui revient au même, le prix d'une plus grande partie des produits du pays, et par conséquent qu'il paye moins de rente aux biens du pays. Le propriétaire. Le paiement final de cette augmentation de salaire reviendrait donc dans ce cas au propriétaire foncier, *ainsi que les bénéfices supplémentaires du fermier qui l'aurait avancé* . Dans tous les cas, un impôt direct sur les salaires du travail doit, à la longue, entraîner à la fois une plus grande réduction de la rente foncière et une plus grande hausse du prix des produits manufacturés que ne l'auraient entraîné une juste évaluation des revenus. une somme égale au produit de l'impôt, en partie sur la rente des terres et en partie sur les produits consommables. " Vol. III. P. 337. Dans ce passage, il est affirmé que les salaires supplémentaires payés par les agriculteurs retomberont en fin de compte sur les les propriétaires terriens, qui recevront une rente diminuée ; mais que les salaires supplémentaires payés par les fabricants feront monter le prix des produits manufacturés, et retomberont par conséquent sur les consommateurs de ces marchandises.

Supposons maintenant qu'une société soit composée de propriétaires, de fabricants, d'agriculteurs et d'ouvriers . Les ouvriers , il est convenu, seraient récompensés de l' impôt ; — mais par qui ? — qui paierait la part qui ne reviendrait pas aux propriétaires ? — les fabricants ne pourraient en payer aucune partie ; car si le prix de leurs marchandises s'élevait en proportion des salaires supplémentaires qu'ils payaient, ils se trouveraient dans une meilleure situation après qu'avant l'impôt. Si le drapier, le chapelier, le cordonnier, etc., devaient chacun pouvoir augmenter le prix de leurs marchandises 10 pour cent .,— en supposant 10 pour cent. pour les récompenser complètement pour les salaires supplémentaires qu'ils ont payés, - si , comme le dit Adam Smith, "ils avaient le droit et l'obligation d'imputer les salaires supplémentaires *avec un profit* sur le prix de leurs marchandises", ils pourraient chacun consommer autant qu'auparavant. des biens de chacun, et donc ils ne paieraient rien pour la taxe. Si le drapier payait plus pour ses chapeaux et ses chaussures, il recevrait plus pour son tissu, et si le chapelier payait plus pour son tissu et ses chaussures, il recevrait plus. pour ses chapeaux. Ils achèteraient alors tous les produits manufacturés avec autant d'avantages qu'auparavant, et dans la mesure où le prix du blé ne augmenterait pas tant qu'ils auraient une somme supplémentaire à débourser pour son achat, ils bénéficieraient d'un tel achat, et non pas leur porter préjudice. impôt.

Si donc ni les ouvriers ni les fabricants ne voulaient contribuer à un tel impôt ; si les agriculteurs étaient également récompensés par une baisse de la rente, les propriétaires fonciers devraient non seulement en supporter tout le poids, mais encore contribuer à l'augmentation des gains des industriels. Mais pour cela, ils devraient consommer toutes les marchandises manufacturées du pays, car le surprix imposé à la masse entière n'est guère plus élevé que l'impôt initialement imposé aux ouvriers des manufactures.

Or, il ne sera pas contesté que le drapier, le chapelier et tous les autres fabricants sont consommateurs les uns des autres ; il ne sera pas contesté que les ouvriers de toutes sortes consomment du savon, du tissu, des chaussures, des bougies et diverses autres marchandises : il est donc impossible que tout le poids de ces impôts retombe sur les seuls propriétaires fonciers.

Mais si les ouvriers ne paient aucune partie de l'impôt, et que pourtant le prix des produits manufacturés augmente, les salaires doivent augmenter, non seulement pour les compenser de l'impôt, mais aussi pour l'augmentation du prix des produits manufacturés de première nécessité, qui, dans la mesure où elle affecte le travail agricole . , sera une nouvelle cause de baisse des loyers ; et, dans la mesure où cela affecte le travail manufacturier , une nouvelle hausse du prix des marchandises. Cette hausse du prix des marchandises s'opérera à nouveau sur les salaires, et l'action et la réaction, d'abord des salaires sur les marchandises, puis des marchandises sur les salaires, s'étendront sans aucune limite assignable. Les arguments qui soutiennent cette théorie conduisent à des conclusions si absurdes qu'on voit immédiatement que le principe est totalement indéfendable.

Tous les effets qui se produisent sur les profits des capitaux et sur les salaires du travail , par une augmentation de la rente et une augmentation des biens de première nécessité, dans le progrès naturel de la société et dans la difficulté croissante de la production, seront produits par une augmentation des salaires dans conséquence de la fiscalité; et par conséquent les jouissances du travailleur , ainsi que celles de ses employeurs, seront réduites par l'impôt ; et non pas par cet impôt en particulier, mais par tout autre qui devrait rapporter un montant égal.

L'erreur d'Adam Smith vient en premier lieu de supposer que tous les impôts payés par le fermier doivent nécessairement retomber sur le propriétaire, sous la forme d'une déduction sur le loyer. Sur ce sujet, je me suis expliqué très complètement, et j'espère qu'il en sera ainsi. Il a été démontré, à la satisfaction du lecteur, que puisque beaucoup de capital est employé sur la terre qui ne paie aucun fermage, et que c'est le résultat obtenu par ce capital qui règle le prix des produits bruts, aucune déduction ne peut être faite sur la rente. ; et par conséquent, ou bien aucune rémunération ne sera faite au fermier pour un impôt sur les salaires, ou bien, si elle est faite, elle devra être faite par une addition au prix des produits bruts.

Si les impôts pèsent inégalement sur le fermier, il pourra augmenter le prix des produits bruts, se mettre au niveau de ceux qui exercent d'autres métiers ; mais un impôt sur les salaires, qui ne l'affecterait pas plus que n'importe quel autre commerce, ne pourrait être supprimé ou compensé par un prix élevé des produits bruts ; car la même raison qui devrait l'induire à augmenter le prix du blé, à savoir se rémunérer pour l'impôt, inciterait le drapier à augmenter le prix du drap, le cordonnier, le chapelier et le tapissier, à augmenter le prix des chaussures. , chapeaux et meubles.

S'ils pouvaient tous augmenter le prix de leurs marchandises, de manière à se rémunérer avec un profit l'impôt ; comme ils sont tous consommateurs des marchandises les uns des autres, il est évident que l'impôt ne pourra jamais être payé ; car qui seraient les contributeurs si tous étaient compensés ?

J'espère donc avoir réussi à montrer que tout impôt qui aura pour effet d'augmenter les salaires sera payé par une diminution des profits, et par conséquent qu'un impôt sur les salaires est en fait un impôt sur les profits.

Ce principe de la division des produits du travail et du capital entre salaires et profits, que j'ai essayé d'établir, me paraît si certain, que, sauf dans les effets immédiats, je croirais de peu d'importance que les profits des capitaux, ou bien les salaires du travail étaient imposés. En taxant les bénéfices des actions, vous modifieriez probablement le taux d'augmentation des fonds destinés à l'entretien du travail , et les salaires seraient disproportionnés par rapport à l'état de ce fonds, en étant trop élevés. En taxant les salaires, la récompense versée au travailleur serait également disproportionnée par rapport à l'état de ce fonds, car trop faible. Dans un cas, par une baisse, dans l'autre, par une hausse des salaires monétaires, l'équilibre naturel entre profits et salaires serait rétabli. Un impôt sur les salaires ne frappe donc pas le propriétaire foncier, mais il frappe les bénéfices des capitaux : il n'autorise pas et n'oblige pas le maître fabricant à lui faire payer un profit sur les prix de ses marchandises, car il ne pourra pas le faire. pour augmenter leur prix, et c'est pourquoi il doit lui-même payer cet impôt entièrement et sans compensation

Si l'effet des impôts sur les salaires est tel que je l'ai décrit, ils ne méritent pas la censure que leur adresse le Dr. Forgeron. Il observe à propos de ces impôts : « Ces impôts, ainsi que quelques autres impôts du même genre, en élevant le prix du travail , auraient ruiné la plus grande partie des manufactures de Hollande. Des impôts similaires, bien que moins lourds, ont lieu dans les Milanais, dans les États de Gênes, dans le duché de Modène, dans les duchés de Parme, de Plaisance et de Guastalla , et dans les États ecclésiastiques. Un auteur français de quelque renom a proposé de réformer les finances de son pays, en substituant aux autres impôts le plus ruineux de tous les impôts. « Il n'y a rien d'aussi absurde, dit Cicéron, qui n'ait été parfois affirmé par quelques philosophes. » Et ailleurs il dit : « les impôts sur les produits de première nécessité, en élevant les salaires du travail , tendent nécessairement à augmenter le prix de tous les produits manufacturés, et par conséquent à diminuer l'étendue de leur vente et de leur consommation. Ils ne mériteraient pas cette censure ; même si le Dr. Le principe de Smith était correct : de telles taxes augmenteraient les prix des produits manufacturés ; car un tel effet ne pourrait être que temporaire et ne nous soumettrait à aucun désavantage dans notre commerce extérieur. Si une cause devait augmenter le prix de quelques produits manufacturés, cela empêcherait ou freinerait leur exportation ; mais si la même cause agissait généralement sur tous, l'effet serait purement nominal et n'interférerait pas avec leur valeur relative, ni ne diminuerait en aucune manière l'incitation au commerce du troc ; ce qu'est réellement tout commerce, tant étranger qu'intérieur.

J'ai déjà tenté de montrer que lorsqu'une cause quelconque augmente les prix de toutes les marchandises en général, les effets sont presque semblables à ceux d'une baisse de la valeur de la monnaie. Si la monnaie perd de sa valeur, le prix de toutes les marchandises augmente ; et si l'effet est limité à un seul pays, il affectera son commerce extérieur de la même manière qu'un prix élevé des marchandises causé par une fiscalité générale ; et par conséquent , en examinant les effets d'une faible valeur de la monnaie confinée à un seul pays, nous examinons également les effets d'un prix élevé des marchandises confiné à un seul pays. En effet, Adam Smith était pleinement conscient de la ressemblance entre ces deux cas et il a constamment soutenu que la faible valeur de la monnaie, ou, comme il l'appelle, de l'argent en Espagne, en conséquence de l'interdiction de son exportation, était très préjudiciable à l'économie espagnole. les manufactures et le commerce extérieur de l'Espagne. "Mais cette dégradation de la valeur de l'argent, qui étant l'effet soit de la situation particulière, soit des institutions politiques d'un pays particulier, ne se produit que dans ce pays, est une question de très grande conséquence qui, loin de tendre vers rendre quelqu'un vraiment plus riche, tend à rendre tout le monde vraiment plus pauvre. La hausse du prix en argent de toutes les marchandises, qui est dans ce cas particulière à ce pays, tend à décourager plus ou moins toute sorte d'industrie qui s'exerce dans le pays. et permettre aux nations étrangères, en fournissant presque toutes sortes de marchandises pour une quantité d'argent inférieure à celle que leurs propres ouvriers peuvent se permettre de le faire, de les vendre à un prix inférieur non seulement sur le marché étranger, mais même sur le marché intérieur. Tome II. page 278.

L'un, et je pense le seul, des inconvénients d'une faible valeur de l'argent dans un pays, provenant d'une abondance forcée, a été habilement expliqué par le Dr. Forgeron. Si le commerce de l'or et de l'argent était libre, « l'or et l'argent qui iraient à l'étranger n'iraient pas à l'étranger pour rien, mais rapporteraient une valeur égale de marchandises d'une sorte ou d'une autre. Ces marchandises ne seraient pas non plus tout ce qui compte ». de simple luxe et de dépense, pour être consommé par des gens oisifs, qui ne produisent rien en échange de leur consommation. Comme la richesse réelle et le revenu des gens oisifs ne seraient pas augmentés par cette exportation extraordinaire d'or et d'argent, de même leur consommation ne serait pas augmentée. Ces biens consisteraient probablement pour la plus grande partie, et certainement pour une partie d'entre eux, en matériaux, outils et provisions, destinés à l'emploi et à l'entretien des industriels, qui reproduiraient avec profit, la pleine valeur de leur consommation. Une partie du stock mort de la société serait ainsi transformée en stock actif et mettrait en mouvement une plus grande quantité d'industrie qu'on n'en avait employée auparavant.

En interdisant le libre-échange des métaux précieux lorsque les prix des marchandises augmentent, soit par la fiscalité, soit par l'afflux de métaux précieux, vous empêchez qu'une partie du stock mort de la société ne se transforme en stock actif - vous empêcher une plus grande quantité d'industrie d'être employée. Mais c'est là tout le mal ; un mal qui n'a jamais été ressenti par les pays où l'exportation de l'argent est soit autorisée, soit complice.

Les échanges entre pays ne sont qu'au pair, alors qu'ils disposent précisément de la quantité de monnaie dont, dans la situation actuelle des choses, ils devraient disposer pour assurer la circulation de leurs marchandises. Si le commerce des métaux précieux était parfaitement libre et si l'argent pouvait être exporté sans aucune dépense, les échanges ne pourraient être dans tous les pays qu'au pair. Si le commerce des métaux précieux était parfaitement libre, s'ils étaient généralement utilisés en circulation, même avec les frais de transport, l'échange ne pourrait jamais s'écarter du pair dans aucun d'eux plus que par ces frais. Je crois que ces principes ne sont désormais plus contestés. Si un pays utilisait du papier-monnaie non échangeable contre des espèces et, par conséquent, non réglementé par un étalon fixe, les échanges dans ce pays pourraient s'écarter autant du pair que sa monnaie pourrait être multipliée au-delà de la quantité qui lui aurait été attribuée par l'ordre général. le commerce, si le commerce de la monnaie avait été libre et si les métaux précieux avaient été utilisés, soit comme monnaie, soit comme étalon de monnaie.

Si, par les opérations générales du commerce, 10 millions de livres sterling, d'un poids et d'une finesse de lingot connus, devenaient la part de l'Angleterre, et que 10 millions de livres de papier étaient substituées, aucun effet ne serait produit sur le change ; mais si, par abus du pouvoir d'émettre du papier-monnaie, 11 millions de livres sterling étaient mis en circulation, le change serait de 9 pour cent. contre l'Angleterre ; si 12 millions étaient employés, l'échange serait de 16 pour cent ; et si 20 millions , l'échange serait de 50 pour cent. contre l'Angleterre. Pour produire cet effet , il n'est cependant pas nécessaire d'employer du papier-monnaie : toute cause qui retient en circulation une plus grande quantité de livres que celle qui aurait circulé si le commerce avait été libre, et si les métaux précieux d'un poids et d'une finesse connus avaient été mis en circulation. utilisé, soit pour la monnaie, soit pour l'étalon de la monnaie, produirait exactement les mêmes effets. Supposons qu'en coupant la monnaie, chaque livre ne contienne pas la quantité d'or ou d'argent que, selon la loi, elle devrait contenir, un plus grand nombre de ces livres pourraient être employées dans la circulation que si elles n'étaient pas coupées. Si l'on retranchait un dixième de chaque livre, on pourrait en utiliser 11 millions au lieu de 10 ; si on en retirait deux dixièmes, 12 millions pourraient être employés ; et si l'on en retirait la moitié, 20 millions ne seraient peut-être pas trouvés superflus. Si cette dernière somme était utilisée au lieu de 10 millions , chaque marchandise en Angleterre augmenterait jusqu'à doubler son ancien prix, et l'échange serait de 50 pour cent. contre l'Angleterre, mais cela ne causerait aucune perturbation dans le commerce étranger, ni ne découragerait la fabrication d'une quelconque marchandise. Si, par exemple, le tissu est passé en Angleterre de 20 *l.* à 40 *l.* par pièce, nous devrions l'exporter autant après qu'avant la hausse, moyennant une compensation de 50 pour cent. serait fait à l'acheteur étranger lors de l'échange ; de sorte qu'avec 20 *l.* avec son argent, il pourrait acheter une facture qui lui permettrait de payer une dette de 40 *l.* En Angleterre. De la même manière s'il exportait une marchandise qui coûtait 20 *l.* à la maison, et qui se vendait en Angleterre pour 40 *l.* il ne recevrait que 20 *l.* , pour 40 *l.* en Angleterre, on n'achèterait qu'une facture de 20 *l.* sur un pays étranger. Les mêmes effets résulteraient, quelle que soit la cause, de 20 millions de personnes qui pourraient être obligées de s'occuper des affaires de circulation en Angleterre, si 10 millions seulement étaient nécessaires. Si une loi aussi absurde que l'interdiction de l'exportation des métaux précieux pouvait être appliquée et que la conséquence de cette interdiction était de mettre en circulation 11 millions au lieu de 10, le change serait de 9 pour cent. contre l'Angleterre ; si 12 millions , 16 pour cent.; et si 20 millions , 50 pour cent. contre l'Angleterre. Mais aucun découragement ne serait donné aux manufactures anglaises ; si les produits nationaux se vendaient à un prix élevé en Angleterre, les produits étrangers le seraient aussi ; et qu'ils soient élevés ou bas n'aurait que peu d'importance pour l'exportateur et l'importateur étranger, tandis qu'il serait, d'une part, obligé d'accorder une compensation dans le change lorsque ses marchandises se vendraient à un prix élevé, et recevrait le prix du change. même compensation, lorsqu'il fut obligé d'acheter à un prix élevé les denrées anglaises. Le seul inconvénient qui pourrait arriver à un pays s'il maintenait en circulation, par des lois prohibitives, une plus grande quantité d'or et d'argent qu'il n'y resterait autrement, serait la perte qu'il subirait en employant une partie de son capital de manière improductive, au lieu d'employer c'est productif. Sous forme d'argent, ce capital ne produit aucun profit ; sous forme de matériaux, de machines et de nourriture, contre lesquels il pourrait être échangé, il produirait des revenus et augmenterait la richesse et les ressources de l'État. Ainsi donc, j'espère avoir prouvé de manière satisfaisante qu'un prix relativement bas des métaux précieux, en raison de l'impôt, ou en d'autres termes, un prix généralement élevé des marchandises, ne serait d'aucun inconvénient pour un État, car il fait partie de l'économie. les métaux seraient exportés, ce qui, en augmentant leur valeur, ferait encore baisser les prix des matières premières. Et en outre, s'ils n'étaient pas exportés, si, par des lois prohibitives, ils pouvaient être retenus dans un pays, l'effet sur le change contrebalancerait l'effet des prix élevés. Si donc les impôts sur les choses nécessaires et sur les salaires ne voulaient pas faire monter les prix de toutes les marchandises pour lesquelles le travail a été dépensé, ils ne peuvent pas être condamnés pour de tels motifs ; et d'ailleurs, même si l'opinion selon laquelle ils auraient un tel effet était fondée, ils ne seraient en aucune manière préjudiciables pour cette raison.

Il est sans aucun doute vrai que « les impôts sur les produits de luxe n'ont aucune tendance à augmenter le prix des autres marchandises, à l'exception de celui des marchandises taxées » ; mais il n'est pas vrai que les impôts sur les produits de première nécessité, en élevant les salaires du travail , tendent nécessairement à élever le prix de toutes les marchandises. » Il est vrai que « les impôts sur les produits de luxe sont finalement payés par les consommateurs des marchandises taxées, sans toute rétribution. Ils frappent indifféremment toutes les espèces de revenus, les salaires du travail , les profits des capitaux et la rente de la terre ; mais il n'est pas vrai que « les impôts sur les choses nécessaires, *dans la mesure où ils affectent les travailleurs pauvres* , sont finalement payés en en partie par les propriétaires fonciers dans la diminution du loyer de leurs terres, et en partie par les riches consommateurs, propriétaires ou autres, dans le prix élevé des produits manufacturés ; "car dans la mesure où ces impôts *affectent les travailleurs pauvres* , ils seront presque entièrement payés par le diminution des profits du capital, une petite partie n'étant payée que par les ouvriers eux-mêmes dans la diminution de la demande de travail , que les impôts de toute sorte ont tendance à produire.

Cela vient du Dr. La vision erronée de Smith sur l'effet de ces impôts, selon laquelle il a été conduit à la conclusion que « les rangs moyens et supérieurs du peuple, s'ils comprenaient leur propre intérêt, devraient toujours s'opposer à tous les impôts sur les choses nécessaires à la vie, ainsi que comme tous les impôts directs sur les salaires du travail . Cette conclusion découle de son raisonnement, « que le paiement final de l'un et de l'autre incombe entièrement à eux-mêmes, et toujours avec un surcoût considérable. Ils pèsent le plus lourdement sur les propriétaires, qui paient toujours à double titre ; par la réduction de leur rente, et dans celui des riches consommateurs, par l'augmentation de leurs dépenses. L'observation de Sir Matthew Decker, que certains impôts sont dans le prix de certaines marchandises, parfois répétées et accumulées quatre ou cinq fois, est parfaitement juste en ce qui concerne les impôts sur les choses nécessaires à la vie. Dans le prix du cuir, par exemple, vous devez payer, non seulement l'impôt sur le cuir de vos propres chaussures, mais une partie de celui-ci sur ceux du cordonnier et du tanneur. Vous devrez aussi payer l'impôt sur le sel, sur le savon et sur les bougies, que ces ouvriers consomment pendant qu'ils sont employés à votre service, et l'impôt sur le cuir, que le saunier, le savonnier, , et le fabricant de bougies consomme pendant qu'il est employé à leur service.

Maintenant, comme le Dr. Smith ne prétend pas que le tanneur, le saunier, le savonnier et le fabricant de bougies bénéficieront tous deux de la taxe sur le cuir, le sel, le savon et les bougies ; et comme il est certain que le gouvernement ne recevra pas plus que l'impôt imposé, il est impossible de concevoir que le public puisse payer davantage, quel que soit le bénéficiaire de l'impôt. Les consommateurs riches peuvent payer, et paieront effectivement pour le consommateur pauvre, mais ils ne paieront pas plus que le montant total de l'impôt ; et il n'est pas dans la nature des choses que « l'impôt soit répété et accumulé quatre ou cinq fois ».

Un système de taxation peut être défectueux ; Il est possible de récolter davantage auprès du peuple que ce qui entre dans les coffres de l'État, car une partie, en raison de son effet sur les prix, peut éventuellement être reçue par ceux qui bénéficient du mode particulier selon lequel les impôts sont imposés. . De tels impôts sont pernicieux et ne devraient pas être encouragés ; car on peut poser comme principe que lorsque les impôts fonctionnent équitablement, ils se conforment au premier article du Dr. Les maximes de Smith, et du peuple le moins possible, s'élèvent au-delà de ce qui entre dans le trésor public de l'État. M. Say dit : « D'autres offrent des plans de finances et proposent des moyens pour remplir les coffres du souverain, sans aucune charge pour ses sujets. Mais à moins qu'un plan de finances ne soit de la nature d'une entreprise commerciale, il ne peut donner au gouvernement plus de moyens. qu'il n'enlève, soit aux individus, soit au gouvernement lui-même, sous une autre forme. Quelque chose ne peut pas être fait à partir de rien, d'un coup de baguette. De quelque manière qu'une opération puisse être déguisée, quelles que soient les formes sous lesquelles nous pouvons contraindre une valeur prendre, quelle que soit la métamorphose qu'on lui fasse subir, on ne peut avoir de valeur qu'en la créant, ou en la prenant aux autres. Le meilleur de tous les plans de finance est de dépenser peu, et le meilleur de tous les impôts est de ne pas dépenser beaucoup d'argent. qui est le montant le plus faible.

Dr. Smith soutient uniformément, et je pense à juste titre, que les classes laborieuses ne peuvent pas contribuer matériellement aux fardeaux de l'État. Un impôt sur les produits de première nécessité, ou sur les salaires, sera donc transféré des pauvres vers les riches : si c'est le cas, la signification du Dr. Smith est que « certains impôts sont dans le prix de certains biens parfois répétés et accumulés quatre ou cinq fois », dans le seul but d'atteindre ce but, à savoir le transfert de l'impôt des pauvres aux riches, ils ne peuvent pas le faire. être passible de censure à ce titre.

Supposons que la juste part des impôts d'un consommateur riche soit de 100 *l*. , et qu'il le paierait directement, si l'impôt était établi sur le revenu, sur le vin ou sur tout autre luxe, il ne subirait aucun préjudice si, par l'imposition des choses nécessaires, il n'était appelé qu'au paiement de 25 *l*. , en ce qui concerne sa propre consommation des produits de première nécessité et celle de sa famille, mais serait tenu de répéter cet impôt trois fois, en payant un prix supplémentaire pour d'autres produits afin de rémunérer les ouvriers ou leurs employeurs pour l' impôt qui ils ont été appelés à avancer. Même dans ce cas, le raisonnement n'est pas concluant : car s'il n'y a pas de paiement supérieur à ce qui est exigé par le gouvernement ; Quelle importance peut avoir pour le consommateur riche, qu'il paie l'impôt directement, en payant un prix plus élevé pour un objet de luxe, ou indirectement, en payant un prix plus élevé pour les produits de première nécessité et les autres marchandises qu'il consomme ? Si le peuple ne paie pas plus que ce que reçoit le gouvernement, le consommateur riche ne paiera que sa part équitable ; si un montant plus élevé est payé, Adam Smith aurait dû indiquer par qui il est reçu.

M. Say ne me paraît pas avoir suivi avec constance le principe évident que j'ai cité dans son habile ouvrage ; car à la page suivante, parlant de l'impôt, il dit : « Quand on le pousse trop loin, il produit cet effet lamentable, il prive le contributeur d'une partie de ses richesses, sans enrichir l'État. C'est ce qu'on peut comprendre, si l'on considère que la puissance de consommation de tout homme, qu'elle soit productive ou non, est limitée par son revenu, il ne peut alors être privé d'une partie de son revenu, sans être obligé de réduire proportionnellement sa consommation. des biens qu'il ne consomme plus, et particulièrement pour ceux sur lesquels l'impôt est imposé. De cette diminution de la demande, il résulte une diminution de la production, et par conséquent des marchandises imposables. Le contributeur perdra alors une partie de ses jouissances ; le producteur, une partie de ses bénéfices ; et le trésor, une partie de ses recettes. »

M. Say donne l'exemple de l'impôt sur le sel en France, avant la révolution ; Ce qui, dit-il, a diminué de moitié la production de sel. Mais si l'on consommait moins de sel, on employait moins de capital à le produire ; et par conséquent, même si le producteur obtiendrait moins de profits sur la production du sel, il obtiendrait davantage sur la production d'autres choses. Si un impôt, si onéreux soit-il, s'il frappe le revenu et non le capital, il ne diminue pas la demande, il en altère seulement la nature. Elle permet au gouvernement de consommer autant de produits de la terre et du travail du pays, qu'en consommaient auparavant les particuliers qui contribuent à l'impôt, si mon revenu est de 1 000 *l.* par an, et je suis sollicité pour 100 *l.* par an, pour un impôt, je ne pourrai exiger que les neuf dixièmes de la quantité de marchandises que j'ai consommée auparavant, mais je permets au gouvernement d'exiger l'autre dixième. Si la marchandise taxée est le maïs, il n'est pas nécessaire que ma demande de maïs diminue, car je préférerai peut-être en payer 100 *l.* par an de plus pour mon blé, et d'autant diminuer ma demande de vin, de meubles ou de tout autre luxe. Par conséquent , moins de capital sera employé dans le commerce du vin ou des tissus d'ameublement, mais davantage sera employé dans la fabrication des marchandises sur lesquelles seront dépensées les taxes levées par le gouvernement.

M. Say dit que M. Turgot, en réduisant de moitié *les droits d'entrée et de halle sur la marée* à Paris, n'a pas réduit la quantité de leurs produits, et que par conséquent la consommation des poissons le poisson doit avoir doublé. Il en déduit que les profits des pêcheurs et de ceux qui se livrent au commerce doivent aussi avoir doublé, et que le revenu du pays doit avoir augmenté du montant total de ces profits accrus ; et en stimulant l'accumulation, il a dû augmenter les ressources de l'État. [18]

Sans remettre en question la politique qui a dicté cette modification de l'impôt, il m'est permis de douter qu'elle ait donné un grand stimulant à l'accumulation. Si les profits des pêcheurs et des autres personnes engagées dans le commerce étaient doublés à la suite d'une plus grande consommation de poisson, le capital et le travail auraient dû être retirés d'autres occupations pour les engager dans ce commerce particulier. Mais dans ces professions, le capital et le travail produisaient des profits, qui devaient être abandonnés lorsqu'ils étaient retirés. La capacité d'accumulation du pays n'était accrue que par la différence entre les bénéfices obtenus dans l'entreprise dans laquelle le capital était nouvellement engagé et ceux obtenus dans celle d'où il était retiré.

Que les impôts soient prélevés sur le revenu ou sur le capital, ils diminuent les biens imposables de l'État. Si j'arrête de dépenser 100 *l.* sur le vin, car en payant une taxe de ce montant, j'ai permis au gouvernement de dépenser 100 *l*. Au lieu de le dépenser moi-même, une valeur de cent livres de marchandises est nécessairement retirée de la liste des marchandises imposables. Si le revenu des individus d'un pays est de 10 millions , ils disposeront d'au moins 10 millions de marchandises imposables. Si, en taxant certains, un million est transféré à la disposition du gouvernement, leurs revenus seront toujours nominalement de 10 millions , mais ils ne disposeront que de neuf millions de produits imposables. Il n'y a aucune circonstance dans laquelle l'impôt ne diminue les jouissances de ceux sur qui les impôts tombent en fin de compte, et aucun moyen par lequel ces jouissances peuvent à nouveau être étendues, mais l'accumulation de nouveaux revenus.

L'impôt ne pourra jamais être appliqué de manière assez égale, au point d'opérer dans la même proportion sur la valeur de toutes les marchandises, tout en les conservant à la même valeur relative. Elle opère souvent très différemment de l'intention du législateur, par ses effets indirects. Nous avons déjà vu que l'effet d'un impôt direct sur le blé et les matières premières, est, si de l'argent est également produit dans le pays, d'élever le prix de toutes les marchandises, proportionnellement à la quantité de matières premières qui entrent dans leur composition, et de détruire ainsi la relation naturelle qui existait auparavant entre eux. Un autre effet indirect est qu'il augmente les salaires et abaisse le taux des profits ; et nous avons également vu, dans une autre partie de cet ouvrage, que l'effet d'une augmentation des salaires et d'une baisse des profits est d'abaisser les prix monétaires des marchandises qui sont produites dans une plus grande mesure par l'emploi du capital fixe.

.

Qu'une denrée taxée ne puisse plus être exportée avec autant de profit, c'est une chose si bien comprise, qu'on accorde souvent une ristourne à son exportation et un droit à son importation. Si ces inconvénients et droits sont imposés avec précision, non seulement sur les marchandises elles-mêmes, mais sur tout ce qu'ils peuvent indirectement affecter, alors il n'y aura en effet aucune perturbation dans la valeur des métaux précieux. Puisque nous pourrions aussi facilement exporter une marchandise après avoir été taxée qu'auparavant, et qu'aucune facilité particulière ne serait accordée à l'importation, les métaux précieux n'entreraient pas, plus qu'avant, dans la liste des marchandises exportables.

De toutes les marchandises, aucune n'est peut-être aussi propre à l'impôt que celles qui, soit avec l'aide de la nature, soit avec l'art, sont produites avec une facilité particulière. En ce qui concerne les pays étrangers, ces marchandises peuvent être classées sous la rubrique de celles dont le prix n'est pas réglé par la quantité de travail fourni, mais plutôt par le caprice, les goûts et la puissance des acheteurs. Si l'Angleterre possédait des mines d'étain plus productives que les autres pays, ou si, grâce à des machines ou un combustible supérieurs, elle disposait de facilités particulières pour fabriquer des articles en coton, les prix de l'étain et des articles en coton seraient toujours réglementés en Angleterre par la quantité relative de travail et de capital . il faudrait les produire, et la concurrence de nos marchands ne les rendrait guère plus chères au consommateur étranger. Notre avantage dans la production de ces marchandises pourrait être tel qu'elles pourraient probablement supporter un surprix très important sur le marché étranger, sans diminuer très sensiblement leur consommation. Ce prix, ils ne purent l'atteindre, tant que la concurrence était libre chez eux, par tout autre moyen que par un impôt sur leurs exportations. Cet impôt retomberait entièrement sur les consommateurs étrangers, et une partie des dépenses du gouvernement anglais serait couverte par un impôt sur la terre et le travail des autres pays. L'impôt sur le thé, qui est actuellement payé par le peuple anglais et sert à aider les dépenses du gouvernement anglais, pourrait, s'il était imposé en Chine, sur l'exportation du thé, être détourné pour payer les dépenses. du gouvernement de la Chine.

Les taxes sur les produits de luxe présentent un certain avantage par rapport aux taxes sur les produits de première nécessité. Ils sont généralement payés sur les revenus et ne diminuent donc pas le capital productif du pays. Si le prix du vin augmentait considérablement par suite de l'impôt, il est probable qu'un homme préférerait renoncer aux jouissances du vin plutôt que de faire des empiètements importants sur son capital, pour pouvoir l'acheter. Ils sont tellement identifiés au prix que le contributeur se rend à peine compte qu'il paie un impôt, mais ils ont aussi leurs inconvénients. Premièrement, ils n'atteignent jamais le capital et, dans certaines occasions extraordinaires, il peut être opportun que même le capital contribue aux besoins publics ; et deuxièmement, il n'y a aucune certitude quant au montant de l'impôt, car il peut même ne pas atteindre le revenu. Un homme désireux d'économiser s'exemptera d'un impôt sur le vin, en renonçant à en user. Les revenus du pays peuvent rester intacts, et pourtant l'État peut être incapable de récolter un shilling grâce à l'impôt.

Tout ce que l'habitude a rendu délicieux sera abandonné à contrecœur et continuera à être consommé malgré un impôt très lourd ; mais cette réticence a ses limites, et l'expérience démontre chaque jour qu'une augmentation du montant nominal de l'impôt diminue souvent le produit. Un homme continuera à boire la même quantité de vin, bien que le prix de chaque bouteille doive être augmenté de trois shillings, qui renoncerait pourtant à l'usage du vin plutôt que d'en payer quatre. Un autre se contentera de payer quatre shillings, mais refusera de payer cinq shillings. On peut en dire autant des autres taxes sur les produits de luxe : beaucoup paieraient une taxe de 5 *l.* pour le plaisir que procure un cheval, qui ne paierait pas 10 *l.* ou 20 *litres*. Ce n'est pas parce qu'ils ne peuvent pas payer plus qu'ils renoncent à l'usage du vin et des chevaux, mais parce qu'ils ne veulent pas payer plus. Chaque homme a dans son esprit un certain critère par lequel il estime la valeur de ses plaisirs, mais ce critère est aussi varié que le caractère humain. Un pays dont la situation financière est devenue extrêmement artificielle, par la politique malfaisante consistant à accumuler une dette nationale importante, et par conséquent une imposition énorme, est particulièrement exposé aux inconvénients liés à ce mode de lever des impôts. Après avoir visité avec une taxe tout le tour du luxe ; après avoir mis les chevaux, les voitures, le vin, les domestiques et toutes les autres jouissances des riches, sous contribution ; un ministre est disposé à conclure que le pays est arrivé au maximum des impôts, parce qu'en augmentant le taux, il ne peut augmenter le montant d'aucun de ces impôts. Mais cette conclusion n'aura pas toujours raison, car il est fort possible qu'un tel pays puisse supporter un très grand surcroît de fardeaux sans porter atteinte à l'intégrité de son capital.

CHAPITRE XV.

TAXES SUR D'AUTRES PRODUITS QUE LES PRODUITS BRUTS.

D' APRÈS le même principe selon lequel une taxe sur le maïs augmenterait le prix du maïs, une taxe sur n'importe quel autre produit augmenterait le prix de ce produit. Si la marchandise n'augmentait pas d'une somme égale à l'impôt, elle ne donnerait pas au producteur le même profit qu'il avait auparavant, et il déplacerait son capital vers un autre emploi.

La taxation de toutes les marchandises, qu'elles soient nécessaires ou de luxe, augmentera, tant que l'argent reste à sa valeur inchangée, leurs prix d'une somme au moins égale à l'impôt.19 Un impôt sur les produits manufacturés nécessaires au travailleur aurait le même effet . effet sur les salaires comme impôt sur le blé, qui ne diffère des autres produits de première nécessité qu'en étant le premier et le plus important de la liste ; et cela produirait exactement les mêmes effets sur les profits des capitaux et du commerce extérieur. Mais une taxe sur les produits de luxe n'aurait d'autre effet que d'en augmenter le prix. Cela incomberait entièrement au consommateur et ne pourrait ni augmenter les salaires, ni diminuer les profits.

Les impôts qui sont levés sur un pays dans le but de soutenir la guerre ou pour les dépenses ordinaires de l'État, et qui sont principalement consacrés à l'entretien des travailleurs improductifs , sont prélevés sur l'industrie productive du pays ; et toute économie qui peut être faite sur ces dépenses sera généralement ajoutée au revenu, sinon au capital des contributeurs. Quand pour les dépenses d'un an de guerre, vingt millions sont réunis au moyen d'un emprunt, ce sont ces vingt millions qui sont retirés du capital productif de la nation. Le million annuel que les impôts lèvent pour payer les intérêts de cet emprunt est simplement transféré de ceux qui le payent à ceux qui le reçoivent, du contribuable au créancier national. La vraie dépense, ce sont les vingt millions, et non les intérêts qu'il faut payer. [20] Que les intérêts soient payés ou non, le pays ne sera ni plus riche ni plus pauvre. Le gouvernement aurait pu immédiatement exiger les vingt millions sous forme d'impôts ; auquel cas il n'aurait pas été nécessaire d'augmenter les impôts annuels à hauteur d'un million. Cela n'aurait toutefois pas modifié la nature de la transaction. Un particulier au lieu d'être appelé à payer 100 *l.* par an, aurait pu être obligé de payer 2000 *l.* Une fois pour toutes, cela aurait peut-être aussi convenu à sa convenance d'emprunter plutôt ce 2000 *l.* , et payer 100 *l.* par an pour obtenir des intérêts pour le prêteur, plutôt que pour épargner la plus grande somme sur ses propres fonds. Dans un cas, il s'agit d'une transaction privée entre A et B, dans l'autre, le gouvernement garantit à B le paiement des intérêts qui seront également payés par A. Si la

transaction avait été de nature privée, aucune trace publique n'en serait tenue.
, et il serait relativement indifférent au pays que A exécute fidèlement son
contrat avec B ou conserve injustement les 100 *l.* par an en sa propre
possession. Le pays aurait un intérêt général à l'exécution fidèle d'un contrat,
mais, en ce qui concerne la richesse nationale, il n'aurait d'autre intérêt que
de savoir si A ou B rendrait ces 100 1 . la plus productive, mais sur cette
question elle n'aurait ni le droit ni la capacité de décider. Il se pourrait que si
A le conservait pour son propre usage, il le dilapide sans profit, et s'il était
payé à B, il pourrait l'ajouter à son capital et l'utiliser de manière productive.
Et l'inverse serait également possible, B pourrait le gaspiller et A pourrait
l'utiliser de manière productive. En ce qui concerne uniquement la richesse,
il pourrait être tout aussi souhaitable, voire plus, que A la paie ou non ; mais
les prétentions de justice et de bonne foi, une plus grande utilité, ne doivent
pas être obligées de céder à celles d'une moindre ; et par conséquent, si l'État
était appelé à intervenir, les tribunaux obligeraient A à exécuter son contrat.
Une dette garantie par la nation ne diffère en rien de la transaction ci-dessus.
La justice et la bonne foi exigent que les intérêts de la dette nationale
continuent à être payés, et que ceux qui ont avancé leurs capitaux pour le
bénéfice général ne soient pas tenus de renoncer à leurs créances équitables,
sous prétexte d'opportunité.

Mais indépendamment de cette considération, il n'est nullement certain que
l'utilité politique gagnerait quelque chose au sacrifice de l'intégrité politique ;
il ne s'ensuit nullement que celui qui est exonéré du paiement des intérêts de
la dette nationale l'emploierait de manière plus productive que ceux à qui elle
est incontestablement due. En annulant la dette nationale, le revenu d'un
homme pourrait passer de 1 000 *l.* à 1500 *litres.* , mais celui d'un autre homme
serait abaissé de 1500 *l.* à 1000 *l.* Les revenus de ces deux hommes s'élèvent
désormais à 2500 *l.* , ils ne représenteraient alors rien de plus. Si le but du
gouvernement était d'augmenter les impôts, il y aurait exactement le même
capital et le même revenu imposables dans un cas et dans l'autre. Ce n'est
donc pas par le paiement des intérêts de la dette nationale qu'un pays est en
difficulté, ni par l'exonération de paiement qu'il peut être soulagé. Ce n'est
qu'en économisant sur les revenus et en réduisant les dépenses que le capital
national peut être augmenté ; et ni les revenus n'augmenteraient, ni les
dépenses ne diminueraient par l'anéantissement de la dette nationale. C'est
par les dépenses abondantes du gouvernement et des particuliers, et par les
emprunts, qu'un pays s'appauvrit ; toute mesure destinée à promouvoir
l'économie publique et privée soulagera donc la détresse publique ; mais c'est
une erreur et une illusion de supposer qu'une véritable difficulté nationale
peut être éliminée, en la déplaçant des épaules d'une classe de la communauté,
qui devrait justement la supporter, vers les épaules d'une autre classe, qui,
selon tous les principes de les capitaux propres ne devraient pas supporter
plus que leur part. De ce que j'ai dit, il ne faut pas conclure que je considère

le système de l'emprunt comme le mieux propre à subvenir aux dépenses extraordinaires de l'État. C'est un système qui tend à nous rendre moins économes, à nous aveugler sur notre situation réelle. Si les dépenses d'une guerre étaient de 40 millions par an, et que la part qu'un homme devrait contribuer à cette dépense annuelle était de 100 *l.* , il s'efforcerait , aussitôt sollicité pour sa part, d'économiser rapidement les 100 *l.* de ses revenus. Par le système des prêts , il est appelé à payer uniquement les intérêts de ces 100 *l.* , ou 5 *litres.* par an, et estime qu'il en fait assez en économisant ces 5 *l.* de ses dépenses, puis se fait des illusions en croyant qu'il est aussi riche qu'avant. La nation entière, en raisonnant et en agissant de cette manière, n'économise que les intérêts de 40 millions ou deux millions ; et ils perdent ainsi non seulement tous les intérêts ou profits que fourniraient 40 millions de capitaux employés productivement, mais encore 38 millions , la différence entre leurs épargnes et leurs dépenses. Si, comme je l'ai observé précédemment, chacun devait faire son propre emprunt et contribuer pleinement aux besoins de l'État, dès que la guerre cesserait, les impôts cesseraient et nous tomberions immédiatement dans un état naturel de prix. . Sur ses fonds privés, A pourrait être amené à payer à B des intérêts sur l'argent qu'il lui a emprunté pendant la guerre, pour lui permettre de payer sa quote-part de dépense ; mais avec cela, la nation n'aurait aucun souci. Un pays qui a accumulé une dette importante se trouve placé dans une situation des plus artificielles ; et bien que le montant des impôts et l'augmentation du prix du travail ne puissent pas, et je crois, ne le placer dans aucun autre désavantage par rapport aux pays étrangers, sauf celui inévitable du paiement de ces impôts, cela devient néanmoins l'intérêt du à chaque contributeur de retirer son épaule du fardeau, et de transférer ce paiement de lui-même à un autre ; et la tentation de se déplacer avec sa capitale dans un autre pays, où il sera exempté de telles naissances, devient enfin irrésistible et surmonte la réticence naturelle qu'éprouve tout homme à quitter le lieu de sa naissance et le lieu de ses débuts. les associations. Un pays qui s'est impliqué dans les difficultés liées à ce système artificiel agirait sagement en s'en rachetant, au prix du sacrifice de toute partie de ses biens qui pourrait être nécessaire au remboursement de sa dette. Ce qui est sage chez un individu l'est également dans une nation. Un homme qui possède 10 000 *l.* , en lui versant un revenu de 500 *l.* , dont il doit payer 100 *l.* par an pour les intérêts de la dette, ne vaut en réalité que 8 000 *l.* , et serait tout aussi riche s'il continuait à payer 100 *l.* par an, ou en une seule fois, et pour une seule fois, sacrifié 2000 *l.* Mais où, se demande-t-on, serait l'acquéreur du bien qu'il doit vendre pour obtenir ces 2000 *l.* ? La réponse est claire : le créancier national, qui doit recevoir ces 2 000 *l.* , voudra un placement pour son argent, et sera disposé soit à le prêter au propriétaire foncier ou au fabricant, soit à leur acheter une partie des biens dont ils ont à disposer. Les actionnaires eux-mêmes y contribueraient largement. Un tel projet a été souvent recommandé, mais nous n'avons, je le crains, ni assez de sagesse, ni assez de vertu pour l'adopter. Il faut cependant admettre qu'en temps de paix, nos efforts incessants doivent être dirigés vers le remboursement de la partie de la dette contractée pendant la guerre ; et qu'aucune tentation de soulagement, aucun désir d'échapper au présent, et j'espère des détresses temporaires, ne devraient nous inciter à relâcher notre attention sur ce grand objet. Aucun fonds d'amortissement ne peut être efficace pour réduire la dette, s'il ne provient pas de l'excédent des recettes publiques sur les dépenses publiques. Il est regrettable que le fonds d'amortissement de ce pays n'en ait que le nom ; car il n'y a pas d'excédent de recettes sur les dépenses. Il faudrait qu'il devienne, par économie, ce qu'on prétend être, un fonds réellement efficace pour le paiement de la dette. Si, au moment du déclenchement d'une guerre future, nous n'avons pas réduit considérablement notre dette, l'une des deux choses suivantes doit se produire : ou bien toutes les dépenses de cette guerre doivent être couvertes par des augmentations d'année en année, ou bien nous devons, à chaque fois, la fin de cette guerre, sinon avant, se soumettre à une faillite nationale ; non pas que nous soyons incapables de supporter des ajouts importants à la dette ; il serait difficile de fixer des limites aux pouvoirs d'une grande nation ; mais il y a assurément des limites au prix que, sous la forme d'impôts perpétuels, les individus se soumettront à payer pour le simple privilège de vivre dans leur pays natal.

Lorsqu'un produit est vendu à un prix de monopole, il s'agit du prix le plus élevé auquel les consommateurs sont prêts à l'acheter. Les marchandises sont seulement à un prix de monopole, quand leur quantité ne peut être augmentée par aucun moyen possible ; et alors, la concurrence est entièrement d'un côté : parmi les acheteurs. Le prix de monopole d'une période peut être bien inférieur ou supérieur au prix de monopole d'une autre période, parce que la concurrence entre les acheteurs doit dépendre de leur richesse, de leurs goûts et de leurs caprices. Ces vins particuliers, qui sont produits en quantité très limitée, et ces œuvres d'art qui, par leur excellence ou leur rareté, ont acquis une valeur fantaisiste, seront échangées contre une quantité très différente du produit du travail ordinaire, selon la société . est riche ou pauvre, selon qu'il possède une abondance ou une rareté de ces produits, ou qu'il peut être dans un état grossier ou poli. La valeur échangeable d'une marchandise qui est à un prix de monopole n'est donc pas régulée par le coût de production.

Les produits bruts ne sont pas à un prix de monopole, car le prix du marché de l'orge et du blé est tout autant régulé par leur coût de production que le prix du marché du tissu et du lin. La seule différence est qu'une partie du capital employé dans l'agriculture règle le prix du blé, c'est-à-dire la partie qui ne paie pas de rente ; tandis que, dans la production des marchandises manufacturées, chaque portion du capital est employée avec les mêmes résultats ; et comme aucune portion ne paie de rente, chaque portion est également un régulateur de prix : le blé et les autres produits bruts peuvent également être augmentés en quantité par l'emploi de plus de capital sur la terre, et par conséquent ils ne sont pas à un prix de monopole. Il existe une concurrence entre les vendeurs et entre les acheteurs. Il n'en est pas de même dans la production de ces vins rares et de ces précieux spécimens d'art dont nous avons parlé ; leur quantité ne peut être augmentée, et leur prix n'est limité que par l'étendue du pouvoir et de la volonté des acheteurs. Le fermage de ces vignobles pourra être augmenté au-delà de toutes limites modérément cessibles, car aucune autre terre ne pouvant produire de pareils vins, aucune ne peut leur faire concurrence.

Le blé et les produits bruts d'un pays peuvent en effet être vendus pendant un certain temps à un prix de monopole ; mais ils ne pourront le faire de manière permanente que lorsque plus aucun capital ne pourra être employé avec profit sur les terres et que, par conséquent, leur production ne pourra être augmentée. A ce moment-là, chaque portion de terre en culture et chaque portion de capital employée sur la terre rapportera une rente, différente en effet en proportion de la différence du rendement. Dans ce cas également, tout impôt qui pourrait être imposé à l'agriculteur tomberait sur le loyer et non sur le consommateur. Il ne peut pas augmenter le prix de son blé, parce que, par hypothèse, il est déjà au prix le plus élevé auquel les acheteurs voudront ou pourront l'acheter. Il ne se contentera pas d'un taux de profit inférieur à celui obtenu par les autres capitalistes et, par conséquent, sa seule alternative sera d'obtenir une réduction de rente ou de quitter son emploi.

M. Buchanan considère le maïs et les produits bruts comme étant à un prix de monopole, parce qu'ils rapportent une rente : il suppose que toutes les marchandises qui rapportent une rente doivent être à un prix de monopole ; puis il en déduit que tous les impôts sur les produits bruts tomberaient sur le propriétaire et non sur le consommateur. « Le prix du blé, dit-il, qui rapporte toujours une rente, n'étant en aucune manière influencé par les dépenses de sa production, ces dépenses doivent être payées sur la rente ; et lorsqu'elles montent ou descendent, par conséquent, la conséquence n'est pas un prix plus élevé ou plus bas, mais une rente plus ou moins élevée. Dans cette conception, tous les impôts sur les domestiques, les chevaux ou les instruments agricoles sont en réalité des impôts fonciers ; le fardeau qui pèse sur le fermier pendant la période de l'année. de son bail, et sur le propriétaire, lorsque le bail vient à être renouvelé. De la même manière, tous ces aménagements agricoles améliorés qui économisent des dépenses au fermier, tels que les machines à battre et à récolter, tout ce qui lui donne un accès plus facile au marché. , tels que de bonnes routes, canaux et ponts, bien qu'ils diminuent le coût initial du maïs, ne diminuent pas son prix de marché. Tout ce qui est économisé grâce à ces améliorations appartient donc au propriétaire comme partie de son loyer.

Il est évident que si nous cédons à M. Buchanan la base sur laquelle son argument est construit, à savoir que le prix du blé rapporte toujours une rente, toutes les conséquences qu'il soutient s'ensuivraient naturellement. Les impôts sur l'agriculteur ne pèseraient alors pas sur le consommateur mais sur le loyer ; et toutes les améliorations dans l'agriculture augmenteraient la rente : mais j'espère avoir fait suffisamment comprendre que jusqu'à ce qu'un pays soit cultivé dans toutes ses parties, et jusqu'au plus haut degré, il y a toujours une partie du capital employée sur la terre qui ne rapporte rien. la rente, et que c'est cette portion du capital, dont le résultat, comme dans les manufactures, est partagé entre les profits et les salaires, qui règle le prix du blé. Le prix du blé donc, qui ne rapporte pas de rente, étant influencé par les dépenses de sa production, ces dépenses ne peuvent être payées avec la rente : la conséquence donc de l'augmentation de ces dépenses est un prix plus élevé et non une rente plus basse. [21]

Il est remarquable qu'Adam Smith et M. Buchanan, qui sont entièrement d'accord sur le fait que les impôts sur les produits bruts, l'impôt foncier et les dîmes, frappent tous la rente foncière et non les consommateurs de produits bruts, admettent néanmoins que les impôts sur le malt pèseraient sur le consommateur de bière et non sur le loyer du propriétaire. L'argument d'Adam Smith expose si bien l'opinion que je prends au sujet de l'impôt sur le malt et de toute autre taxe sur les produits bruts, que je ne peux m'empêcher de le présenter à l'attention du lecteur.

« La rente et les profits des terres d'orge doivent toujours être à peu près égaux à ceux d'autres terres également fertiles et également bien cultivées. S'ils étaient inférieurs, une partie des terres d'orge serait bientôt affectée à un autre usage ; et s'ils étaient De plus grandes terres seraient bientôt consacrées à la culture de l'orge. Lorsque le prix ordinaire d'un produit particulier de la terre est à ce qu'on peut appeler un prix de monopole, un impôt sur ce produit réduit nécessairement la rente et le profit de la terre qui [pousse] . Un impôt sur le produit de ces précieuses vignes, dont le vin est tellement en deçà de la demande effective, que son prix est toujours au-dessus de la proportion naturelle avec celui d'autres terres également fertiles et également bien cultivées, réduirait nécessairement la rente et le profit de ces vignes. Le prix des vins étant déjà le plus élevé qu'on puisse obtenir pour la quantité communément envoyée au marché, on ne pouvait l'élever plus haut sans diminuer cette quantité, et on ne pouvait diminuer cette quantité sans [encore] une perte plus grande, parce que les terres ne pouvaient être utilisées pour produire d'autres produits de même valeur. Tout le poids de l'impôt retomberait donc sur la rente et le profit ; [23] proprement sur le *fermage* de la vigne. » « Mais le prix ordinaire de l'orge n'a jamais été un prix de monopole

; et la rente et le profit des terres d'orge n'ont jamais été au-dessus de leur proportion naturelle avec ceux d'autres terres également fertiles et également bien cultivées. Les diverses taxes qui ont été imposées sur le malt, la bière et la bière *n'ont jamais fait baisser le prix de l'orge* ; n'ont jamais réduit le loyer et le profit des terres cultivées en orge. Le prix du malt pour le brasseur a constamment augmenté en proportion des taxes qui lui étaient imposées ; et ces taxes, ainsi que les différents droits sur la bière et la bière, ont constamment soit augmenté le prix, soit, ce qui revient au même, réduit la qualité de ces marchandises pour le consommateur. Le paiement final de ces taxes incombe constamment au consommateur et non au producteur. » Sur ce passage, M. Buchanan remarque : « Un droit sur le malt ne pourrait jamais réduire le prix de l'orge, car, à moins de pouvoir en tirer autant l'orge en la maltant car en la vendant non maltée , la quantité nécessaire ne serait pas mise sur le marché. Il est donc clair que le prix du malt doit augmenter proportionnellement à l'impôt qui lui est imposé, car autrement la demande ne pourrait être satisfaite. Mais le prix de l'orge est tout autant un prix de monopole que celui du sucre ; ils rapportent tous deux une rente, et le prix du marché des deux a également perdu tout lien avec le coût initial. »

Il semble donc que M. Buchanan soit d'avis qu'une taxe sur le malt ferait monter le prix du malt, mais qu'une taxe sur l'orge à partir de laquelle le malt est fait ne ferait pas monter le prix de l'orge ; et donc, si le malt est taxé, la taxe sera payée par le consommateur ; si l'orge est taxée, elle sera payée par le propriétaire, car il recevra une rente diminuée. D'après M. Buchanan donc, l'orge est à un prix de monopole, au plus haut prix que les acheteurs sont prêts à donner pour elle ; mais le malt d'orge n'est pas à un prix de monopole, et par conséquent il peut être élevé en proportion des impôts qu'on peut y imposer. Cette opinion de M. Buchanan sur les effets d'une taxe sur le malt me paraît être en contradiction directe avec l'opinion qu'il a donnée d'une taxe similaire, une taxe sur le pain. "Une taxe sur le pain sera en fin de compte payée, non pas par une hausse du prix, mais par une réduction du loyer." [24] Si une taxe sur le malt devait faire monter le prix de la bière, une taxe sur le pain devrait faire monter le prix du pain.

L'argument suivant de M. Say est basé sur les mêmes vues que celui de M. Buchanan : « La quantité de vin ou de blé qu'un terrain produira, restera à peu près la même, quel que soit l'impôt dont il est frappé. L'impôt peut lui enlever la moitié, et même les trois quarts de son produit net, ou de sa rente s'il vous plaît, et pourtant la terre serait néanmoins cultivée pour la moitié ou le quart non absorbé par l'impôt. la part du propriétaire, par exemple, serait simplement un peu inférieure. On comprendra la raison de cela si l'on considère que, dans le cas supposé, la quantité de produits tirés de la terre et envoyés au marché restera néanmoins la même. D'un autre côté , les motifs sur lesquels est fondée la demande du produit restent également les mêmes.

« Or, si la quantité des produits fournis et la quantité demandée restent nécessairement les mêmes, malgré l'établissement ou l'augmentation de l'impôt, le prix de ces produits ne variera pas ; et si le prix ne varie pas, le consommateur ne payez pas la moindre partie de cet impôt.

"Dira-t-on que le fermier, celui qui fournit le travail et le capital, supportera conjointement avec le propriétaire foncier le fardeau de cet impôt ? certainement pas, parce que la circonstance ou l'impôt n'a pas diminué le nombre des fermes à louer, ni augmenté le nombre d'agriculteurs. Puisque dans ce cas aussi l'offre et la demande restent les mêmes, le loyer des fermes doit aussi rester le même. L'exemple du fabricant de sel, qui ne peut faire payer aux consommateurs qu'une partie de l'impôt , et celle du propriétaire qui ne peut se rembourser le moins du monde, prouvent l'erreur de ceux qui soutiennent, à l'encontre des économistes, que tous les impôts tombent en fin de compte sur le consommateur. "-Vol. ii. p. 338.

Si l'impôt « enlevait la moitié, ou même les trois quarts du produit net de la terre », et que le prix des produits n'augmentait pas, comment ces agriculteurs pourraient-ils obtenir les bénéfices habituels d'un bétail qui payait des rentes très modérées, ayant cette qualité ? d'une terre qui exigeait une proportion de travail bien plus grande pour obtenir un résultat donné, qu'une terre d'une qualité plus fertile ? Si la totalité de la rente leur était remise, ils obtiendraient encore des profits inférieurs à ceux des autres métiers, et ne continueraient donc pas à cultiver leur terre, à moins qu'ils ne puissent en augmenter le prix. Si l'impôt tombait sur les agriculteurs, il y aurait moins d'agriculteurs disposés à louer des fermes ; si cela tombait sur le propriétaire, beaucoup de fermes ne seraient pas louées du tout, car elles ne pourraient pas payer de fermage. Mais sur quel fonds paieraient-ils l'impôt ceux qui produisent du blé sans payer de fermage ? Il est clair que la taxe doit retomber sur le consommateur. Comment de telles terres, comme le décrit M. Say dans le passage suivant, paieraient-elles un impôt de la moitié ou des trois quarts de leur produit ?

« Nous voyons en Ecosse des terres pauvres ainsi cultivées par le propriétaire, et qui ne pourraient l'être par personne d'autre. Ainsi aussi nous voyons dans les provinces intérieures des États-Unis des terres vastes et fertiles, dont le revenu seul ne suffirait pas pour l'entretien du propriétaire. Ces terres sont néanmoins cultivées, mais cela doit être par le propriétaire lui-même, ou, en d'autres termes, il doit ajouter à la rente, qui est peu ou rien, pour lui permettre les profits de son capital et de son industrie. Il est bien connu que la terre, bien que cultivée, ne rapporte aucun revenu au propriétaire quand aucun cultivateur n'est disposé à payer un fermage pour l'acquérir : ce qui est une preuve qu'une telle terre ne rapportera que les profits du capital et de l'industrie nécessaire à sa culture. "- *Say* , Vol. ii. p. 127.

CHAPITRE XVI.

Mauvais taux.

NOUS AVONS vu que les impôts sur les produits bruts et sur les bénéfices des agriculteurs retomberont sur le consommateur de produits bruts ; car, à moins qu'il n'ait le pouvoir de se rémunérer par une augmentation de prix, l'impôt réduirait ses profits au-dessous du niveau général des profits et l'inciterait à déplacer son capital vers un autre commerce. Nous avons vu aussi qu'il ne pouvait pas, en le déduisant de son loyer, transférer l'impôt à son propriétaire ; parce que le fermier qui ne payait pas de fermage serait, au même titre que le cultivateur de meilleures terres, soumis à l'impôt, qu'il soit imposé sur les produits bruts ou sur les bénéfices du fermier. J'ai également tenté de montrer que si un impôt était général et affectait également tous les profits, qu'ils soient manufacturiers ou agricoles, il n'agirait ni sur le prix des marchandises ni sur les produits bruts, mais serait immédiatement et finalement payé. par les producteurs. On a observé qu'un impôt sur le loyer ne tomberait que sur le propriétaire et ne pourrait en aucun cas être transféré au locataire.

Le taux des pauvres est un impôt qui participe de la nature de tous ces impôts, et qui, dans des circonstances différentes, frappe le consommateur de produits bruts et de marchandises, les bénéfices des capitaux et le fermage des terres. Il s'agit d'un impôt qui frappe d'une manière particulière les bénéfices de l'agriculteur et qui, par conséquent, peut être considéré comme affectant le prix des produits bruts. Selon la mesure dans laquelle il pèsera également sur les bénéfices manufacturiers et agricoles, ce sera un impôt général sur les bénéfices des capitaux, et ne causera aucune altération dans le prix des produits bruts et des produits manufacturés. Dans la mesure où le fermier ne pourra pas se rémunérer, en élevant le prix des produits bruts, pour la partie de l'impôt qui l'affecte particulièrement, ce sera un impôt sur le fermage, et sera payé par le propriétaire. Pour connaître donc le fonctionnement du taux des pauvres à un moment donné, nous devons nous assurer si, à ce moment-là, il affecte dans une mesure égale ou inégale les profits du fermier et du fabricant ; et aussi si les circonstances sont telles qu'elles donnent au fermier le pouvoir d'augmenter le prix des produits bruts. On prétend que les impôts des pauvres sont imposés au fermier proportionnellement à sa rente ; et en conséquence, le fermier qui paie un loyer très faible, ou pas de loyer du tout, ne devrait payer que peu ou pas d'impôt. Si cela était vrai, les faibles taux, dans la mesure où ils sont payés par la classe agricole, retomberaient entièrement sur le propriétaire. , et ne pouvait pas être transféré au consommateur de produits bruts. Mais je crois que ce n'est pas vrai ; le taux des pauvres n'est pas prélevé en fonction du fermage qu'un agriculteur paie effectivement à son propriétaire ; elle est proportionnelle à la valeur annuelle de son terrain, que cette valeur annuelle lui soit donnée par le capital du propriétaire ou du locataire.

Si deux agriculteurs louent des terres de deux qualités différentes dans la même paroisse, celui-ci paie un loyer de 100 *l.* par an pour 50 acres des terres les plus fertiles, et l'autre la même somme de 100 *l.* pour 1 000 acres de terre la moins fertile, ils paieraient le même montant de misère, si aucun d'eux ne tentait d'améliorer la terre ; mais si le fermier d'une terre pauvre, présumant d'un bail à très longue durée, était incité à de grands frais à améliorer les capacités productives de sa terre, en fumant, en drainant, en clôturant, etc., il contribuerait aux pauvres revenus, non pas proportionnellement au loyer réel payé au propriétaire, mais à la valeur annuelle réelle du terrain. Le taux peut être égal ou supérieur au loyer ; mais que ce soit le cas ou non, aucune partie de ce tarif ne serait payée par le propriétaire. Il aurait été préalablement calculé par le locataire ; et si le prix des produits n'était pas suffisant pour le compenser de toutes ses dépenses, ainsi que de cette charge supplémentaire pour les faibles tarifs, ses améliorations n'auraient pas été entreprises. Il est donc évident que la taxe dans ce cas est payée par le consommateur ; car s'il n'y avait pas eu de taux, les mêmes améliorations auraient été entreprises, et le taux de profit habituel et général aurait été obtenu sur le capital employé, avec un prix du blé plus bas.

Cela n'aurait pas non plus la moindre différence dans cette question si le propriétaire avait procédé lui-même à ces améliorations et avait en conséquence augmenté son loyer de 100 *l.* à 500 *l.* ; le tarif serait également facturé au consommateur ; car s'il dépenserait une grosse somme d'argent pour sa terre, cela dépendrait de la rente, ou de ce qu'on appelle la rente, qu'il recevrait en rémunération de celle-ci ; et cela encore dépendrait de la condition que le prix du blé, ou d'autres produits bruts, soit suffisamment élevé non seulement pour couvrir cette rente supplémentaire, mais aussi pour couvrir le taux auquel la terre serait assujettie. Mais si en même temps tout le capital manufacturier contribuait aux taux de pauvreté, dans la même proportion que le capital dépensé par l'agriculteur ou le propriétaire foncier pour améliorer la terre, alors il ne s'agirait plus d'un impôt partiel sur les bénéfices de l'agriculteur ou du propriétaire foncier. capital, mais un impôt sur le capital de tous les producteurs ; elle ne pouvait donc plus être transférée ni au consommateur de produits bruts, ni au propriétaire foncier. Les profits de l'agriculteur ne ressentiraient pas plus l'effet du taux que ceux du fabricant ; et le premier ne pouvait, pas plus que le second, l'invoquer pour justifier une hausse du prix de sa marchandise. Ce n'est pas la diminution absolue, mais la diminution relative des profits, qui empêche le capital d'être employé dans un commerce particulier : c'est la différence de profit qui envoie le capital d'un emploi à un autre.

Il faut reconnaître cependant que, dans l'état actuel des impôts pauvres, une somme bien plus grande revient au fermier qu'au fabricant, en proportion de leurs profits respectifs ; le fermier étant évalué d'après les productions réelles qu'il obtient, le fabricant seulement d'après la valeur des bâtiments dans lesquels il travaille, sans aucun égard à la valeur des machines, du travail ou du capital qu'il peut employer . Il résulte de cette circonstance que le fermier pourra augmenter le prix de ses produits de toute cette différence. Car, comme l'impôt frappe inégalement et particulièrement sur ses profits, il aurait moins de raisons de consacrer son capital au pays que de l'employer à quelque autre commerce, à moins que le prix des produits bruts ne soit augmenté. Si au contraire le taux était tombé avec plus de poids sur le fabricant que sur le fermier, il aurait pu augmenter le prix de ses marchandises du montant de la différence, pour la même raison que le fermier, dans des circonstances similaires , pourrait augmenter le prix des produits bruts. Par conséquent, dans une société qui étend son agriculture, lorsque les impôts sur les terres baissent avec un poids particulier sur la terre, ils seront payés en partie par les employeurs du capital, sous la forme d'une diminution des profits des capitaux, et en partie par le consommateur de produits bruts, sous la forme d'une diminution des profits des capitaux. son prix augmenté. Dans un tel état de choses, l'impôt peut, dans certaines circonstances, être encore plus avantageux que préjudiciable aux propriétaires fonciers ; car si l'impôt payé par le cultivateur des terres les plus mauvaises est plus élevé en proportion de la quantité de produit obtenu, que celui payé par les agriculteurs des terres les plus fertiles, la hausse du prix du blé, qui s'étendra à tous les blés. , fera plus que compenser ces derniers pour la taxe. Cet avantage leur restera pendant la durée de leurs baux, mais il sera ensuite transféré à leurs propriétaires. Ce serait alors l'effet des faibles taux d'intérêt dans une société en progrès ; mais dans un pays stationnaire ou rétrograde, dans la mesure où le capital ne peut être retiré de la terre, si un taux supplémentaire était levé pour l'entretien des pauvres, la partie qui reviendrait à l'agriculture serait payée pendant la période de transition. les baux actuels, par les agriculteurs, mais à l'expiration de ces baux, cela reviendrait presque entièrement aux propriétaires. Le fermier qui, pendant son ancien bail, aurait dépensé son capital à améliorer sa terre, si celle-ci était encore entre ses mains, serait taxé à ce nouvel impôt d'après la nouvelle valeur que la terre aurait acquise par son amélioration, et ce montant qu'il serait obligé de payer pendant son bail, bien que ses bénéfices pourraient ainsi être réduits au-dessous du taux général des bénéfices ; car le capital qu'il a dépensé peut être tellement incorporé à la terre qu'il ne peut en être retiré. Si en effet lui, ou son propriétaire (si c'était lui qui l'avait dépensé) pouvait retirer ce capital et réduire ainsi la valeur annuelle de la terre, le taux diminuerait proportionnellement, et comme le produit serait en même temps diminué, son prix augmenterait ; il serait compensé de l'impôt, en le facturant au consommateur, et aucune partie ne reviendrait au loyer ; mais cela est impossible, au moins pour une certaine proportion du capital, et par conséquent, dans cette proportion, l'impôt sera payé par les fermiers pendant la durée de leurs baux, et par les propriétaires fonciers à leur expiration. Cet impôt supplémentaire, dans la mesure où il pèserait inégalement sur les fabricants, s'ajouterait alors au prix de leurs marchandises ; car il ne peut y avoir aucune raison pour que leurs profits soient réduits au-dessous du taux général des profits, alors que leurs capitaux pourraient être facilement transférés vers l'agriculture. [25]

CHAPITRE XVII.

SUR LES CHANGEMENTS SOUDAINS DANS LES CANAUX DU COMMERCE.

UN GRAND pays manufacturier est particulièrement exposé aux revers et aux imprévus temporaires, produits par le déplacement du capital d'un emploi à un autre. Les demandes de produits agricoles sont uniformes, elles ne sont pas sous l'influence de la mode, des préjugés ou du caprice. Pour maintenir la vie, la nourriture est nécessaire, et la demande alimentaire doit se poursuivre à toutes les époques et dans tous les pays. Il en va autrement avec les manufactures ; la demande d'un produit manufacturé particulier est soumise non seulement aux besoins, mais aussi aux goûts et aux caprices des acheteurs. Un nouvel impôt peut également détruire l'avantage comparatif qu'un pays possédait auparavant dans la fabrication d'un produit particulier ; ou bien les effets de la guerre peuvent augmenter tellement le fret et l'assurance de son transport, qu'il ne peut plus entrer en concurrence avec la fabrication nationale du pays vers lequel il était précédemment exporté. Dans tous ces cas, ceux qui sont engagés dans la fabrication de ces marchandises connaîtront une détresse considérable et sans aucun doute certaines pertes ; et cela se fera sentir non seulement au moment du changement, mais pendant tout l'intervalle pendant lequel ils déplacent leurs capitaux et la main-d'œuvre qu'ils peuvent commander, d'un emploi à un autre.

Les difficultés ne seront pas ressenties uniquement dans le pays d'où proviennent ces difficultés, mais dans les pays vers lesquels ses produits étaient auparavant exportés. Aucun pays ne peut importer longtemps s'il n'exporte également, ni exporter s'il n'importe également. Si donc une circonstance survenait qui empêchait définitivement un pays d'importer la quantité habituelle de marchandises étrangères, cela diminuerait nécessairement la fabrication de certaines de ces marchandises qui étaient habituellement exportées ; et bien que la valeur totale des productions du pays ne soit probablement que peu modifiée, puisque le même capital sera employé, elles ne seront cependant pas également abondantes et bon marché ; et une détresse considérable sera ressentie par le changement d'emploi. Si par l'emploi de 10 000 *l.* dans la fabrication de cotonnades destinées à l'exportation, nous importions annuellement 3000 paires de bas de soie d'une valeur de 2000 *l.* , et par l'interruption du commerce extérieur nous serions obligés de retirer ce capital de la fabrication du coton, et de l'employer nous-mêmes à la fabrication des bas, nous obtiendrons encore des bas d'une valeur de 2000 l. à condition qu'aucune partie de la capitale ne soit détruite ; mais au lieu d'avoir 3 000 paires, nous pourrions n'en avoir que 2 500. En transférant les capitaux du commerce du coton vers le commerce du stockage, on pourrait éprouver de grandes difficultés, mais cela ne diminuerait pas considérablement la valeur de la propriété nationale, bien que cela puisse diminuer la quantité de nos productions annuelles.

Le commencement d'une guerre après une longue paix, ou d'une paix après une longue guerre, produit généralement des difficultés considérables dans le commerce. Elle change dans une grande mesure la nature des emplois auxquels se consacraient auparavant les capitales respectives des pays ; et pendant qu'ils s'installent dans les situations que les nouvelles circonstances ont rendues les plus bénéfiques, une grande partie du capital fixe est au chômage, peut-être complètement perdue, et les ouvriers sont privés du plein emploi. La durée de cette détresse sera plus ou moins longue selon la force de la répugnance qu'éprouvent la plupart des hommes à abandonner l'emploi de leur capital auquel ils sont depuis longtemps accoutumés. Elle est souvent prolongée aussi par les restrictions et les prohibitions auxquelles donnent lieu les jalousies absurdes qui prévalent entre les différents États de la république commerciale.

La détresse qui résulte d'une répulsion du commerce est souvent confondue avec celle qui accompagne une diminution du capital national et un état rétrograde de la société ; et il serait peut-être difficile d'indiquer des marques par lesquelles on pourrait les distinguer avec précision.

Cependant, quand une telle détresse accompagne immédiatement le passage de la guerre à la paix, notre connaissance de l'existence d'une telle cause nous amènera raisonnablement à croire que les fonds destinés à l'entretien du travail ont plutôt été détournés de leur canal habituel que matériellement diminués . et qu'après des souffrances temporaires, la nation progressera à nouveau vers la prospérité. Il ne faut pas oublier non plus que la condition rétrograde est toujours un état contre nature de la société. L'homme, depuis sa jeunesse, grandit jusqu'à l'âge adulte, puis dépérit, et ceci ; mais ce n'est pas là le progrès des nations. Lorsqu'ils atteignent l'état de plus grande vigueur , leur progression peut en effet être stoppée, mais leur tendance naturelle est de continuer pendant des siècles, de maintenir intacts leur richesse et leur population.

Dans les pays riches et puissants où d'importants capitaux sont investis dans les machines, la répulsion du commerce éprouvera davantage de difficultés que dans les pays plus pauvres où il y a proportionnellement une quantité beaucoup plus faible de capital fixe et une quantité beaucoup plus grande de capital circulant, et où par conséquent, davantage de travail est accompli par le travail des hommes. Il n'est pas si difficile de retirer un capital circulant, comme capital fixe, de tout emploi dans lequel il peut être occupé. Il est souvent impossible de détourner les machines qui peuvent avoir été érigées pour une manufacture vers les besoins d'une autre ; mais le vêtement, la nourriture et le logement de l' ouvrier dans un emploi peuvent être consacrés au soutien de l' ouvrier dans un autre, ou le même ouvrier peut recevoir la même nourriture, le même habillement et le même logement, tandis que son emploi change. Mais c'est un mal auquel une nation riche doit se soumettre ; et il ne serait pas plus raisonnable de s'en plaindre, qu'il ne le serait à un riche marchand de se plaindre que son navire soit exposé aux dangers de la mer, tandis que la chaumière de son pauvre voisin était à l'abri de tous ces dangers .

L'agriculture elle-même n'est pas exemptée de contingences de ce genre, quoique à un degré inférieur. La guerre, qui, dans un pays commerçant, interrompt le commerce des États, empêche souvent l'exportation du blé des pays où il peut être produit à peu de frais vers d'autres pays moins favorablement situés . Dans de telles circonstances, une quantité inhabituelle de capitaux est attirée vers l'agriculture, et le pays qui importait auparavant devient indépendant de l'aide étrangère. A la fin de la guerre, les obstacles à l'importation sont levés, et une concurrence destructrice pour le cultivateur domestique commence, dont il ne peut se retirer sans le sacrifice d'une grande partie de son capital. La meilleure politique de l'État serait d'imposer un impôt, dont le montant diminuerait de temps en temps, sur l'importation de maïs étranger, pendant un nombre d'années limité, afin de donner au cultivateur local la possibilité de retirer son argent. progressivement les capitaux du pays. Ce faisant, le pays ne procéderait peut-être pas à la répartition la plus avantageuse de son capital, mais l'impôt temporaire auquel il serait soumis serait à l'avantage d'une classe particulière, dont la répartition du capital était très utile pour se procurer de l'argent. nourriture lorsque l'importation a été arrêtée. Si de tels efforts en période d'urgence étaient suivis d'un risque de ruine à la fin des difficultés, le capital fuirait un tel emploi. Outre les bénéfices habituels du bétail, les agriculteurs s'attendraient à être indemnisés pour le risque qu'ils courent d'un afflux soudain de blé, et par conséquent le prix payé au consommateur, aux saisons où il a le plus besoin d'un approvisionnement, serait augmenté, non seulement par le coût supérieur de la culture du blé chez lui, mais aussi par l'assurance qu'il devrait payer, en prix, pour le risque particulier auquel cet emploi du capital était exposé. Même s'il serait plus productif de richesse pour le pays, quel que soit le sacrifice de capital que l'on pourrait faire, de permettre l'importation du blé à bon marché, il serait peut-être à propos de l'imposer un droit pendant quelques années.

En examinant la question de la rente, nous avons constaté qu'à chaque augmentation de l'offre de blé et à la baisse de son prix qui en résulte, le capital serait retiré des terres les plus pauvres ; et une terre d'une meilleure description, qui ne paierait alors aucun fermage, deviendrait l'étalon par lequel le prix naturel du blé serait réglé. A 4 *l.* par trimestre, des terrains de qualité inférieure, qui peuvent être désignés par le No. 6, pourrait être cultivé ; à 3 *l.* 10 *s* Non . 5 ; à 3 *l.* Non. 4, et ainsi de suite. Si le maïs, par suite d'une abondance permanente, tombait à 3 *l.* 10 *s.* le capital employé sur le No. 6 cesseraient d'être employés; car ce n'était que lorsque le maïs était à 4 *l.* qu'elle pourrait obtenir les bénéfices généraux, même sans payer de fermage : elle se retirerait donc pour fabriquer les marchandises avec lesquelles tout le blé cultivé sur le No. 6 seraient achetés et importés. Dans cet emploi, il serait nécessairement plus productif pour son propriétaire, ou bien il ne serait pas soustrait à l'autre ; car s'il pouvait obtenir plus de blé en le cultivant sur une terre pour laquelle il ne payait aucun loyer, qu'en fabriquant une marchandise avec laquelle il l'a acheté, son prix ne pourrait pas être inférieur à 4 *l.*

On a cependant dit que le capital ne pouvait pas être retiré de la terre ; qu'elle prend la forme de dépenses non recouvrables, telles que le fumier, les clôtures, le drainage, etc., qui sont nécessairement inséparables de la terre. C'est vrai dans une certaine mesure ; mais ce capital qui consiste en bétail, moutons, meules de foin et de maïs, charrettes, etc. peut être retiré; et il s'agit toujours de savoir si ceux-ci continueront à être employés sur la terre, malgré le bas prix du blé, ou s'ils seront vendus et leur valeur transférée à un autre emploi.

Supposons cependant que le fait soit tel qu'il a été dit, et qu'aucune partie du capital ne puisse être retirée ; le fermier continuerait à cultiver du maïs, et exactement la même quantité, quel que soit le prix de vente ; car il ne pouvait pas avoir intérêt à produire moins, et s'il n'employait pas ainsi son capital, il n'en obtiendrait aucun rendement. Le maïs ne pouvait pas être importé, car il le vendrait à moins de 3 *l.* 10 *shillings* plutôt que de ne pas le vendre du tout, et à supposer que l'importateur ne puisse pas le vendre à un prix inférieur. Même si les agriculteurs qui cultivaient des terres de cette qualité seraient sans aucun doute lésés par la baisse de la valeur échangeable des marchandises qu'ils produisaient, comment le pays serait-il affecté ? Nous devrions avoir exactement la même quantité de chaque marchandise produite, mais les produits bruts et le maïs se vendraient à un prix beaucoup moins cher. Le capital d'un pays est constitué de ses marchandises, et comme celles-ci seraient les mêmes qu'auparavant, la reproduction se poursuivrait au même rythme. Ce bas prix du blé ne permettrait cependant à la terre que de réaliser les bénéfices habituels du bétail. 5, qui ne paierait alors aucun loyer, et le loyer de toutes les meilleures terres diminuerait : les salaires baisseraient également et les profits augmenteraient.

Aussi bas que puisse tomber le prix du maïs ; si les capitaux ne pouvaient pas être évacués du pays et si la demande n'augmentait pas, aucune importation n'aurait lieu ; car la même quantité qu'auparavant serait produite chez nous. Même s'il y aurait une division différente du produit, et que certaines classes en bénéficieraient et d'autres lésées, l'ensemble de la production serait exactement le même et la nation collectivement ne serait ni plus riche ni plus pauvre.

Mais il y a cet avantage qui résulte toujours d'un prix relativement bas du blé, que la division de la production actuelle est d'autant plus susceptible d'augmenter le fonds destiné à l'entretien du travail , dans la mesure où davantage sera alloué, sous le nom de profit, au profit. la classe productive, un moins, sous le nom de rente, à la classe improductive.

Cela est vrai, même si le capital ne peut pas être retiré de la terre et doit y être employé, ou ne pas être employé du tout : mais si une grande partie du capital pouvait être retirée, comme cela était évidemment le cas, elle ne le serait que . quand il rapportera plus au propriétaire en étant retiré qu'en étant laissé là où il était ; il ne sera retiré que lorsqu'il pourra être employé ailleurs de manière plus productive, tant pour le propriétaire que pour le public. Il consent à couler la partie de son capital qui ne peut être séparée de la terre, parce qu'avec la partie qu'il peut emporter, il peut obtenir une plus grande valeur et une plus grande quantité de produits bruts qu'en ne coulant pas cette partie du capital. capital. Son cas est exactement semblable à celui d'un homme qui a construit à grands frais des machines dans sa manufacture, machines qui sont ensuite tellement améliorées par des inventions plus modernes, que les marchandises qu'il fabrique perdent beaucoup de valeur. Ce serait entièrement une question de calcul pour lui s'il devait abandonner l'ancienne machine et ériger la plus parfaite, *perdant toute la valeur de l'ancienne* , ou continuer à profiter de ses puissances relativement faibles. Qui, dans de telles circonstances, l'exhorterait à renoncer à l'utilisation des meilleures machines, car elles détérioreraient ou anéantiraient la valeur des anciennes ? C'est pourtant l'argument de ceux qui voudraient qu'on interdise l'importation du blé, parce que cela détériorerait ou anéantirait cette partie du capital du fermier qui est à jamais engloutie dans la terre . Ils ne voient pas que le but de tout commerce est d'augmenter la production, et qu'en augmentant la production, même si l'on peut causer une perte partielle, on augmente le bonheur général. Pour être cohérents, ils devraient s'efforcer d'arrêter toutes les améliorations dans l'agriculture et l'industrie manufacturière, ainsi que toutes les inventions de machines ; car, quoique celles-ci contribuent à l'abondance générale, et par conséquent au bonheur général, elles ne manquent jamais, au moment de leur introduction, de détériorer ou d'anéantir une partie du capital existant des agriculteurs et des fabricants.

L'agriculture, comme tous les autres métiers, et particulièrement dans un pays commerçant, est sujette à une réaction qui, en sens inverse, succède à l'action d'un fort stimulant. Ainsi, lorsque la guerre interrompt l'importation du blé, son prix constamment élevé attire les capitaux vers le pays, grâce aux profits considérables que procure un tel emploi du blé ; cela entraînera probablement l'emploi de plus de capitaux et la mise sur le marché de plus de produits bruts que ne l'exigent les demandes du pays. Dans un tel cas, le prix du maïs baissera sous l'effet d'une surabondance, et de grandes difficultés agricoles en résulteront, jusqu'à ce que l'offre moyenne soit ramenée au niveau de la demande moyenne.

CHAPITRE XVIII.

VALEUR ET RICHESSES, LEURS PROPRIÉTÉS DISTINCTIVES.

« **UN** HOMME est riche ou pauvre, dit Adam Smith, selon la mesure dans laquelle il peut se permettre de jouir des nécessités, des commodités et des divertissements de la vie humaine. »

La valeur diffère donc essentiellement de la richesse, car la valeur ne dépend pas de l'abondance, mais de la difficulté ou de la facilité de production. Le travail d'un million d'hommes dans les manufactures produira toujours la même valeur, mais ne produira pas toujours les mêmes richesses. Par l'invention de machines, par l'amélioration des compétences, par une meilleure division du travail ou par la découverte de nouveaux marchés où des échanges plus avantageux peuvent s'effectuer, un million d'hommes peuvent produire le double ou le triple de la quantité de richesses de leurs biens. « des nécessités, des commodités et des divertissements », dans un état de société, qu'ils pourraient produire dans un autre, mais pour cela ils n'ajouteront rien à la valeur ; car toute chose augmente ou diminue de valeur en proportion de la facilité ou de la difficulté de la produire, ou en d'autres termes, en proportion de la quantité de travail employée à sa production. Supposons qu'avec un capital donné, le travail d'un certain nombre d'hommes produise 1 000 paires de bas, et que par des inventions de machines, le même nombre d'hommes puisse en produire 2 000 paires, ou qu'ils puissent continuer à en produire 1 000 paires, et qu'ils puissent produire en plus de 500 chapeaux ; puis la valeur des 2000 paires de bas ; ou des 1000 paires de bas, et 500 chapeaux, ne sera ni plus ni moins que celui des 1000 paires de bas avant l'introduction des machines ; car ils seront le produit de la même quantité de travail . Mais la valeur de la masse générale des marchandises sera néanmoins diminuée ; car, bien que la valeur de la quantité accrue produite par suite de l'amélioration soit exactement la même que celle qu'aurait eue la valeur de la quantité moindre qui aurait été produite, si aucune amélioration n'avait eu lieu, un effet est également produit sur la partie de les biens encore non consommés, qui ont été fabriqués auparavant pour l'amélioration ; la valeur de ces biens sera réduite, dans la mesure où ils doivent tomber au niveau, quantité pour quantité, des biens produits sous tous les avantages de l'amélioration : et la société, malgré l'augmentation de la quantité de ses marchandises, malgré l'augmentation de sa les richesses et leurs moyens de jouissance accrus ont moins de valeur. En augmentant constamment la facilité de production, nous diminuons constamment la valeur de certaines des marchandises produites auparavant, bien que par les mêmes moyens nous ajoutions non seulement à la richesse nationale, mais aussi à la puissance de production future. Beaucoup d'erreurs en économie politique proviennent d'erreurs sur ce sujet, du fait de considérer l'augmentation des richesses et l'augmentation de la valeur comme signifiant la même chose, et de notions infondées sur ce qui constitue une mesure standard de la valeur . Un homme considère l'argent comme un étalon de valeur, et une nation s'enrichit ou s'appauvrit, selon lui, à mesure que ses marchandises de toutes sortes peuvent s'échanger contre plus ou moins d'argent. D'autres représentent l'argent comme un moyen très commode pour le troc, mais non comme une mesure appropriée pour estimer la valeur d'autres choses : la véritable mesure de la valeur selon eux est le blé, 26 et un pays est riche ou pauvre , selon ses marchandises, il s'échangera contre plus ou moins de blé. Il y en a d'autres encore qui considèrent un pays riche ou pauvre, selon la quantité de travail qu'il peut acheter. 27 Mais pourquoi l'or, ou le blé, ou le travail , seraient-ils la mesure étalon de la valeur, plus que le charbon ou le fer ? — plus que le tissu, le savon, les bougies et les autres objets nécessaires au travailleur ? — pourquoi, en bref, quelqu'un devrait-il La marchandise, ou toutes les marchandises ensemble, peut-elle être l'étalon, alors qu'un tel étalon est lui-même sujet à des fluctuations de valeur ? Le blé, ainsi que l'or, peuvent, à cause de la difficulté ou de la facilité de production, varier de 10, 20 ou 30 pour cent par rapport aux autres choses ; pourquoi devrions-nous toujours dire que ce sont ces autres choses qui ont varié, et non le blé ? Cette marchandise est la seule invariable, ce qui exige à tout moment le même sacrifice de travail et de travail pour la produire. Nous n'avons aucune connaissance d'un tel produit, mais nous pouvons hypothétiquement en discuter et en parler, comme si nous l'avions ; et peut améliorer notre connaissance de la science, en démontrant clairement l'inapplicabilité absolue de toutes les normes qui ont été adoptées jusqu'à présent. Mais à supposer que l'un ou l'autre soit un étalon correct de valeur, il ne s'agirait pas pour autant d'un étalon de richesse, car la richesse ne dépend pas de la valeur. Un homme est riche ou pauvre, selon l'abondance des choses nécessaires et du luxe qu'il peut commander ; et que leur valeur échangeable contre de l'argent, du blé ou du travail soit haute ou basse, ils contribueront également à la jouissance de leur possesseur. C'est en confondant les idées de valeur et de richesse, ou richesse, qu'on a affirmé qu'en diminuant la quantité des marchandises, c'est-à-dire des nécessités, des commodités et des jouissances de la vie humaine, on pouvait augmenter la richesse. Si la valeur était la mesure de la richesse, cela ne pourrait être nié, car la rareté augmente la valeur des marchandises ; mais si Adam Smith a raison, si les richesses consistent en choses nécessaires et en jouissances, alors elles ne peuvent pas être augmentées par une diminution de quantité.

Il est vrai que l'homme qui possède une denrée rare est plus riche si grâce à elle il peut disposer d'une plus grande quantité des nécessités et des jouissances de la vie humaine ; mais comme le stock général d'où sont tirées les richesses de chaque homme est diminué en quantité par tout ce qu'un individu en retire, les parts des autres hommes doivent nécessairement être réduites à mesure que cet individu favorisé est capable de s'approprier une plus grande quantité . .

Que l'eau se raréfie, dit Lord Lauderdale, et qu'elle soit possédée exclusivement par un individu, et vous augmenterez sa richesse, car alors l'eau aura de la valeur ; et si la richesse est l'ensemble des richesses individuelles, vous augmenterez par le même moyen aussi la richesse. Vous augmenterez sans doute la richesse de cet individu, mais dans la mesure où le laboureur doit vendre une partie de son blé, le cordonnier une partie de ses chaussures, et que tous les hommes abandonnent une partie de leurs biens dans le seul but de s'approvisionner en eau. , qu'ils possédaient auparavant pour rien, ils sont plus pauvres de toute la quantité de marchandises qu'ils sont obligés de consacrer à cet usage, et le propriétaire de l'eau profite précisément de la quantité de sa perte. La même quantité d'eau et la même quantité de marchandises sont partagées par toute la société, mais elles sont distribuées différemment. Cela suppose cependant plutôt un monopole de l'eau qu'une pénurie de celle-ci. S'il devenait rare, alors les richesses du pays et des individus seraient effectivement diminuées, dans la mesure où ils seraient privés d'une partie d'une de leurs jouissances. Non seulement le fermier aurait moins de blé à échanger contre les autres marchandises qui pourraient lui être nécessaires ou désirables, mais lui et tout autre individu se verraient limités dans la jouissance de l'un de leurs conforts les plus essentiels. Il y aurait non seulement une répartition différente des richesses, mais également une véritable perte de richesse.

On peut donc dire que deux pays possédant exactement la même quantité de tous les biens nécessaires et du confort de la vie, sont également riches, mais la valeur de leurs richesses respectives dépendrait de la facilité ou de la difficulté relative avec laquelle elles ont été produites. Car si une machine améliorée nous permettait de fabriquer deux paires de bas, au lieu d'une, sans travail supplémentaire , le double de la quantité serait donné en échange d'un mètre de tissu. Si une amélioration semblable était apportée à la fabrication du drap, les bas et le drap s'échangeront dans les mêmes proportions qu'auparavant, mais ils auront tous deux perdu de la valeur ; car en les échangeant contre des chapeaux, contre de l'or, ou d'autres marchandises en général, il faut donner le double de la première quantité. Étendre l'amélioration à la production de l'or et de toute autre marchandise ; et ils retrouveront tous leurs anciennes proportions. Il y aura le double de la quantité de marchandises produites annuellement dans le pays, et par conséquent la richesse du pays sera doublée, mais cette richesse n'aura pas augmenté en valeur.

Bien qu'Adam Smith ait donné la description correcte des richesses, ce que j'ai remarqué plus d'une fois, il les explique ensuite différemment et dit : « qu'un homme doit être riche ou pauvre selon la quantité de travail qu'il peut se permettre d' acheter . " Or, cette description diffère essentiellement de l'autre et est certainement incorrecte ; Car supposons que les mines deviennent plus productives, de sorte que l'or et l'argent perdent de la valeur, à cause de la plus grande facilité de leur production ; ou que les velours devaient être fabriqués avec tellement moins de travail qu'auparavant, qu'ils tombaient à la moitié de leur ancienne valeur ; la richesse de tous ceux qui achetaient ces marchandises serait augmentée : un homme pourrait augmenter la quantité de son assiette, un autre pourrait acheter le double de la quantité de velours ; mais avec cette assiette supplémentaire et ce velours, ils ne pouvaient pas employer plus de travail qu'auparavant ; car, à mesure que la valeur échangeable du velours et de l'argenterie diminuerait, ils devraient se séparer proportionnellement davantage de ces espèces de richesses pour acheter une journée de travail . Les richesses ne peuvent donc pas être estimées par la quantité de travail qu'elles peuvent acheter.

D'après ce qui vient d'être dit, on voit que la richesse d'un pays peut être augmentée de deux manières : elle peut être augmentée en employant une plus grande partie du revenu à l'entretien d'un travail productif, ce qui non seulement augmentera la quantité de travail . , mais à la valeur de la masse des marchandises ; ou bien on peut l'augmenter, sans employer aucune quantité supplémentaire de travail , en rendant la même quantité plus productive, ce qui ajoutera à l'abondance, mais non à la valeur des marchandises.

Dans le premier cas, non seulement un pays deviendrait riche, mais la valeur de ses richesses augmenterait. Il deviendrait riche par parcimonie ; en diminuant ses dépenses en objets de luxe et de jouissance ; et utiliser ces économies dans la reproduction.

Dans le second cas, il n'y aura pas nécessairement une diminution des dépenses en matière de luxe et de jouissance, ni une augmentation de la quantité de travail productif employé, mais avec le même travail , on produirait davantage ; la richesse augmenterait, mais pas la valeur. De ces deux modes d'augmentation de la richesse, le dernier doit être préféré, puisqu'il produit le même effet sans la privation et la diminution des jouissances, qui ne peuvent jamais manquer d'accompagner le premier mode. Le capital est la partie de la richesse d'un pays qui est employée en vue d'une production future et qui peut être augmentée de la même manière que la richesse. Un capital supplémentaire sera tout aussi efficace dans la production de richesses futures, qu'il soit obtenu par l'amélioration des compétences et des machines, ou par une utilisation plus productive de revenus ; car la richesse dépend toujours de la quantité de marchandises produites, sans aucune considération de la facilité avec laquelle les instruments employés dans la production ont pu être obtenus. Une certaine quantité de vêtements et de provisions entretiendra et emploiera le même nombre d'hommes, et procurera donc la même quantité de travail à faire, qu'ils soient produits par le travail de 100 ou de 200 hommes ; mais ils auront une valeur double si 200 personnes ont été employées à leur production.

M. Say me paraît avoir été singulièrement malheureux dans sa définition de la richesse et de la valeur, dans le premier chapitre de son excellent ouvrage : voici le fond de son raisonnement : les richesses, observe-t-il, ne consistent que dans les choses qui ont une valeur en soi. eux-mêmes : les richesses sont grandes, quand la somme des valeurs qui les composent est grande. Ils sont petits lorsque la somme de leurs valeurs est petite. Deux choses ayant une valeur égale sont des richesses d'une quantité égale. Ils ont une valeur égale lorsque, d'un commun accord, ils sont échangés l'un contre l'autre. Or, si l'humanité attache de la valeur à une chose, c'est en raison des *usages* auxquels elle est applicable. Cette faculté, qu'ont certaines choses, de satisfaire les divers besoins de l'humanité, j'appelle utilité. Créer des objets qui ont une valeur quelconque, c'est créer des richesses, puisque l'utilité des choses est le premier fondement de leur valeur, et c'est la valeur des choses qui constitue la richesse. Mais nous ne créons pas d'objets : tout ce que nous pouvons faire, c'est reproduire la matière sous une autre forme, nous pouvons lui donner une utilité. La production est alors une création, non de matière mais d'utilité, et elle se mesure par la valeur découlant de l'utilité de l'objet produit. L'utilité de tout objet, selon l'estimation générale, est indiquée par la quantité d'autres marchandises contre lesquelles il sera échangé. Cette valorisation, issue de l'estimation générale formée par la société, constitue ce qu'Adam Smith appelle valeur d'échange ; ce que Turgot appelle valeur appréciable ; et ce que l'on peut désigner plus brièvement par le terme *valeur*.

Jusqu'ici M. Say, mais dans son exposé de la valeur et des richesses, il a confondu deux choses qui doivent toujours être tenues séparées, et qui sont appelées par Adam Smith, valeur d'usage et valeur d'échange. Si, grâce à une machine améliorée, je peux, avec la même quantité de travail , fabriquer deux paires de bas au lieu d'une, je ne diminue en rien l' *utilité* d'une paire de bas, quoique j'en diminue la valeur. Si donc j'avais exactement la même quantité d'habits, de souliers, de bas et de toutes autres choses qu'auparavant, j'aurais exactement la même quantité d'objets utiles, et je serais par conséquent également riche, si l'utilité était la mesure de la richesse ; mais j'en aurais moins de valeur, car mes bas n'auraient plus que la moitié de leur ancienne valeur. L'utilité n'est donc pas la mesure de la valeur échangeable.

Si l'on demande à M. Say en quoi consistent les richesses, il nous répond dans la possession d'objets ayant de la valeur. Si nous lui demandons ensuite ce qu'il entend par valeur, il nous répond que les choses ont de la valeur dans la mesure où elles possèdent une utilité. Si encore nous lui demandons de nous expliquer par quels moyens nous devons juger de l'utilité des objets, il répond par leur valeur. Ainsi donc la mesure de la valeur est l'utilité, et la mesure de l'utilité est la valeur.

M. Say, en parlant des excellences et des imperfections de la grande œuvre d'Adam Smith, lui impute, comme une erreur, « qu'il attribue au travail de l'homme seul le pouvoir de produire de la valeur. Une analyse plus correcte nous montre que La valeur est due à l'action du travail, ou plutôt à l'industrie de l'homme, combinée à l'action des agents que fournit la nature et à celle du capital. Son ignorance de ce principe l'a empêché d'établir la véritable théorie de l'influence des machines. dans la production de richesses. »

Contrairement à l'opinion d'Adam Smith, M. Say, dans le quatrième chapitre, parle de la valeur que donnent aux marchandises les agents naturels, tels que le soleil, l'air, la pression de l'atmosphère, etc., qui sont parfois se substituent au travail de l'homme, et concourent parfois avec lui à produire. [28]

Mais ces agents naturels, quoiqu'ils ajoutent beaucoup à *la valeur d'usage*, n'ajoutent jamais de valeur échangeable, dont parle M. Say, à une marchandise : dès que par le secours des machines, ou par la connaissance de la philosophie naturelle, vous obligez agents naturels pour accomplir le travail qui était auparavant effectué par l'homme, la valeur échangeable de ce travail diminue en conséquence. Si dix hommes faisaient tourner un moulin à blé, et qu'on découvrait qu'avec l'aide du vent ou de l'eau, le travail de ces dix hommes peut être économisé, la farine, qui est le produit du travail effectué par le moulin, serait immédiatement baisse de valeur, proportionnellement à la quantité de travail économisée ; et la société serait plus riche des marchandises que pourrait produire le travail des dix hommes, les fonds destinés à leur entretien n'étant en aucune manière diminués.

M. Say accuse le Dr. Smith d'avoir négligé la valeur que donnent aux marchandises les agents naturels et les machines, parce qu'il considérait que la valeur de toutes choses provenait du travail de l'homme ; mais il ne me semble pas que cette accusation soit fondée ; car Adam Smith ne sous-estime nulle part les services que ces agents naturels et ces machines nous rendent, mais il distingue très justement la nature de la valeur qu'ils ajoutent aux marchandises : ils nous sont utiles, en augmentant l'abondance des productions, en rendre les hommes plus riches, en ajoutant de la valeur d'usage ; mais comme ils accomplissent leur travail gratuitement, comme rien n'est payé pour l'usage de l'air, de la chaleur et de l'eau, le secours qu'ils nous apportent n'ajoute rien à la valeur d'échange. Dans le premier chapitre du deuxième livre, M. Say lui-même donne une déclaration similaire sur la valeur, car il dit que « l'utilité est le fondement de la valeur, que les marchandises ne sont désirables que parce qu'elles sont en quelque sorte utiles, mais que leur valeur Cela ne dépend pas de leur utilité, ni du degré avec lequel ils sont désirés, mais de la quantité de travail nécessaire pour les obtenir. » « L'utilité d'une marchandise ainsi comprise en fait un objet du désir de l'homme, lui fait le désirer et établit une demande pour elle. Lorsque pour obtenir une chose, il suffit de la désirer, elle peut être considérée comme un article. de richesses naturelles, données à l'homme en quantité illimitée, et dont il jouit sans les acheter par aucun sacrifice : telles sont l'air, l'eau, la lumière du soleil. S'il obtient de cette manière tous les objets de ses besoins et désirs, il serait infiniment riche : il ne manquerait de rien. Mais malheureusement tel n'est pas le cas : la plupart des choses qui lui sont commodes et agréables, ainsi que celles qui sont indispensables à l'état social. Les obstacles pour lesquels on semble spécialement formé ne lui sont pas donnés gratuitement : ils ne peuvent exister que par l'exercice d'un certain travail , l' emploi d'un certain capital et, dans bien des cas, par l'usage de la terre. en termes de jouissance gratuite : obstacles d'où résultent une dépense réelle de production ; parce que nous sommes obligés de payer pour le concours de ces agents de production. » « C'est seulement lorsque cette utilité a été ainsi communiquée à une chose (c'est-à-dire par l'industrie, le capital et la terre) que celle-ci est une production, et *que ça a une valeur* . C'est son utilité qui fonde la demande, *mais les sacrifices et les charges nécessaires pour l'obtenir, ou en d'autres termes, son prix* , limitent l'étendue de cette demande.

La confusion qui résulte de la confusion des termes « valeur » et « richesse » apparaîtra mieux dans les passages suivants. [30] Son élève observe : « Vous avez dit d'ailleurs que les richesses d'une société étaient composées de la somme totale des valeurs qu'elle possédait ; il me semble s'ensuivre que la chute d'une production, des bas pour Par exemple, en diminuant la somme totale de la valeur appartenant à la société, on diminue la masse de ses richesses ; » à quoi la réponse suivante est donnée : « la *somme* des richesses de la société n'en tombera pas pour autant. On fabrique deux paires de bas au lieu d'une ; et deux paires à trois francs valent également une paire à six francs. le revenu de la société reste le même, parce que le fabricant a gagné autant sur deux paires à trois francs, qu'il a gagné sur une paire à six francs. Jusqu'à présent, M. Say, bien qu'inexact, est au moins cohérent. Si la valeur est la mesure de la richesse, la société est également riche, parce que la valeur de toutes ses marchandises est la même qu'auparavant. Mais maintenant, place à sa conclusion. "Mais lorsque le revenu reste le même et que les prix des productions baissent, la société s'enrichit réellement. Si la même baisse se produisait pour toutes les marchandises en même temps, ce qui n'est pas absolument impossible, la société, en se procurant à la moitié de leur ancien prix, , tous les objets de sa consommation, sans avoir perdu aucune partie de ses revenus, seraient en réalité deux fois plus riches qu'auparavant, et pourraient acheter deux fois plus de marchandises.

Dans le premier passage, on nous dit que si chaque chose tombait à la moitié de sa valeur, à cause de l'abondance, la société serait également riche, car il y aurait le double de la quantité de marchandises à la moitié de leur valeur ancienne, ou en d'autres termes, il y aurait être la même valeur. Mais dans le dernier passage, nous sommes informés qu'en doublant la quantité des marchandises, bien que la valeur de chaque marchandise soit diminuée de moitié, et que par conséquent la valeur de toutes les marchandises ensemble soit exactement la même qu'auparavant, la société serait néanmoins deux fois plus riche qu'avant. Dans le premier cas, les richesses sont estimées par la quantité de valeur : dans le second, elles sont estimées par l'abondance des biens contribuant aux jouissances humaines. M. Say dit en outre « qu'un homme est infiniment riche sans objets de valeur, s'il peut obtenir gratuitement tous les objets qu'il désire ; cependant ailleurs on nous dit : « que la richesse ne consiste pas dans le produit lui-même, car c'est non pas la richesse si elle n'a pas de valeur, mais dans sa valeur. " Vol. ii. p. 2.

CHAPITRE XIX.

EFFETS DE L'ACCUMULATION SUR LES BÉNÉFICES ET LES INTÉRÊTS.

D'APRÈS l'exposé qui a été donné sur les profits des actions, il apparaîtra qu'aucune accumulation de capital ne diminuera de façon permanente les profits, à moins qu'il n'y ait une cause permanente d'augmentation des salaires . Si les fonds destinés à l'entretien du travail étaient doublés, triplés ou quadruplés, il n'y aurait plus longtemps de difficulté à se procurer le nombre requis de travailleurs qui seraient employés par ces fonds ; mais en raison de la difficulté croissante d'apporter des ajouts constants à la nourriture du pays, des fonds de même valeur ne permettraient probablement pas d'entretenir la même quantité de travail . Si les besoins de l'ouvrier pouvaient être constamment augmentés avec la même facilité, il ne pourrait y avoir de modification permanente du taux des profits ou des salaires, quel que soit le montant du capital accumulé. Adam Smith, cependant, attribue uniformément la baisse des profits à l'accumulation du capital et à la concurrence qui en résultera, sans jamais faire allusion à la difficulté croissante de fournir de la nourriture au nombre supplémentaire de travailleurs que le capital supplémentaire emploiera . « L'augmentation du capital, dit-il, qui élève les salaires, tend à diminuer le profit. Lorsque les stocks de plusieurs riches marchands sont transformés en un même commerce, leur concurrence mutuelle tend naturellement à diminuer le profit ; et lorsqu'il y a une augmentation similaire du capital. dans tous les différents métiers exercés dans la même société, la même concurrence doit produire chez tous le même effet. » Adam Smith parle ici d'une augmentation des salaires, mais il s'agit d'une augmentation temporaire, provenant d'une augmentation des fonds avant que la population ne s'accroisse ; et il ne semble pas voir qu'en même temps que le capital augmente, le travail à effectuer par le capital augmente dans la même proportion. M. Say a cependant montré d'une manière très satisfaisante qu'il n'y a aucune quantité de capital qui ne puisse être employée dans un pays, parce que la demande n'est limitée que par la production. Aucun homme ne produit, sinon en vue de consommer ou de vendre, et il ne vend jamais, mais avec l'intention d'acheter quelque autre marchandise qui puisse lui être immédiatement utile, ou qui puisse contribuer à la production future. En produisant, il devient donc nécessairement soit le consommateur de ses propres biens, soit l'acheteur et le consommateur des biens d'autrui. Il n'est pas supposé qu'il doive, pendant un certain temps, être mal informé des marchandises qu'il peut produire le plus avantageusement, pour atteindre le but qu'il a en vue, à savoir la possession d'autres biens ; et il est donc peu probable qu'il produise continuellement une marchandise pour laquelle il n'y a pas de demande. [31]

Il ne peut alors être accumulé dans un pays aucune quantité de capital qui ne puisse être employée de manière productive, jusqu'à ce que les salaires s'élèvent si haut par suite de l'augmentation des biens de première nécessité, et qu'il en reste si peu pour les profits des capitaux, que le motif d'accumulation cesse. [32] Tant que les profits des actions seront élevés, les hommes auront une raison d'accumuler. Tant qu'un homme désire une gratification non satisfaite , il aura une demande pour davantage de marchandises ; et ce sera une demande effective tant qu'il aura une nouvelle valeur à offrir en échange. Si dix mille livres étaient données à un homme possédant 100 000 *l.* par an, il ne l'enfermerait pas dans un coffre, mais augmenterait ses dépenses de 10 000 *l.* ; utilisez-le vous-même de manière productive ou prêtez-le à quelqu'un d'autre à cette fin ; dans les deux cas, la demande augmenterait, même si elle concernerait des objets différents. S'il augmentait ses dépenses, sa demande effective pourrait probablement porter sur des bâtiments, des meubles ou quelque autre plaisir de ce genre. S'il employait ses 10 000 *l.* sur le plan productif, sa demande effective porterait sur de la nourriture, des vêtements et des matières premières, ce qui pourrait mettre de nouveaux travailleurs au travail ; mais ce serait quand même une demande. [33]

Les productions sont toujours achetées par les productions, l'argent n'est que le moyen par lequel l'échange s'effectue . Une trop grande quantité d'une marchandise particulière peut être produite, et il peut y avoir une telle surabondance sur le marché qu'elle ne rembourse pas le capital dépensé pour cette marchandise ; mais cela ne peut pas être le cas pour toutes les marchandises ; la demande de blé est limitée par les bouches qui doivent le manger, celle de chaussures et d'habits par celles qui doivent les porter ; mais bien qu'une communauté, ou une partie d'une communauté, puisse avoir autant de blé, et autant de chapeaux et de chaussures, qu'elle peut ou souhaite en consommer, on ne peut pas en dire autant de toute marchandise produite par la nature ou par l'art. Certains consommeraient davantage de vin s'ils avaient la possibilité de s'en procurer. D'autres, ayant assez de vin, souhaiteraient augmenter la quantité ou améliorer la qualité de leur mobilier. D'autres pourraient souhaiter embellir leur terrain ou agrandir leurs maisons. Le désir de faire tout ou partie de ces choses est implanté dans la poitrine de chaque homme ; rien n'est nécessaire si ce n'est les moyens, et rien ne peut fournir les moyens si ce n'est l'augmentation de la production. Si j'avais à ma disposition de la nourriture et du nécessaire, je ne manquerais pas longtemps d'ouvriers qui me mettraient en possession de quelques-uns des objets qui me sont les plus utiles ou les plus désirables.

Que ces productions accrues, et la demande qui en résulte, diminuent ou non les profits, cela dépend uniquement de l'augmentation des salaires ; et l'augmentation des salaires, sauf pour une période limitée, en fonction de la facilité de produire la nourriture et les nécessités du travailleur . Je dis sauf pour une période limitée, car rien n'est mieux établi que l'offre de travailleurs sera toujours en fin de compte proportionnelle aux moyens de les entretenir.

Il n'y a qu'un seul cas, et ce sera temporaire, dans lequel l'accumulation de capital avec un faible prix des denrées alimentaires peut s'accompagner d'une baisse des profits ; c'est-à-dire que lorsque les fonds destinés à l'entretien du travail augmenteront beaucoup plus rapidement que la population, les salaires seront alors élevés et les profits faibles. Si chacun renonçait à l'usage du luxe et se concentrait uniquement sur l'accumulation, il pourrait produire une quantité de biens de première nécessité pour lesquels il ne pourrait y avoir de consommation immédiate. De marchandises en nombre si limité, il pourrait sans aucun doute y avoir une surabondance universelle, et par conséquent il ne pourrait y avoir ni demande pour une quantité supplémentaire de ces marchandises, ni profits sur l'emploi de plus de capital. Si les hommes arrêtaient de consommer, ils cesseraient de produire. Cet aveu ne remet pas en cause le principe général. Dans un pays comme l'Angleterre, par exemple, il est difficile de supposer qu'il puisse y avoir une quelconque disposition à consacrer la totalité du capital et du travail du pays à la seule production des produits de première nécessité.

Lorsque les marchands engagent leurs capitaux dans le commerce extérieur ou dans le commerce de transport, c'est toujours par choix, et jamais par nécessité : c'est que dans ce commerce leurs profits seront un peu plus grands que dans le commerce intérieur.

Adam Smith vient d'observer « que le désir de nourriture est limité chez tout homme par la capacité étroite de l'estomac humain, mais que le désir des commodités et des ornements de construction, de vêtements, d'équipement et de meubles de maison semble n'avoir aucune limite ou certaine limite. » La nature a donc nécessairement limité la quantité de capital qui peut à tout moment être utilisée avec profit dans l'agriculture, mais elle n'a fixé aucune limite à la quantité de capital qui peut être employée pour procurer « les commodités et les ornements » de la vie. Le but recherché est de procurer ces satisfactions dans la plus grande abondance, et c'est seulement parce que le commerce extérieur, ou le commerce de transport, y parviendra mieux, que les hommes s'y engagent, de préférence à la fabrication des marchandises nécessaires ou à un substitut aux marchandises. eux, à la maison. Si toutefois des circonstances particulières nous empêchaient d'engager des capitaux dans le commerce extérieur ou dans le transport, nous devrions, quoique avec moins d'avantages, les employer chez nous ; et bien qu'il n'y ait aucune limite au désir de « commodités, ornements de construction, vêtements, équipements et meubles de maison », il ne peut y avoir de limite au capital qui peut être employé à les acquérir, sauf celle qui limite notre pouvoir de maintenir les ouvriers qui doivent les produire.

Adam Smith, cependant, parle du métier de transport comme étant non pas un choix, mais une nécessité ; comme si le capital engagé dans ce commerce serait inerte s'il n'était pas employé ainsi, comme si le capital du commerce intérieur pouvait déborder s'il n'était pas limité à un montant limité. Il dit : « Lorsque le stock de capital d'un pays augmente à un tel degré *qu'il ne peut pas être entièrement employé à approvisionner la consommation et à soutenir le travail productif de ce pays particulier* , la partie excédentaire se dégorge naturellement dans le transport. commerce, et est employé à remplir les mêmes fonctions dans d'autres pays.

« Environ quatre-vingt-seize mille têtes de tabac sont achetées chaque année avec une partie des surplus de production de l'industrie britannique. Mais la demande de la Grande-Bretagne n'exige peut-être pas plus de quatorze mille. ne pouvaient pas être envoyés à l'étranger *et échangés contre quelque chose de plus demandé dans le pays* , leur importation cesserait immédiatement, *et avec elle le travail productif de tous les habitants de la Grande-Bretagne, qui sont actuellement employés à préparer les marchandises avec lesquelles ces quatre-vingts -deux mille porcs sont achetés chaque année* ." Mais cette partie du travail productif de la Grande-Bretagne ne pourrait-elle pas être employée à préparer quelque autre sorte de marchandises, avec lesquelles on pourrait acheter quelque chose de plus demandé dans le pays ? Et si ce n'était pas le cas, ne pourrions-nous pas employer ce travail productif , quoique avec moins d'avantages, à fabriquer chez nous les biens demandés, ou au moins à les remplacer ? Si nous voulions des velours, nous n'essaierions peut-être pas d'en fabriquer ; et si nous ne pouvions pas réussir, ne pourrions-nous pas fabriquer davantage de tissu ou tout autre objet qui nous serait désirable ?

Nous fabriquons des marchandises, et avec elles nous achetons des marchandises à l'étranger, parce que nous pouvons en obtenir une plus grande quantité que ce que nous pourrions fabriquer chez nous. Privez-nous de ce commerce, et nous fabriquons aussitôt à nouveau pour nous-mêmes. Mais cette opinion d'Adam Smith est en contradiction avec toutes ses doctrines générales sur ce sujet. « Si un pays étranger peut nous fournir un produit à meilleur prix que nous ne pouvons le fabriquer nous-mêmes, mieux vaut l'acheter auprès de lui avec une partie des produits de notre propre industrie, utilisée d'une manière qui nous procure un certain avantage . "*Le pays étant toujours proportionné au capital qui l'emploie* , n'en sera pas diminué, mais il restera seulement à trouver la manière dont il peut être employé avec le plus grand avantage."

Encore. «Ceux donc qui disposent de plus de nourriture qu'ils ne peuvent en consommer eux-mêmes, sont toujours disposés à échanger le surplus, ou, ce qui revient au même, le prix de celle-ci, contre des gratifications d'une autre sorte. satisfaire le désir limité, est donné pour l'amusement de ces désirs qui ne peuvent être satisfaits, mais qui semblent être tout à fait infinis. Les pauvres, afin d'obtenir de la nourriture, s'efforcent de satisfaire les fantaisies des riches et de l'obtenir plus sûrement. , ils rivalisent les uns avec les autres pour le bon marché et la perfection de leur travail. Le nombre des ouvriers augmente avec la quantité croissante de nourriture, ou avec l'amélioration et la culture croissantes des terres, et à mesure que la nature de leur entreprise admet le maximum de subdivisions. de travail , la quantité de matériaux qu'ils peuvent travailler augmente dans une proportion bien plus grande que leur nombre. D'où une demande pour toutes sortes de matériaux que l'invention humaine peut employer, soit utilement, soit ornementellement, dans la construction, l'habillement, l'équipement ou l'équipement. Meubles de maison; pour les fossiles et minéraux contenus dans les entrailles de la terre, les métaux précieux et les pierres précieuses.

Adam Smith vient de faire observer qu'il est extrêmement difficile de déterminer le taux de profit des actions. « Le profit est si fluctuant, que même dans un métier particulier, et bien plus encore dans les métiers en général, il serait difficile d'en fixer le taux moyen. Pour juger de ce qu'il a pu être autrefois, ou dans des époques reculées, avec quelque degré de précision que ce soit, cela doit être totalement impossible. » Cependant, comme il est évident que beaucoup sera donné pour l'usage de l'argent, alors qu'il est possible de gagner beaucoup avec lui, il suggère que « le taux d'intérêt du marché nous amènera à nous forger une certaine idée du taux des profits, et l'histoire du progrès de l'intérêt nous donne celui du progrès des profits. » Sans aucun doute, si le taux d'intérêt du marché pouvait être connu avec précision pendant une période considérable, nous disposerions d'un critère assez correct pour estimer la progression des profits.

Mais dans tous les pays, à cause de conceptions politiques erronées, l'État est intervenu pour empêcher un taux d'intérêt juste et libre sur le marché, en imposant des pénalités lourdes et ruineuses à tous ceux qui prendraient plus que le taux fixé par la loi. Dans tous les pays, ces lois sont probablement contournées, mais les archives nous donnent peu de renseignements à ce sujet et indiquent plutôt le taux légal et fixe que le taux de l'intérêt du marché. Durant la guerre actuelle, les bons du Trésor et ceux de la marine ont souvent été à un escompte si élevé, qu'ils ont permis à leurs acheteurs de 7, 8 pour cent, ou d'un taux d'intérêt plus élevé pour leur argent. Des emprunts ont été contractés par le gouvernement à un intérêt dépassant 6 pour cent, et les particuliers ont souvent été obligés, par des moyens indirects, de payer plus de 10 pour cent pour les intérêts de l'argent ; cependant, pendant cette même période, le taux d'intérêt légal a été uniformément à 5 pour cent. On ne peut donc guère se fier, en matière d'information, à ce qu'est le taux d'intérêt fixe et légal, quand on constate qu'il peut différer si considérablement du taux du marché. Adam Smith nous informe que du 37 de Henri VIII au 21 de Jacques Ier, 10 pour cent. est resté le taux d'intérêt légal. Peu après la restauration, il fut réduit à 6 pour cent, et le 12 Anne, à 5 pour cent. Il pense que le taux d'intérêt légal a suivi et n'a pas précédé le taux d'intérêt du marché. Avant la guerre américaine, le gouvernement empruntait à 3 pour cent, et les gens avaient du crédit dans la capitale et dans beaucoup d'autres parties du royaume à 3½, 4 et 4½ pour cent.

Le taux d'intérêt, bien qu'il soit finalement et en permanence régi par le taux de profit, est cependant sujet à des variations temporaires provenant d'autres causes. À chaque fluctuation de la quantité et de la valeur de la monnaie, les prix des marchandises varient naturellement. Elles varient aussi, comme nous l'avons déjà montré, depuis la modification de la proportion de l'offre à la demande, bien qu'il ne doive y avoir ni plus de facilité ni plus de difficulté de production. Lorsque les prix des biens sur le marché baissent à cause d'une offre abondante, d'une demande diminuée ou d'une hausse de la valeur de la monnaie, un fabricant accumule naturellement une quantité inhabituelle de produits finis, peu disposé à les vendre à des prix très déprimés. Pour faire face à ses paiements ordinaires, pour lesquels il dépendait autrefois de la vente de ses marchandises, il s'efforce maintenant d'emprunter à crédit et est souvent obligé de donner un taux d'intérêt majoré. Cependant, ce n'est que d'une durée temporaire ; car soit les attentes du fabricant étaient fondées et le prix du marché de ses marchandises augmente, soit il découvre que la demande est constamment diminuée et il ne résiste plus au cours des choses : les prix baissent et l'argent et l'intérêt reprennent leur valeur réelle. . Si par la découverte d'une nouvelle mine, par les abus des banques, ou par toute autre cause, la quantité de monnaie augmente considérablement, son effet final est d'augmenter les prix des marchandises en proportion de la quantité de monnaie accrue ; mais il y a probablement toujours un intervalle pendant lequel un certain effet se produit sur le taux de l'intérêt.

Le prix des biens immobiliers financés n'est pas un critère constant permettant de juger du taux d'intérêt. En temps de guerre, le marché boursier est tellement chargé par les prêts continus du gouvernement, que le prix des actions n'a pas le temps de se stabiliser à son juste niveau avant qu'une nouvelle opération de financement ait lieu, ou qu'il soit affecté par l'anticipation des événements politiques. . En temps de paix, au contraire, les opérations du fonds d'amortissement, le refus qu'éprouve une classe particulière de personnes de détourner leurs fonds vers un emploi autre que celui auquel ils ont été accoutumés, qu'ils croient sûrs, et en dont les dividendes sont payés avec la plus grande régularité, élève le prix des actions et abaisse par conséquent le taux d'intérêt de ces titres au-dessous du taux général du marché. Il est également observable que pour différents titres, le gouvernement paie des taux d'intérêt très différents. Alors que 100 *l.* capital en 5 pour cent. le stock se vend à 95 *l.* , une facture du Trésor de 100 *l.* , se vendra parfois 100 *l.* 5 *s.* , pour quelle facture du Trésor, aucun intérêt annuel ne sera payé plus que 4 *l.* 11 *p.3 j* . : l'un de ces titres rapporte à l'acheteur, aux prix ci-dessus, un intérêt de plus de 5¼ pour cent, l'autre d'un peu plus de 4¼ ; Une certaine quantité de ces bons du Trésor est requise comme placement sûr et négociable pour les banquiers ; s'ils étaient augmentés bien au-delà de cette demande, ils seraient probablement dépréciés autant que les 5 pour cent. sol. Une action payant 3 pour cent. par an se vendront toujours à un prix proportionnellement plus élevé que les actions payant 5 pour cent, car la dette en capital d'aucun des deux ne peut être acquittée qu'au pair, soit 100 *l.* de l'argent pour 100 *l.* sol. Le taux d'intérêt du marché peut tomber à 4 pour cent, et le gouvernement paierait alors au détenteur 5 pour cent. actions au pair, à moins qu'il ne consente à prendre 4 pour cent, ou un taux d'intérêt réduit au-dessous de 5 pour cent : ils n'auraient aucun avantage à payer ainsi au détenteur 3 pour cent. actions, jusqu'à ce que le taux d'intérêt du marché soit tombé en dessous de 3 pour cent. par an. Pour payer les intérêts de la dette nationale, d'importantes sommes d'argent sont retirées de la circulation quatre fois par an pendant quelques jours. Ces demandes de monnaie n'étant que temporaires, elles affectent rarement les prix ; ils sont généralement surmontés par le paiement d'un taux d'intérêt élevé. [35]

CHAPITRE XX

PRIMES À L'EXPORTATION ET INTERDICTIONS D'IMPORTATION.

UNE PRIME à l'exportation du maïs tend à faire baisser son prix pour le consommateur étranger, mais elle n'a pas d'effet permanent sur son prix sur le marché intérieur.

Supposons que, pour permettre les bénéfices habituels et généraux des actions, le prix du blé en Angleterre soit de 4 *l.* par quart; il ne pouvait alors pas être exporté vers les pays étrangers où il était vendu 3 *l.* 15 *s.* par trimestre. Mais si une prime de 10 *shillings* par trimestre était accordée à l'exportation, elle pourrait être vendue sur le marché étranger au prix de 3 *l.* 10 *s.* , et par conséquent le même bénéfice serait procuré au cultivateur de maïs, qu'il le vende à 3 *l.* 10 *s* à l'étranger, ou à 4 *l.* sur le marché intérieur.

Une prime donc, qui devrait abaisser le prix du maïs britannique dans le pays étranger au-dessous du coût de production du maïs dans ce pays, augmenterait naturellement la demande de maïs britannique et diminuerait la demande de leur propre maïs. Cette expansion de la demande de blé britannique ne pouvait manquer d'augmenter son prix pendant un certain temps sur le marché intérieur et, pendant ce temps, d'empêcher également qu'il ne tombe aussi bas sur le marché étranger que la prime a tendance à le faire . Mais les causes qui agiraient ainsi sur le prix du blé en Angleterre ne produiraient aucun effet sur son prix naturel, sur son coût réel de production. Cultiver du blé ne nécessiterait ni plus de travail ni plus de capital, et, par conséquent, si les bénéfices des capitaux du fermier n'étaient auparavant que égaux aux profits des capitaux des autres commerçants, ils seront, après la hausse des prix, considérablement supérieurs à ces bénéfices. . En augmentant les profits des capitaux du fermier, la générosité fonctionnera comme un encouragement à l'agriculture, et le capital sera retiré des industries manufacturières pour être employé sur la terre, jusqu'à ce que la demande accrue du marché étranger ait été satisfaite, lorsque le prix du blé augmentera. sur le marché intérieur, la monnaie retombera à son prix naturel et nécessaire, et les profits retrouveront leur niveau ordinaire et habituel. L'offre accrue de céréales sur le marché étranger fera également baisser leur prix dans le pays vers lequel elles sont exportées, et limitera ainsi les bénéfices de l'exportateur au taux le plus bas auquel il peut se permettre de commercer.

L'effet ultime d'une prime sur l'exportation du maïs n'est donc pas d'augmenter ou de baisser le prix sur le marché intérieur, mais de baisser le prix du maïs pour le consommateur étranger - dans toute la mesure de la prime, si le prix Le prix du blé n'avait pas été auparavant plus bas sur le marché étranger que sur le marché intérieur, et dans une moindre mesure si le prix intérieur avait été supérieur au prix sur le marché étranger.

Un écrivain dans le cinquième vol. de l'Edinburgh Review, au sujet d'une prime à l'exportation du blé, a très clairement souligné ses effets sur la demande étrangère et intérieure. Il vient aussi de remarquer que cela ne manquerait pas d'encourager l'agriculture du pays exportateur ; mais il semble avoir absorbé l'erreur commune qui a induit le Dr en erreur. Smith, et je crois la plupart des autres auteurs sur ce sujet. Il suppose que, parce que le prix du blé régule en fin de compte les salaires, il régulera donc le prix de toutes les autres marchandises. Il dit que la générosité, « en augmentant les profits de l'agriculture, agira comme un encouragement à l'agriculture ; en augmentant le prix du maïs pour les consommateurs du pays, elle diminuera pour le moment leur pouvoir d'acheter ce nécessaire à la vie, et Cela réduirait ainsi leur richesse réelle. Il est évident, cependant, que ce dernier effet doit être temporaire : les salaires des consommateurs travailleurs avaient été ajustés auparavant par la concurrence, et le même principe les ajustera de nouveau au même taux, en augmentant l'argent. du travail et , *par là même, des autres marchandises, au prix en argent du blé* . La prime à l'exportation finira donc par faire monter le prix en argent du blé sur le marché intérieur, non pas directement cependant, mais par l'intermédiaire de une demande étendue sur le marché étranger, et une augmentation conséquente du prix réel à l'intérieur : *et cette hausse du prix monétaire, une fois qu'elle aura été communiquée aux autres marchandises, deviendra naturellement fixe* .

Mais si je parviens à montrer que ce n'est pas la hausse des salaires monétaires du travail qui fait monter le prix des marchandises, mais que cette hausse affecte toujours les profits, il s'ensuivrait que les prix des marchandises n'augmenteraient pas par suite de la hausse du prix des marchandises. une prime.

Mais une hausse temporaire du prix du blé, provoquée par une demande accrue de l'étranger, n'aurait aucun effet sur le prix monétaire des salaires. La hausse du blé est provoquée par une concurrence pour l'approvisionnement qui était auparavant exclusivement réservé au marché intérieur. En augmentant les profits, un capital supplémentaire est employé dans l'agriculture et une offre accrue est obtenue ; mais jusqu'à ce qu'il soit obtenu, le prix élevé est absolument nécessaire pour proportionner la consommation à l'offre, ce qui serait contrecarré par une augmentation des salaires. La hausse du blé est la conséquence de sa rareté, et c'est le moyen par lequel la demande des acheteurs de maisons est diminuée. Si les salaires étaient augmentés, la concurrence augmenterait et une nouvelle hausse du prix du blé deviendrait nécessaire. Dans cette description des effets d'une prime, rien n'a été supposé se produire pour augmenter le prix naturel du blé, par lequel son prix de marché est finalement gouverné ; car on n'a pas supposé qu'un travail supplémentaire serait nécessaire sur la terre pour assurer une production donnée, et cela seul peut faire monter le prix naturel. Si le prix naturel du drap était de 20 *shillings* par mètre, une forte augmentation de la demande étrangère pourrait faire monter le prix à 25 *shillings* ou plus, mais les profits qui seraient alors réalisés par le drapier ne manqueraient pas d'attirer les capitaux dans le pays. dans cette direction, et bien que la demande doive être doublée, triplée ou quadruplée, l'offre finirait par être obtenue et le tissu tomberait à son prix naturel de 20 *s.* Ainsi, dans l'offre de blé, même si nous devrions exporter 2, 3 ou 800 000 quarters par an, il serait finalement produit à son prix naturel, qui ne varie jamais à moins qu'une quantité différente de travail ne devienne nécessaire à la production.

Peut-être que dans aucune partie de l'ouvrage justement célèbre d'Adam Smith ses conclusions ne sont plus sujettes à objection que dans le chapitre sur les primes. En premier lieu, il parle du blé comme d'une marchandise dont la production ne peut être augmentée par suite d'une prime à l'exportation ; il suppose invariablement qu'elle n'agit que sur la quantité réellement produite et ne stimule pas la production ultérieure. « Dans les années d'abondance, dit-il, en provoquant une exportation extraordinaire, il maintient nécessairement le prix du blé sur le marché intérieur au-dessus du niveau auquel il tomberait naturellement. Dans les années de disette, bien que la générosité soit fréquemment suspendue, la grande exportation qu'elle occasionne dans les années d'abondance doit souvent empêcher plus ou moins l'abondance d'une année de soulager la pénurie d'une autre. Aussi bien dans les années d'abondance que dans les années de disette, la générosité tend nécessairement à augmenter le prix monétaire du maïs un peu plus haut qu'il ne le serait autrement sur le marché intérieur. [36]

Adam Smith semble avoir été pleinement conscient que la justesse de son argument dépendait entièrement du fait que l'augmentation « du prix monétaire du maïs, en rendant cette denrée plus rentable pour le fermier, n'encouragerait pas nécessairement sa production ».

« Je réponds, dit-il, que cela pourrait être le cas si l'effet de la prime était d'élever le prix réel du blé, ou de permettre au fermier, avec une quantité égale, d'entretenir un plus grand nombre de cultures. ouvriers de la même manière, qu'ils soient libéraux, modérés ou rares, comme les autres ouvriers sont communément entretenus dans son quartier .

ouvrier ne consommait que du blé, et si la portion qu'il recevait était la plus petite partie de ce dont sa subsistance avait besoin, il y aurait lieu de supposer que la quantité payée à l'ouvrier ne pourrait , en aucun cas, être réduite. —

mais les salaires en argent du travail n'augmentent parfois pas du tout, et n'augmentent jamais en proportion de l'augmentation du prix en argent du blé, parce que le blé, bien qu'il représente une part importante, n'est qu'une partie de la consommation du travailleur . Si la moitié de son salaire était dépensée en blé, et l'autre moitié en savon, bougies, combustible, thé, sucre, vêtements, etc., marchandises sur lesquelles aucune hausse n'est censée avoir lieu, il est évident qu'il serait tout aussi bien. payé avec un boisseau et demi de blé, quand il était de 16 *shillings* le boisseau, comme il l'était avec deux boisseaux, quand le prix était de 8 *shillings* le boisseau ; ou bien avec 24 *shillings* en argent, comme auparavant avec 16 *shillings,* son salaire n'augmenterait que de 50 pour cent. bien que le blé ait augmenté de 100 pour cent, et, par conséquent, il y aurait une raison suffisante pour détourner davantage de capitaux vers le pays, si les bénéfices des autres métiers restaient les mêmes qu'auparavant. Mais une telle augmentation des salaires inciterait aussi les fabricants à retirer leurs capitaux des manufactures pour les employer à la terre ; car tandis que le fermier augmenterait le prix de sa marchandise de 100 pour cent et ses salaires de 50 pour cent seulement, le fabricant serait également obligé d'augmenter ses salaires de 50 pour cent, tandis qu'il n'aurait aucune compensation d'aucune sorte pour l'augmentation de son salaire. marchandise manufacturée, pour ce lot de production accru ; Les capitaux passeraient donc de l'industrie à l'agriculture, jusqu'à ce que l'offre abaisse de nouveau le prix du blé à 8 *shillings* le boisseau et les salaires à 16 *shillings* par semaine ; lorsque le fabricant obtiendrait les mêmes profits que l'agriculteur et que le flux du capital cesserait de se diriger dans un sens ou dans l'autre. C'est en effet de cette manière que la culture du blé s'étend toujours et que les besoins croissants du marché sont satisfaits. Les fonds destinés à l'entretien du travail augmentent et les salaires augmentent. La situation confortable de l' ouvrier l'incite à se marier : la population augmente et la demande de blé augmente son prix par rapport aux autres choses, davantage de capital est employé avec profit à l'agriculture et continue d'affluer vers elle, jusqu'à ce que l'offre soit égale à la quantité. demande, lorsque les prix baissent à nouveau et que les profits agricoles et manufacturiers sont à nouveau ramenés à un niveau.

Mais que les salaires soient restés stationnaires après la hausse du prix du blé, ou qu'ils aient augmenté modérément ou énormément, n'a aucune importance dans cette question, car les salaires sont payés par le fabricant aussi bien que par le fermier et, par conséquent, à cet égard, ils doivent être également affectés par une hausse du prix du blé. Mais ils sont inégalement affectés dans leurs profits, dans la mesure où le fermier vend sa marchandise à un prix avancé, tandis que le fabricant vend la sienne au même prix qu'auparavant. Cependant, c'est l'inégalité du profit qui incite toujours à déplacer le capital d'un emploi à un autre, et par conséquent il y aurait plus de blé produit et moins de marchandises fabriquées. Les manufactures n'augmenteraient pas, parce qu'elles seraient moins nombreuses, car on en obtiendrait un approvisionnement en échange du blé exporté.

Une prime, si elle fait augmenter le prix du blé, soit elle l'augmente par rapport au prix des autres marchandises, soit elle ne l'augmente pas. Si l'affirmative est vraie, il est impossible de nier les plus grands profits du fermier et la tentation de retirer le capital, jusqu'à ce que son prix soit de nouveau abaissé par une offre abondante. S'il ne l'augmente pas par rapport à d'autres produits, où est le préjudice causé au consommateur domestique, au-delà de l'inconvénient de payer la taxe ? Si le fabricant paie son blé à un prix plus élevé, il est compensé par le prix plus élevé auquel il vend sa marchandise, avec laquelle son blé est finalement acheté.

L'erreur d'Adam Smith procède précisément de la même source que celle de l'auteur de l'Edinburgh Review ; car ils pensent tous deux « que le prix monétaire du blé régule celui de toutes les autres marchandises fabriquées localement ». [37] "Il réglemente", dit Adam Smith, "le prix monétaire du travail , qui doit toujours être tel qu'il permette à l' ouvrier d'acheter une quantité de blé suffisante pour subvenir à ses besoins et à ceux de sa famille, soit dans un système libéral, modéré ou rare. La manière dont les circonstances avancées, stationnaires ou décroissantes de la société obligent ses employeurs à l'entretenir : en réglant le prix en argent de toutes les autres parties des produits bruts de la terre, elle règle celui des matériaux de presque toutes les manufactures. En réglant le prix en argent du travail , il règle celui de la fabrication de l'art et de l'industrie, et en réglant l'une et l'autre, il règle celui de la fabrication complète. *Le prix en argent du travail et de tout ce qui est produit soit de la terre, soit du travail . , doit nécessairement augmenter ou diminuer proportionnellement au prix monétaire du blé.* "

Cette opinion d'Adam Smith, j'ai déjà tenté de la réfuter. En considérant la hausse du prix des marchandises comme une conséquence nécessaire de la hausse du prix du blé, il raisonne comme s'il n'existait aucun autre fonds sur lequel la taxe accrue pourrait être payée. Il a complètement négligé la considération des profits, dont la diminution forme ce fonds, sans élever le prix des marchandises. Si cette opinion du Dr. Smith étaient bien fondés, les profits ne pouvaient jamais vraiment chuter, quelle que soit l'accumulation de capital. Si, lorsque les salaires augmentaient, le fermier pouvait augmenter le prix de son blé, et que le drapier, le chapelier, le cordonnier et tout autre fabricant pouvaient également augmenter le prix de leurs marchandises en proportion de l'avance, bien qu'estimée en argent, ils pourraient être tous soulevés, ils continueraient à avoir la même valeur les uns par rapport aux autres. Chacun de ces métiers pourrait commander la même quantité qu'auparavant des biens des autres, ce qui, puisque ce sont les biens, et non l'argent, qui constituent la richesse, est la seule circonstance qui puisse avoir de l'importance pour eux ; et toute la hausse du prix des produits bruts et des marchandises ne porterait préjudice qu'à ceux dont la propriété consistait en or et en argent, ou dont le revenu annuel était payé en quantité apportée de ces métaux, que ce soit sous la forme de lingots ou d'argent. Supposons que l'usage de l'argent soit entièrement abandonné et que tout le commerce se fasse par troc. Dans de telles circonstances, le maïs pourrait-il augmenter en valeur échangeable avec d'autres choses ? Si cela était possible, alors il n'est pas vrai que la valeur du blé règle la valeur de toutes les autres marchandises ; car pour ce faire, sa valeur relative ne doit pas varier pour eux. Si cela n'est pas possible, alors il faut soutenir que, que le blé soit obtenu sur des terres riches ou pauvres, avec beaucoup de travail ou avec peu, avec ou sans l'aide de machines, il s'échangerait toujours contre une quantité égale de tous les autres produits.

Je ne peux cependant que noter que, bien que les doctrines générales d'Adam Smith correspondent à ce que je viens de citer, il semble néanmoins, dans une partie de son ouvrage, avoir donné une explication correcte de la nature de la valeur. « La proportion entre la valeur de l'or et de l'argent et celle des marchandises de toute autre espèce *dépend dans tous les cas*, dit-il, *de la proportion entre la quantité de travail nécessaire pour rapporter une certaine quantité d'or. et l'argent au marché, et ce qui est nécessaire pour y amener une certaine quantité de toute autre sorte de marchandises*. Ne reconnaît-il pas ici pleinement que si une augmentation se produit dans la quantité de travail nécessaire pour amener une sorte de marchandises sur le marché, alors qu'une telle augmentation ne se produit pas pour y amener une autre sorte, ces marchandises augmenteront en valeur relative. Si plus de travail n'est pas nécessaire pour amener le tissu et l'or sur le marché, leur valeur relative ne variera pas, mais si plus de travail est nécessaire pour amener le maïs et les chaussures sur le marché, la valeur du maïs et des chaussures n'augmentera pas par rapport au tissu et à l'argent. en or ?

Adam Smith considère encore que la prime a pour effet de provoquer une dégradation partielle de la valeur de la monnaie. « Cette dégradation, dit-il, de la valeur de l'argent, qui est l'effet de la fertilité des mines, et qui s'opère également, ou à peu près également, dans la plus grande partie du monde commercial, est une question très peu de chose. conséquence pour un pays particulier. L'augmentation consécutive de tous les prix monétaires, bien qu'elle ne rende pas vraiment plus riches ceux qui les reçoivent, ne les rend pas vraiment plus pauvres. Un service d'assiette devient vraiment moins cher, et tout le reste reste exactement le même . une vraie valeur comme avant." Cette observation est la plus exacte.

"Mais cette dégradation de la valeur de l'argent, qui étant l'effet soit de la situation particulière, soit des institutions politiques d'un pays particulier, ne se produit que dans ce pays, est une question de très grande conséquence qui, loin de tendre vers rendre quelqu'un vraiment plus riche, tend à rendre tout le monde vraiment plus pauvre. La hausse du prix en argent de toutes les marchandises, qui est dans ce cas particulière à ce pays, tend à décourager plus ou moins toute sorte d'industrie qui s'exerce dans le pays. et permettre aux nations étrangères, en fournissant presque toutes sortes de marchandises pour une quantité d'argent inférieure à celle que leurs propres ouvriers peuvent se permettre de le faire, de les vendre à un prix inférieur, non seulement sur le marché étranger, mais même sur le marché intérieur.

J'ai tenté ailleurs de montrer qu'une dégradation partielle de la valeur de la monnaie, qui affecterait à la fois les produits agricoles et les produits manufacturés, ne saurait être permanente. Dire que la monnaie est partiellement dégradée, en ce sens, revient à dire que toutes les marchandises sont à un prix élevé ; mais tandis que l'or et l'argent seront libres de s'acheter sur le marché le moins cher, ils seront exportés contre les marchandises à meilleur marché d'autres pays, et la réduction de leur quantité augmentera leur valeur dans le pays ; les matières premières retrouveront leur niveau habituel et celles adaptées aux marchés étrangers seront exportées, comme auparavant.

Je pense donc qu'on ne peut pas s'opposer à une prime pour ce motif.

Si donc une prime augmente le prix du blé par rapport à toutes les autres choses, le fermier en bénéficiera et davantage de terres seront cultivées ; mais si la prime n'augmente pas la valeur du blé par rapport aux autres choses, alors aucun autre inconvénient ne l'accompagnera, que celui de payer la prime ; un que je ne souhaite ni cacher ni sous-estimer.

Dr. Smith déclare qu'« en établissant des droits d'importation élevés et des primes à l'exportation du maïs, les gentilshommes de la campagne semblaient avoir imité la conduite des fabricants ». Par les mêmes moyens, tous deux s'étaient efforcés d'augmenter la valeur de leurs marchandises. "Ils n'ont peut-être pas tenu compte de la grande et essentielle différence que la nature a établie entre le blé et presque toutes les autres sortes de marchandises. Lorsque, par l'un ou l'autre des moyens ci-dessus, vous permettez à nos fabricants de vendre leurs marchandises à un prix un peu meilleur qu'ils ne l'étaient. autrement vous pourriez en obtenir, vous augmentez non seulement le prix nominal, mais aussi le prix réel de ces marchandises. Vous augmentez non seulement le prix nominal, mais aussi le profit réel, la richesse et les revenus réels de ces fabricants – vous encouragez réellement ces industries. Mais quand Par des institutions semblables, vous élevez le prix nominal ou monétaire du blé, vous n'augmentez pas sa valeur réelle, vous n'augmentez pas la richesse réelle de nos agriculteurs ou de nos gentilshommes de la campagne, vous n'encouragez pas la croissance du blé. "Les choses ont imprimé au blé une valeur réelle, qui ne peut être modifiée en modifiant simplement son prix en argent. Dans le monde en général, cette valeur est égale à la quantité de travail qu'il peut entretenir."

J'ai déjà tenté de montrer que le prix du blé sur le marché, en cas d'augmentation de la demande due aux effets d'une prime, dépasserait son prix naturel, jusqu'à ce que l'offre supplémentaire requise soit obtenue, et qu'alors il retomberait à son prix naturel. prix. Mais le prix naturel du blé n'est pas aussi fixe que le prix naturel des marchandises ; parce que, si la demande de blé augmentait considérablement, il faudrait mettre en culture des terres de moins bonne qualité, sur lesquelles il faudrait plus de travail pour produire une quantité donnée, et le prix naturel du blé serait élevé. Par conséquent, en accordant des primes continues à l'exportation du blé, on créerait une tendance à une hausse permanente du prix du blé, et ceci, comme je l'ai montré ailleurs, ne manque jamais d'augmenter la ^{rente}. un intérêt seulement temporaire mais permanent dans les interdictions d'importation du maïs et dans les primes sur son exportation ; mais les fabricants n'ont aucun intérêt permanent à une prime sur l'exportation des marchandises ; leur intérêt est entièrement temporaire.

Une prime sur l'exportation des produits manufacturés sera sans aucun doute, comme le dit le Dr. Smith prétend qu'il faut augmenter le prix du marché des produits manufacturés, mais cela n'augmentera pas leur prix naturel. Le travail de 200 hommes produira le double de la quantité de ces biens que 100 pouvaient produire auparavant ; et par conséquent, lorsque la quantité de capital requise serait employée à fournir la quantité requise de produits manufacturés, ceux-ci tomberaient de nouveau à leur prix naturel. Ce n'est alors que pendant l'intervalle qui suit la hausse du prix des marchandises sur le marché et avant que l'offre supplémentaire ne soit obtenue, que les fabricants jouiront de profits élevés ; car dès que les prix auraient baissé, leurs profits tomberaient au niveau général.

Au lieu donc d'être d'accord avec Adam Smith, que les gentilshommes de la campagne n'avaient pas autant d'intérêt à interdire l'importation du blé que le fabricant avait à interdire l'importation des objets manufacturés, je prétends qu'ils ont un intérêt bien supérieur ; car leur avantage est permanent, tandis que celui du fabricant n'est que temporaire. Dr. Smith observe que la nature a établi une différence grande et essentielle entre le blé et les autres biens, mais la conclusion appropriée de cette circonstance est directement inverse de celle qu'il en tire ; car c'est à cause de cette différence que la rente est créée, et que les gentilshommes de la campagne ont intérêt à la hausse du prix naturel du blé. Au lieu de comparer l'intérêt du fabricant avec celui du gentilhomme de la campagne, le Dr. Smith aurait dû le comparer à l'intérêt du fermier, qui est très distinct de celui de son propriétaire. Les fabricants n'ont aucun intérêt à la hausse du prix naturel de leurs marchandises, pas plus que les agriculteurs n'ont aucun intérêt à la hausse du prix naturel du maïs ou d'autres produits bruts, bien que ces deux classes en bénéficient tandis que le prix du marché de leurs productions les dépasse. prix naturel. Au contraire, les propriétaires terriens ont un intérêt tout à fait déterminé à la hausse du prix naturel du blé ; car la hausse des rentes est la conséquence inévitable de la difficulté de produire les produits bruts, sans lesquels leur prix naturel ne pourrait augmenter. Or, à mesure que les primes à l'exportation et les prohibitions à l'importation du blé augmentent la demande et nous poussent à cultiver des terres plus pauvres, elles donnent nécessairement lieu à une difficulté accrue de production.

Le seul effet de la prime, soit sur l'exportation des manufactures, soit sur l'exportation du blé, est de détourner une partie du capital vers un emploi qu'il ne chercherait pas naturellement. Cela provoque une répartition pernicieuse des fonds généraux de la société : cela soudoie un fabricant pour qu'il commence ou continue à occuper un emploi comparativement moins rentable. C'est la pire espèce d'impôt, car elle ne rend pas au pays étranger tout ce qu'elle enlève au pays d'origine, le solde des pertes étant compensé par la répartition moins avantageuse du capital général. Ainsi, si le prix du maïs en Angleterre est de 4 *l.* , et en France 3 *l.* 15 *s.* , une prime de 10 *s.* la réduira finalement à 3 *l.* 10 *s.* en France, et le maintenir au même prix de 4 *l.* En Angleterre. Pour chaque quart exporté, l'Angleterre paie un impôt de 10 *shillings*. Pour chaque quart importé en France, la France ne gagne que 5 *shillings* , de sorte que la valeur de 5 *shillings* par quart est absolument perdue pour le monde, par une telle répartition de ses shillings. fonds de manière à provoquer une diminution de la production, probablement pas de maïs, mais de quelque autre objet de nécessité ou de jouissance.

M. Buchanan semble avoir vu l'erreur du Dr. Les arguments de Smith concernant les primes, et sur le dernier passage que j'ai cité, remarque très judicieusement : « En affirmant que la nature a imprimé au blé une valeur réelle, qui ne peut être modifiée en modifiant simplement son prix en argent, le Dr Smith confond sa valeur en l'usage, avec sa valeur d'échange. Un boisseau de blé ne nourrira pas plus de personnes en période de pénurie que en période d'abondance ; mais un boisseau de blé s'échangera contre une plus grande quantité de luxe et de commodités lorsqu'il est rare que lorsqu'il est abondant ; et les propriétaires fonciers, qui ont un surplus de nourriture à écouler, seront donc, dans les temps de disette, des hommes plus riches : ils échangeront leur surplus contre une plus grande valeur d'autres jouissances, que lorsque le blé est en plus grande abondance. faire valoir, par conséquent, que si la prime donne lieu à une exportation forcée de maïs, elle n'entraînera pas également une hausse réelle des prix. » L'ensemble des arguments de M. Buchanan sur cette partie du sujet des primes me paraît parfaitement clair et satisfaisant.

M. Buchanan cependant n'en a pas, je pense, pas plus que le Dr. Smith, ou l'auteur de l'Edinburgh Review, corrigent les opinions quant à l'influence d'une hausse du prix du travail sur les produits manufacturés. D'après ses vues particulières, que j'ai remarquées ailleurs, il pense que le prix du travail n'a aucun rapport avec le prix du blé, et par conséquent que la valeur réelle du blé pourrait et augmenterait sans affecter le prix du travail ; mais si le travail était affecté, il soutiendrait avec Adam Smith et l'auteur de l'Edinburgh Review que le prix des produits manufacturés augmenterait également ; et puis je ne vois pas comment il distinguerait une telle hausse du blé d'une baisse de la valeur de l'argent, ni comment il pourrait arriver à une autre conclusion que celle du Dr. Forgeron. Dans une note à la page 276, vol. je . de la richesse des nations, observe M. Buchanan, « mais le prix du blé ne règle pas le prix monétaire de toutes les autres parties des produits bruts de la terre. Il ne règle pas le prix ni des métaux, ni de diverses autres substances utiles. comme le charbon, le bois, les pierres, etc. ; *et comme elle ne règle pas le prix du travail , elle ne règle pas le prix des produits manufacturés* ; de sorte que la prime, dans la mesure où elle élève le prix du blé, est sans aucun doute un Ce n'est donc pas sur cette base qu'il faut discuter de sa politique. Il faut admettre qu'il encourage l'agriculture, en augmentant le prix du maïs, et la question se pose alors de savoir si l'agriculture devrait être ainsi encouragé ? » — C'est donc, selon M. Buchanan, un réel bénéfice pour le fermier, car cela n'augmente pas le prix du travail ; mais si tel était le cas, cela augmenterait le prix de toutes choses en proportion, et alors cela n'apporterait aucun encouragement particulier à l'agriculture.

Il faut cependant admettre que la tendance d'une prime à l'exportation d'une marchandise quelconque est d'abaisser dans une faible mesure la valeur de la monnaie. Tout ce qui facilite l'exportation tend à accumuler de l'argent dans un pays ; et au contraire, tout ce qui entrave l'exportation tend à la diminuer. L'effet général de l'impôt, en élevant les prix des marchandises taxées, tend à diminuer les exportations, et par conséquent à freiner l'afflux de monnaie ; et sur le même principe, une prime encourage l'afflux d'argent. Ceci est expliqué plus en détail dans les observations générales sur la fiscalité.

Les effets néfastes du système marchand ont été pleinement exposés par le Dr. Forgeron; le seul but de ce système était d'augmenter le prix des marchandises sur le marché intérieur en interdisant la concurrence étrangère ; mais ce système n'était pas plus préjudiciable aux classes agricoles qu'à toute autre partie de la communauté. En poussant le capital vers des canaux où il ne circulerait pas autrement, il a diminué la quantité totale de marchandises produites. Le prix, bien que constamment plus élevé, n'était pas soutenu par la rareté, mais par la difficulté de production ; et par conséquent, bien que les vendeurs de ces marchandises les vendaient à un prix plus élevé, ils ne les vendaient pas, après que la quantité de capital requise ait été employée à les produire, avec des profits plus élevés. [39]

Les fabricants eux-mêmes, en tant que consommateurs, ont dû payer un prix supplémentaire pour ces produits, et on ne peut donc pas dire à juste titre que « l'augmentation des prix occasionnée par les deux (les lois sur les sociétés et les droits élevés sur l'importation de produits étrangers) est « Partout enfin payé par les propriétaires, les fermiers et les ouvriers du pays.

Il est d'autant plus nécessaire de faire cette remarque que de nos jours l'autorité d'Adam Smith est citée par les gentilshommes de la campagne pour avoir imposé des droits aussi élevés sur l'importation du blé étranger. Parce que le coût de production, et donc les prix de divers produits manufacturés, sont augmentés pour le consommateur par une erreur de législation, le pays a été appelé, sous couvert de justice, à se soumettre tranquillement à de nouvelles exactions. Parce que nous payons tous un prix supplémentaire pour notre lin, notre mousseline et nos cotons, on pense simplement que nous devrions également payer un prix supplémentaire pour notre maïs. Parce que, dans la répartition générale du travail dans le monde, nous avons empêché que la plus grande quantité de productions puisse être obtenue par ce travail en marchandises manufacturées ; nous devrions nous punir encore davantage en diminuant les pouvoirs productifs du travail en général dans la fourniture des produits bruts. Il serait bien plus sage de reconnaître les erreurs qu'une politique erronée nous a amenés à adopter, et de commencer immédiatement un retour progressif aux principes sains d' un libre-échange universel.

« J'ai déjà eu l'occasion de remarquer, observe M. Say, en parlant de ce qu'on appelle improprement la balance commerciale, que s'il convient mieux à un commerçant d'exporter les métaux précieux à l'étranger que n'importe quelle autre marchandise, il L'État a également intérêt à les exporter, car l'État ne gagne ou ne perd que par le canal de ses citoyens ; et en ce qui concerne le commerce extérieur, ce qui convient le mieux à l'individu convient aussi le mieux à l'État ; par conséquent, par opposant des obstacles à l'exportation que les particuliers seraient portés à faire des métaux précieux, on ne fait rien d'autre que de les forcer à substituer quelque autre marchandise moins rentable pour eux et pour l'État. Il faut cependant remarquer que je dis seulement *en ce qui concerne le commerce extérieur* , parce que les profits que les commerçants font par leurs relations avec leurs compatriotes, ainsi que ceux qui se font dans le commerce exclusif avec les colonies, ne sont pas entièrement des gains pour l'État. , il n'y a pas d'autre gain que la valeur d'une utilité produite ; *Que la valeur dune utilité produite* ." [40] Vol. I . p. 401. Je ne vois pas la distinction faite ici entre les profits du commerce intérieur et ceux du commerce extérieur. Le but de tout commerce est d'augmenter les productions. Si pour l'achat d'une pipe de vin, J'avais le pouvoir d'exporter des lingots, qui étaient achetés avec la valeur du produit de 100 jours de travail , mais le gouvernement, en interdisant l'exportation de lingots, devrait m'obliger à acheter mon vin avec une denrée achetée pour la valeur de le produit de cent cinq jours du travail , le produit de cinq jours de travail est perdu pour moi et, par moi, pour l'État. Mais si ces transactions avaient lieu entre individus, dans différentes provinces du même pays, le même avantage reviendrait à la fois à l'individu et, par son intermédiaire, au pays, s'il était libre dans le choix des marchandises avec lesquelles il fait ses achats; et le même désavantage s'il était obligé par le gouvernement d'acheter avec le produit le moins avantageux. Si un fabricant pouvait produire avec le même capital, plus de fer là où le charbon est abondant, que là où le charbon est rare, le pays bénéficierait de la différence. Mais si les charbons n'étaient nulle part abondants, et qu'il importait du fer, et qu'il pût obtenir cette quantité supplémentaire en fabriquant une marchandise, avec le même capital et le même travail , il profiterait également à son pays de la quantité supplémentaire de fer. Au 6ème chapitre. De cet ouvrage, j'ai essayé de montrer que tout commerce, qu'il soit étranger ou intérieur, est bénéfique, en augmentant la quantité, et non en augmentant la valeur des productions. Nous n'aurons pas une plus grande valeur, soit que nous exercions le commerce intérieur et extérieur le plus avantageux, soit que, du fait d'être fortifiés par des lois prohibitives, nous soyons obligés de nous contenter du moins avantageux. Le taux de profit et la valeur produite seront les mêmes. L'avantage se résume toujours à celui que M. Say paraît borner au commerce intérieur ; dans les deux cas il n'y a pas d'autre gain que celui de la valeur d'une *utilité produits* .

CHAPITRE XXI.

SUR LES PRIMES SUR LA PRODUCTION.

IL NE SERAIT PEUT- être pas inutile d'examiner les effets d'une prime sur la *production* de produits bruts et d'autres marchandises, en vue d'observer l'application des principes que j'ai essayé d' établir, en ce qui concerne les bénéfices des stocks, le rapport annuel. produits de la terre et du travail , et prix relatifs des produits manufacturés et des produits bruts. En premier lieu, supposons qu'un impôt soit imposé sur toutes les marchandises, dans le but de réunir un fonds qui serait employé par le gouvernement à accorder une prime sur la production de *blé* . Comme aucune partie d'un tel impôt ne serait dépensée par le gouvernement, et que tout ce qui serait reçu d'une classe du peuple serait restitué à une autre, la nation collectivement ne serait ni plus riche ni plus pauvre, grâce à un tel impôt et à une telle générosité. Il serait facile d'admettre que l'impôt sur les marchandises par lequel le fonds a été créé augmenterait le prix des marchandises taxées ; tous les consommateurs de ces produits contribueraient donc à ce fonds ; en d'autres termes, leur prix naturel ou nécessaire étant augmenté, leur prix de marché augmenterait également. Mais pour la même raison que le prix naturel de ces marchandises serait élevé, le prix naturel du blé diminuerait ; avant que la prime ne soit payée sur la production, les fermiers obtenaient pour leur blé un prix aussi élevé qu'il était nécessaire pour leur rembourser leur fermage et leurs dépenses, et leur assurer le taux général des profits ; après la prime, ils recevraient un taux plus élevé, à moins que le prix du blé ne baisse d'une somme au moins égale à la prime. L'effet de l'impôt et de la prime serait donc d'élever le prix des marchandises dans une mesure égale à l'impôt qui leur est imposé, et de baisser le prix du blé d'une somme égale à la prime payée. On remarquera aussi qu'aucune modification permanente ne pourrait être apportée à la répartition du capital entre l'agriculture et l'industrie, car, comme il n'y aurait aucune modification, ni dans la quantité de capital ni dans la population, il y aurait exactement la même demande de pain et de pain. fabrique. Les profits du fermier ne dépasseraient pas le niveau général, après la baisse du prix du blé ; les profits du fabricant ne diminueraient pas non plus après l'essor des produits manufacturés ; la générosité n'entraînerait alors plus aucun capital à employer sur la terre à la production du blé, ni moins à la fabrication de marchandises. Mais comment les intérêts du propriétaire seraient-ils affectés ? Selon les mêmes principes selon lesquels un impôt sur les produits bruts réduirait la rente du maïs, laissant la rente monétaire inchangée, une prime sur la production, qui est directement le contraire d'un impôt, augmenterait la rente du maïs, laissant la rente monétaire inchangée. [41] Avec la même rente en argent, le propriétaire aurait un prix plus élevé à payer pour ses produits manufacturés et un prix moindre pour son blé ; il ne serait donc probablement ni plus riche ni plus pauvre.

Or, la question de savoir si une telle mesure aurait un quelconque effet sur les salaires du travail dépendrait de la question de savoir si le travailleur , en achetant des marchandises, paierait pour l'impôt autant qu'il recevrait de la générosité, au bas prix de l'argent. Sa nourriture. Si ces deux quantités étaient égales, les salaires resteraient inchangés ; mais si les marchandises taxées n'étaient pas celles consommées par l' ouvrier , son salaire baisserait et son employeur bénéficierait de la différence. Mais cela ne représente pas un réel avantage pour son employeur ; cela aurait en effet pour effet d'augmenter le taux de ses profits, comme doit le faire toute baisse de salaire ; mais à mesure que l' ouvrier contribuait moins au fonds sur lequel la prime était payée et qui, rappelons-le, devait être constitué, son employeur devait contribuer davantage ; en d'autres termes, il contribuerait à l'impôt par ses dépenses, autant qu'il recevrait ensemble des effets de la générosité et du taux plus élevé des profits. Il obtient un taux de profits plus élevé pour le récompenser du paiement, non seulement de sa propre part de l'impôt, mais aussi de celle de son travailleur ; la rémunération qu'il reçoit pour sa part de travail se traduit par une diminution du salaire ou, ce qui revient au même, par une augmentation des profits ; la rémunération des siens apparaît dans la diminution du prix du blé qu'il consomme, résultant de la générosité.

Il conviendra ici de remarquer les différents effets produits sur les profits par une modification de la valeur réelle du travail du blé, et par une modification de la valeur relative du blé, par les impôts et par les primes. Si le prix du blé diminue par suite d'une modification du prix du travail , non seulement le taux des profits boursiers sera modifié, mais aussi les profits absolus ; ce qui n'arrive pas, comme nous venons de le voir, lorsque la baisse est provoquée artificiellement par une prime. Dans le cas réel de la valeur du blé, du fait qu'il faut moins de travail pour produire l'un des objets les plus importants de la consommation humaine, le travail est rendu plus productif. Avec le même capital, le même travail est employé, et il en résulte un accroissement de la production ; non seulement alors le taux des profits, mais les profits absolus des actions augmenteront ; non seulement chaque capitaliste aura un plus grand revenu en argent s'il emploie le même capital-argent, mais encore, lorsque cet argent sera dépensé, cela lui procurera une plus grande somme de marchandises ; ses jouissances en seront augmentées. Dans le cas de la prime, pour contrebalancer l'avantage qu'il tire de la chute d'une marchandise, il a l'inconvénient de payer un prix plus que proportionnellement élevé pour une autre ; il reçoit un taux de profit majoré pour lui permettre de payer ce prix plus élevé ; de sorte que sa situation réelle n'est en rien améliorée : bien qu'il obtienne un taux de profits plus élevé, il n'a pas une plus grande maîtrise des produits de la terre et du travail du pays. Lorsque la baisse de la valeur du blé est provoquée par des causes naturelles, elle n'est pas contrecarrée par la hausse des autres marchandises ; au contraire, ils chutent à cause de la matière première à partir de laquelle ils sont fabriqués : mais lorsque la chute du blé est provoquée par des moyens artificiels, elle est toujours contrebalancée par une augmentation réelle de la valeur d'une autre marchandise, de sorte que si le maïs est acheté moins chers, les autres produits sont achetés plus chers.

C'est donc une preuve supplémentaire qu'aucun désavantage particulier ne résulte des impôts sur les produits de première nécessité, en raison de leur augmentation des salaires et de leur diminution du taux des profits. Les bénéfices sont certes réduits, mais seulement jusqu'au montant de la part de l'impôt qui revient à l'ouvrier , qui doit en tout cas être payée soit par son employeur, soit par le consommateur du produit du travail de l'ouvrier . Que vous déduisiez 50 *l.* par an sur les revenus de l'employeur, ou ajouter 50 *l.* aux prix des marchandises qu'il consomme, ne peut avoir d'autre conséquence pour lui ou pour la communauté que de toucher également toutes les autres classes. Si elle est ajoutée aux prix de la marchandise, un avare peut éviter la taxe en ne consommant pas ; si elle est indirectement déduite du revenu de chaque homme, il ne peut éviter de payer sa juste part des charges publiques.

Une prime sur la production de maïs ne produirait donc aucun effet réel sur la production annuelle du pays et sur la main-d'œuvre du pays, bien qu'elle rendrait le maïs relativement bon marché et les produits manufacturés relativement chers. Mais supposons maintenant qu'une mesure contraire soit adoptée, qu'un impôt soit élevé sur le blé dans le but de constituer un fonds pour une prime sur la production des marchandises.

Dans un tel cas, il est évident que le blé serait cher et les denrées bon marché ; le travail continuerait au même prix, si le travailleur bénéficiait autant du bon marché des marchandises que de la cherté du blé; mais s'il ne l'était pas, les salaires augmenteraient et les profits diminueraient, tandis que la rente monétaire resterait la même qu'auparavant ; les profits diminueraient parce que, comme nous venons de l'expliquer, ce serait de cette manière que la part de l'impôt revenant aux travailleurs serait payée par les employeurs du travail . Par l'augmentation des salaires , l' ouvrier serait compensé de l'impôt qu'il paierait sur l'augmentation du prix du blé ; en ne dépensant aucune partie de son salaire pour les marchandises manufacturées, il ne recevrait aucune part de la prime ; la prime serait entièrement reçue par les employeurs, et l'impôt serait en partie payé par les employés ; une rémunération serait versée aux ouvriers , sous forme de salaires, pour cette charge accrue qui leur est imposée, et ainsi le taux des profits serait réduit. Dans ce cas également, il s'agirait d'une mesure complexe qui ne produirait aucun résultat au niveau national.

En examinant cette question, nous avons volontairement laissé de côté l'effet d'une telle mesure sur le commerce extérieur ; nous avons plutôt supposé le cas d'un pays isolé, n'ayant aucun lien commercial avec d'autres pays. Nous avons vu que, comme la demande du pays en blé et en marchandises serait la même, quelle que soit la direction que prendrait la générosité, il n'y aurait aucune tentation de déplacer le capital d'un emploi à un autre : mais ce ne serait plus le cas s'il y avait des investissements étrangers. commerce, et ce commerce était libre. En modifiant la valeur relative des marchandises et du blé, en produisant un effet si puissant sur leurs prix naturels, nous devrions appliquer une forte incitation à l'exportation des marchandises dont les prix naturels ont été abaissés, et une incitation égale à l'importation de ces marchandises. dont les prix naturels étaient augmentés, et ainsi une telle mesure financière pourrait modifier entièrement la répartition naturelle de l'emploi ; à l'avantage certes des pays étrangers, mais ruineux pour celui dans lequel une politique si absurde a été adoptée.

CHAPITRE XXII.

DOCTRINE D'ADAM SMITH CONCERNANT LA LOCATION DES TERRES.

« **SEULES** LES PARTIES du produit de la terre, dit Adam Smith, peuvent être communément mises sur le marché, dont le prix ordinaire est suffisant pour remplacer le stock qui doit être employé pour les y amener, ainsi que ses bénéfices ordinaires. Si le prix ordinaire est supérieur à ce montant, la partie excédentaire ira naturellement à la rente de la terre. *S'il n'est pas supérieur, bien que la marchandise puisse être mise sur le marché, elle ne peut rapporter aucune rente au propriétaire .* , ou n'est plus, dépend de la demande.

Ce passage amènerait naturellement le lecteur à conclure que son auteur ne pouvait pas se tromper sur la nature de la rente, et qu'il a dû voir que la qualité des terres que les exigences de la société pourraient exiger pour être mises en culture dépendrait de « la nature ordinaire de la terre » . *prix de ses produits »*, *s'ils étaient « suffisants pour remplacer le capital qui doit être employé à sa culture, ainsi que ses bénéfices ordinaires »*.

Mais il avait adopté l'idée selon laquelle « il y a certaines parties du produit de la terre pour lesquelles la demande doit toujours être telle qu'elle permette un prix plus élevé que ce qui est suffisant pour les amener sur le marché » ; et il considérait la nourriture comme l'une de ces parties.

Il dit que « la terre, dans presque toutes les situations, produit une plus grande quantité de nourriture que ce qui est suffisant pour entretenir tout le travail nécessaire pour la mettre sur le marché, de la manière la plus libérale avec laquelle ce travail est jamais entretenu. est toujours plus que suffisant pour remplacer le capital qui employait ce travail , ainsi que ses bénéfices. Il reste donc toujours quelque chose comme rente au propriétaire.

Mais quelle preuve en donne- t-il ? — rien d'autre que l'affirmation selon laquelle « les landes les plus désertiques de Norvège et d'Écosse produisent une sorte de pâturage pour le bétail, dont le lait et l'augmentation sont toujours plus que suffisants, non seulement pour entretenir le bétail ». tout le travail nécessaire pour les entretenir et pour payer le bénéfice ordinaire au fermier ou au propriétaire du troupeau ou du troupeau, mais pour fournir un petit loyer au propriétaire. Maintenant, il me sera permis d'avoir un doute à ce sujet. Je crois que dans tous les pays, depuis le plus grossier jusqu'au plus raffiné, il y a des terres d'une telle qualité qu'elles ne peuvent donner un produit plus que suffisamment précieux pour remplacer le capital qui y est employé, ainsi que les profits ordinaires et habituels dans ce pays. En Amérique, nous savons tous que c'est le cas, et pourtant personne ne soutient que les principes qui réglementent les loyers soient différents dans ce pays et en Europe. Mais s'il était vrai que l'Angleterre avait tellement progressé dans la culture qu'à cette époque il ne restait plus aucune terre qui ne permette un fermage, il serait également vrai qu'il devait y avoir autrefois de telles terres ; et que le fait qu'il y en ait ou non n'a aucune importance dans cette question, car c'est la même chose s'il y a un capital employé en Grande-Bretagne sur des terres qui ne rapportent que le rendement des actions avec ses bénéfices ordinaires, qu'il soit employé sur d'anciens capitaux. ou sur un nouveau terrain. Si un cultivateur accepte une terre par bail de sept ou quatorze ans, il peut proposer d'y employer un capital de 10.000 *l.* , sachant qu'au prix actuel des céréales et des matières premières, il peut remplacer la partie de son stock qu'il est obligé de dépenser, payer sa rente et obtenir le taux général de profit. Il n'emploiera pas 11 000 *l.* , sauf si les derniers 1 000 *l.* peut être employé de manière aussi productive qu'il lui procure les bénéfices habituels du stock. Dans son calcul, s'il doit l'employer ou non, il considère seulement si le prix des produits bruts est suffisant pour remplacer ses dépenses et ses bénéfices, car il sait qu'il n'aura aucune rente supplémentaire à payer. Même à l'expiration de son bail, son loyer ne sera pas augmenté ; car si son propriétaire exigeait un loyer, car ces 1000 *l supplémentaires.* était employé, il le retirerait; puisqu'en l'employant il n'obtient, par supposition, que les profits ordinaires et habituels qu'il peut obtenir par tout autre emploi du capital ; et par conséquent il ne peut pas se permettre de payer un loyer pour cela, à moins que le prix des produits bruts n'augmente encore, ou, ce qui revient au même, à moins que le taux habituel et général des profits ne baisse.

Si l'esprit compréhensif d'Adam Smith avait été orienté vers ce fait, il n'aurait pas soutenu que la rente constitue l'une des composantes du prix des produits bruts ; car le prix est partout réglé par le rendement obtenu par cette dernière partie du capital, pour laquelle aucune rente n'est payée. S'il avait évoqué ce principe, il n'aurait fait aucune distinction entre la loi qui règle le fermage des mines et le fermage des terres.

« Qu'une mine de charbon, par exemple, puisse permettre une rente quelconque, dépend en partie de sa fertilité et en partie de sa situation. Une mine, quelle qu'elle soit, peut être dite soit fertile, soit en lingots, selon la quantité. de minerai qu'on peut en tirer par une certaine quantité de travail , est plus ou moins grand que ce qu'on peut en tirer par une quantité égale de la plupart des autres mines du même genre. Certaines mines de charbon, avantageusement situées, ne peuvent être exploitées sur Le produit ne paie pas la dépense. Ils ne peuvent se permettre ni profit ni rente. Il y en a dont le produit est à peine suffisant pour payer le travail et remplacer, avec ses profits ordinaires, le capital employé dans Ils rapportent un certain bénéfice à l'entrepreneur de l'ouvrage, mais aucun loyer au propriétaire. Ils ne peuvent être exploités avantageusement que par le propriétaire, qui, étant lui-même l'entrepreneur de l'ouvrage, reçoit le profit ordinaire du capital qu'il a acquis. y emploie. De nombreuses mines de charbon en Écosse sont exploitées de cette manière et ne peuvent l'être autrement. Le propriétaire ne permettra à personne d'autre de les travailler sans payer un loyer, et personne ne peut se permettre d'en payer.

« D'autres mines de charbon dans le même pays, suffisamment fertiles, ne peuvent être exploitées à cause de leur situation. Une quantité de minerai suffisante pour couvrir les frais d'exploitation pourrait être apportée de la mine par la voie ordinaire, ou même inférieure à la quantité ordinaire. de travail ; mais dans un pays intérieur, peu peuplé et sans bonnes routes ni transport par eau, cette quantité ne pourrait pas être vendue. " Tout le principe de la rente est ici admirablement et clairement expliqué, mais chaque mot est aussi applicable à la terre qu'aux mines ; cependant il affirme qu'« il en est autrement dans les domaines hors sol. La proportion, tant de leur produit que de leur rente, est proportionnelle à leur fécondité absolue, et non à leur fécondité relative ». Mais supposons qu'il n'y ait aucune terre qui ne permette un loyer ; alors, le montant de la rente sur la terre la plus mauvaise serait proportionnel à l'excédent de la valeur du produit sur la dépense du capital et les profits ordinaires du capital : le même principe régirait la rente d'une terre d'une qualité un peu meilleure. ou plus favorablement située, et donc la rente de cette terre dépasserait la rente de celle qui lui est inférieure, par les avantages supérieurs qu'elle possédait ; on pourrait en dire autant de celui de la troisième qualité, et ainsi de suite jusqu'au meilleur. N'est-il pas donc aussi certain que c'est la fertilité relative de la terre qui détermine la part du produit qui doit être payée pour le fermage de la terre, comme il l'est que la fertilité relative des mines détermine la part de leur produit qui doit être payée pour le fermage de la terre. être payé pour le loyer des mines ?

Après qu'Adam Smith ait déclaré qu'il y a certaines mines qui ne peuvent être exploitées que par leurs propriétaires, puisqu'elles n'auront que de quoi couvrir les frais d'exploitation, ainsi que les bénéfices ordinaires du capital employé, on peut s'attendre à ce qu'il admette que c'étaient ces mines particulières qui réglementaient le prix des produits. Si les anciennes mines ne suffisent pas à fournir la quantité de charbon requise, le prix du charbon augmentera et continuera à augmenter jusqu'à ce que le propriétaire d'une mine nouvelle et inférieure découvre qu'il peut obtenir les bénéfices habituels de son capital en exploitant sa mine. Si sa mine est assez fertile, l'augmentation ne sera pas grande avant qu'elle ne devienne son intérêt pour employer son capital ; mais s'il est moins productif, il est évident que le prix doit continuer à monter jusqu'à ce qu'il lui fournisse les moyens de payer ses dépenses et d'obtenir les bénéfices ordinaires des capitaux. Il paraît donc que c'est toujours la mine la moins fertile qui règle le prix du charbon. Adam Smith, cependant, est d'un avis différent : il observe que « la mine de charbon la plus fertile règle également le prix du charbon dans toutes les autres mines de son voisinage. Le propriétaire et l'entrepreneur des travaux trouvent celui qui il peut obtenir un loyer plus élevé, l'autre, qu'il peut obtenir un plus grand profit, en vendant un peu moins cher que tous ses voisins .. Leurs voisins sont bientôt obligés de vendre au même prix, bien qu'ils ne puissent pas si bien se le permettre, et bien que cela diminue toujours , et parfois leur enlève complètement à la fois leur loyer et leur profit. Certaines œuvres sont complètement abandonnées ; d'autres ne peuvent se permettre aucun loyer et ne peuvent être exécutées que par le propriétaire. Si la demande de charbon devait diminuer, ou si, par de nouveaux procédés, la quantité devait être augmentée, le prix baisserait et certaines mines seraient abandonnées ; mais dans tous les cas, le prix doit être suffisant pour payer les dépenses et les bénéfices de la mine qu'on exploite sans qu'on lui impose de rente : c'est donc la mine la moins fertile qui règle le prix. En fait , Adam Smith lui-même le déclare ailleurs, car il dit : « Le prix le plus bas auquel les charbons peuvent être vendus pendant un temps considérable est, comme celui de toutes les autres marchandises, le prix qui est à peine suffisant pour remplacer, ensemble, avec ses profits ordinaires, le capital qui doit être employé à les amener sur le marché. Dans une mine de charbon pour laquelle le propriétaire ne peut toucher aucun loyer, mais qu'il doit soit exploiter lui-même, soit la laisser tranquille, le prix du charbon doit généralement à peu près à ce prix.

Mais la même circonstance, à savoir l'abondance et par conséquent le bas prix du charbon, quelle qu'en soit la cause, qui obligerait à abandonner les mines sur lesquelles il n'y avait pas de rente, ou une rente très modérée, serait, si l'on La même abondance, et par conséquent le bon marché des produits bruts, obligent à abandonner la culture de ces terres pour lesquelles soit aucune rente n'était payée, soit une rente très modérée. Si, par exemple, les pommes de terre devenaient l'aliment général et commun du peuple, comme le riz l'est dans certains pays, un quart ou la moitié des terres actuellement cultivées seraient probablement immédiatement abandonnées ; car si, comme le dit Adam Smith, « un acre de pommes de terre produit six mille poids de nourriture solide, soit trois fois la quantité produite par un acre de blé », il ne pourrait pas y avoir pendant un temps considérable une telle multiplication de personnes, au point de consommer la quantité qui pourrait être récoltée sur la terre avant d'être employée à la culture du blé ; beaucoup de terres seraient par conséquent abandonnées et les loyers baisseraient ; et ce ne serait que lorsque la population aurait doublé ou triplé que la même quantité de terre pourrait être cultivée et que le fermage serait aussi élevé qu'auparavant.

Aucune proportion plus grande du produit brut ne serait payée au propriétaire non plus, qu'il s'agisse de pommes de terre, qui nourriraient trois cents personnes, ou de blé, qui n'en nourrirait qu'une centaine ; car, bien que les dépenses de production seraient considérablement diminuées si les salaires des ouvriers étaient principalement réglés par le prix des pommes de terre et non par le prix du blé, et bien que par conséquent la proportion du produit brut total, après paiement des ouvriers , serait cependant, aucune partie de cette proportion supplémentaire n'irait à la rente, mais la totalité invariablement aux profits, les profits étant toujours augmentés à mesure que les salaires baissent, et diminués à mesure que les salaires augmentent. Que l'on cultive du blé ou des pommes de terre, la rente serait régie par le même principe : elle serait toujours égale à la différence entre les quantités de produits obtenues à capitaux égaux, soit sur la même terre, soit sur des terres de qualités différentes ; et par conséquent, tant que des terres de même qualité seraient cultivées et que leur fertilité ou leurs avantages relatifs ne seraient pas altérés, la rente serait toujours dans la même proportion au produit brut.

Adam Smith, cependant, soutient que la proportion qui revient au propriétaire serait augmentée par une diminution des coûts de production, et que par conséquent, il recevrait une part plus grande ainsi qu'une plus grande quantité, d'une production abondante que d'une production rare. « Un champ de riz, dit-il, produit une bien plus grande quantité de nourriture que le champ de maïs le plus fertile. On dit que deux récoltes par an, de trente à soixante boisseaux chacune, constituent le produit ordinaire d'un acre. La culture demande donc plus de travail , il reste un excédent beaucoup plus important après avoir entretenu tout ce travail . Dans les pays rizicoles, où le riz est l'aliment végétal commun et préféré du peuple, et où les cultivateurs sont principalement entretenus avec lui, *une plus grande part de cet excédent plus important devrait appartenir au propriétaire que dans les pays à maïs* .

M. Buchanan remarque également qu'« il est tout à fait clair que si un autre produit que la terre produit plus abondamment que le blé devenait la nourriture commune du peuple, la rente du propriétaire serait augmentée proportionnellement à sa plus grande rente. abondance."

Si les pommes de terre devenaient l'aliment commun du peuple, il y aurait une longue période pendant laquelle les propriétaires fonciers subiraient une énorme déduction de leur loyer. Ils ne recevraient probablement pas autant de nourriture humaine qu'ils en reçoivent actuellement, tandis que la subsistance tomberait à un tiers de sa valeur actuelle. Mais toutes les marchandises manufacturées, pour lesquelles une partie de la rente du propriétaire est dépensée, ne subiraient pas d'autre baisse que celle qui proviendrait de la baisse de la matière première dont elles sont fabriquées, et qui ne résulterait que de la plus grande fertilité de la terre. , qui pourrait ensuite être consacrée à sa production.

Lorsque, grâce au progrès de la population, des terres de la même qualité qu'auparavant seraient mises en culture pour produire la nourriture nécessaire, et que le même nombre d'hommes serait employé à sa production, le propriétaire foncier n'aurait pas seulement la même proportion de cette quantité. produire comme avant, mais cette proportion aurait également la même valeur qu'avant. Le loyer serait alors le même qu'avant ; Mais les profits seraient bien plus élevés, car le prix de la nourriture, et par conséquent des salaires, serait bien inférieur. Des profits élevés sont favorables à l'accumulation de capital. La demande de main-d'œuvre augmenterait encore et les propriétaires bénéficieraient en permanence de la demande accrue de terres.

L'intérêt du propriétaire s'oppose toujours à celui du consommateur et du fabricant. Le maïs peut être en permanence à un prix avancé, uniquement parce que du travail supplémentaire est nécessaire pour le produire ; car son coût de production est augmenté. La même cause augmente invariablement la rente ; il est donc dans l'intérêt du propriétaire que les frais associés à la production du blé soient augmentés. Toutefois, ce n'est pas l'intérêt du consommateur ; pour lui, il est désirable que le blé soit faible par rapport à l'argent et aux marchandises, car c'est toujours avec des marchandises ou de l'argent qu'on achète le blé. Il n'est pas non plus dans l'intérêt du fabricant que le blé soit à un prix élevé, car le prix élevé du blé entraînera des salaires élevés, mais ne fera pas augmenter le prix de sa marchandise. Non seulement il faut alors donner une plus grande partie de sa marchandise, ou, ce qui revient au même, la valeur d'une plus grande partie de sa marchandise, en échange du blé qu'il consomme lui-même, mais il faut aussi donner davantage, ou la valeur de plus, pour les salaires de ses ouvriers, pour lesquels il ne recevra aucune rémunération. Toutes les classes, sauf les propriétaires fonciers, seront donc lésées par la hausse du prix du blé. Les relations entre le propriétaire et le public ne sont pas comme les transactions commerciales, dans lesquelles le vendeur et l'acheteur peuvent également dire qu'ils gagnent, mais la perte est entièrement d'un côté et le gain entièrement de l'autre ; et si le blé pouvait être obtenu à meilleur marché par l'importation, la perte résultant de la non-importation serait bien plus grande d'un côté que le gain ne l'est de l'autre.

Adam Smith ne fait jamais de distinction entre une faible valeur de l'argent et une valeur élevée du blé, et en déduit donc que l'intérêt du propriétaire n'est pas opposé à celui du reste de la communauté. Dans le premier cas, la monnaie est faible par rapport à toutes les marchandises ; dans l'autre, le maïs est élevé par rapport à tous. Dans le premier, le maïs et les matières premières restent aux mêmes valeurs relatives, dans le second, le maïs est plus élevé par rapport aux matières premières ainsi qu'à l'argent.

L'observation suivante d'Adam Smith est applicable à une faible valeur de l'argent, mais elle est totalement inapplicable à une valeur élevée du blé. "Si l'importation (de maïs) était toujours libre, nos agriculteurs et nos messieurs de la campagne recevraient probablement, année après année, moins d'argent pour leur maïs qu'ils ne le font actuellement, alors que l'importation est la plupart du temps en fait interdite; mais l'argent ce qu'ils obtiendraient aurait plus de valeur, *achèteraient plus de biens de toutes autres espèces* et emploieraient plus de travail . Leur richesse réelle, leur revenu réel serait donc le même qu'aujourd'hui, bien qu'il puisse être exprimé par une valeur moindre. quantité d'argent, et ils ne seraient ni empêchés ni découragés de cultiver le blé autant qu'ils le font actuellement. Au contraire, comme l'augmentation de la valeur réelle de l'argent, par suite de la baisse du prix monétaire du blé, abaisse quelque peu la valeur réelle de l'argent. prix monétaire de toutes les autres marchandises, il donne à l'industrie du pays où elle a lieu un certain avantage sur tous les marchés étrangers, et tend ainsi à encourager et à accroître cette industrie. Mais l'étendue du marché intérieur du blé doit être proportionnelle à l'industrie générale du pays où il pousse, ou au nombre de ceux qui produisent autre chose, pour le donner en échange du blé. Mais dans chaque pays, le marché intérieur, comme il est le plus proche et le plus commode, est également le marché le plus grand et le plus important pour le blé. "Cette hausse de la valeur réelle de l'argent, qui est l'effet de la baisse du prix monétaire moyen du blé, tend donc à élargir le marché le plus grand et le plus important pour le blé et, par conséquent, à encourager, au lieu de décourager, sa croissance."

Un prix monétaire élevé ou bas du blé, dû à l'abondance et au bon marché de l'or et de l'argent, n'a aucune importance pour le propriétaire foncier, car toutes les sortes de produits seraient également affectées, exactement comme le décrit Adam Smith ; mais un prix du blé relativement élevé est toujours très bénéfique au propriétaire, car avec la même quantité de blé, il lui donne non seulement la commande d'une plus grande quantité d'argent, mais aussi d'une plus grande quantité de toutes les marchandises que l'argent peut acheter. .

CHAPITRE XXIII.

SUR LE COMMERCE COLONIAL.

A DAM SMITH , dans ses observations sur le commerce colonial, a montré de manière très satisfaisante les avantages du libre-échange et l'injustice subie par les colonies, lorsqu'elles sont empêchées par leurs métropoles de vendre leurs produits au marché le plus cher et d'acheter leurs fabrications et magasins au moins cher. Il a montré qu'en permettant à chaque pays d'échanger les produits de son industrie quand et où bon lui semble, la meilleure répartition du travail du monde sera effectuée et la plus grande abondance des nécessités et des jouissances de la vie humaine sera assurée.

Il a aussi tenté de montrer que cette liberté du commerce, qui favorise sans aucun doute l'intérêt de l'ensemble, favorise aussi celui de chaque pays particulier ; et que la politique étroite adoptée dans les pays d'Europe à l'égard de leurs colonies n'est pas moins préjudiciable aux métropoles elles-mêmes qu'aux colonies dont les intérêts sont sacrifiés.

« Le monopole du commerce des colonies, dit-il, comme tous les autres expédients mesquins et malins du système marchand, déprime l'industrie de tous les autres pays, mais principalement celle des colonies, sans, le moins du monde, augmenter, mais au contraire décroissante, celle du pays en faveur duquel elle est établie. »

Cette partie de son sujet n'est cependant pas traitée d'une manière aussi claire et convaincante que celle dans laquelle il montre l'injustice de ce système à l'égard de la colonie.

Sans affirmer ni nier que la pratique actuelle de l'Europe à l'égard de ses colonies soit préjudiciable aux métropoles, il me sera permis de douter qu'une métropole ne puisse pas parfois tirer profit des restrictions auxquelles elle soumet ses possessions coloniales. Qui peut douter, par exemple, que si l'Angleterre était la colonie de la France, celle-ci bénéficierait d'une lourde prime versée par l'Angleterre sur l'exportation de blé, de draps ou de toute autre marchandise ? En examinant la question des primes, en supposant que le maïs soit à 4 *l.* par trimestre dans ce pays, nous avons vu qu'avec une prime de 10 *shillings* par trimestre, à l'exportation en Angleterre, le blé aurait été réduit à 3 *l.* 10s ... en France. Maintenant, si le maïs avait été auparavant à 3 *l.* 15 *shillings* par trimestre en France, les consommateurs français auraient bénéficié de 5 *shillings* par trimestre sur tout le maïs importé ; si le prix naturel du maïs en France était inférieur à 4 *l.* , ils auraient gagné la totalité de la prime de 10 *shillings* par trimestre. La France bénéficierait ainsi de la perte subie par l'Angleterre : elle ne gagnerait pas seulement une partie de ce que l'Angleterre a perdu, mais dans certains cas la totalité.

On peut cependant dire qu'une prime à l'exportation est une mesure de politique intérieure et ne pourrait pas être facilement imposée par la mère patrie.

S'il convenait aux intérêts de la Jamaïque et de la Hollande de procéder à un échange des marchandises qu'elles produisent respectivement, sans l'intervention de l'Angleterre, il est bien certain que, en les empêchant de le faire, les intérêts de la Hollande et de la Jamaïque en souffriraient. ; mais si la Jamaïque est obligée d'envoyer ses marchandises en Angleterre et de les échanger là contre des marchandises hollandaises, un capital anglais, ou une agence anglaise, sera employé dans un commerce dans lequel il ne serait pas autrement engagé. Il y est attiré par une prime, payée non pas par l'Angleterre, mais par la Hollande et la Jamaïque.

que la perte subie par une répartition désavantageuse du travail dans deux pays peut être bénéfique à l'un d'eux, tandis que l'autre subit davantage que la perte propre à une telle répartition ; ce qui, s'il est vrai, prouvera immédiatement qu'une mesure, qui peut être très préjudiciable à une colonie, peut être partiellement bénéfique à la métropole.

Parlant des traités de commerce, il dit : « Lorsqu'une nation s'engage par traité, soit à permettre l'entrée de certaines marchandises d'un pays étranger qu'elle interdit à tous les autres, soit à exempter les marchandises d'un pays des droits auxquels elle Ceux de tous les autres pays, ou du moins les marchands et fabricants sujets du pays, dont le commerce est si favorisé , doivent nécessairement tirer de grands avantages du traité. Ces marchands et fabricants jouissent dans le pays d'une sorte de monopole, qui est si indulgent pour eux. Ce pays devient un marché à la fois plus étendu et plus avantageux pour leurs marchandises ; plus étendu, parce que les marchandises des autres nations, soit exclues, soit soumises à des droits plus lourds, il en enlève une plus grande quantité ; plus avantageux. , parce que les marchands du pays favorisé qui y jouissent d'une sorte de monopole vendront souvent leurs marchandises à un meilleur prix que s'ils étaient exposés à la libre concurrence de toutes les autres nations.

Supposons que les deux nations entre lesquelles le traité commercial est conclu soient la mère-patrie et sa colonie, et Adam Smith, il est évident, admet qu'une mère-patrie peut tirer profit de l'oppression de sa colonie. On peut cependant remarquer encore une fois qu'à moins que le monopole du marché étranger ne soit entre les mains d'une société exclusive, les acheteurs étrangers ne paieront pas plus pour les marchandises que les acheteurs nationaux ; le prix qu'ils paieront tous deux ne différera pas beaucoup de leur prix naturel dans le pays où ils sont produits. L'Angleterre, par exemple, pourra toujours, dans des circonstances ordinaires, acheter des marchandises françaises, au prix naturel de ces marchandises en France, et la France aura un privilège égal d'acheter des marchandises anglaises à leur prix naturel en Angleterre. Mais à ces prix, les biens seraient achetés sans traité. Quel avantage ou quel désavantage le traité présente-t-il alors pour l'une ou l'autre des parties ?

L'inconvénient du traité pour le pays importateur serait le suivant : il l'obligerait à acheter une marchandise, en Angleterre par exemple, au prix naturel de cette marchandise en Angleterre, alors qu'il aurait peut-être pu l'acheter à un prix naturel bien inférieur. d'un autre pays. Elle occasionne alors une répartition désavantageuse du capital général, qui retombe principalement sur le pays tenu par son traité d'acheter sur le marché le moins productif ; mais cela ne donne aucun avantage au vendeur en raison d'un prétendu monopole, car il est empêché par la concurrence de ses propres compatriotes de vendre ses marchandises au-dessus de leur prix naturel ; auquel il les vendait, qu'il les exporte en France, en Espagne ou aux Antilles, ou qu'il les vende pour la consommation intérieure.

En quoi consiste donc l'avantage de la stipulation du traité ? Elle consiste en ceci : ces marchandises particulières n'auraient pas pu être fabriquées en Angleterre pour l'exportation, mais pour le privilège qu'elle seule avait de desservir ce marché particulier ; car la concurrence de ce pays, où le prix naturel était plus bas, lui eût enlevé toute chance de vendre ces marchandises. Ceci cependant aurait été de peu d'importance, si l'Angleterre avait eu la certitude de pouvoir vendre au même prix tous les autres produits qu'elle pourrait fabriquer, soit sur le marché français, soit avec un égal avantage sur tout autre. Le but que l'Angleterre se propose est, par exemple, d'acheter une quantité de vins français d'une valeur de 5,000 *l.* — elle désire alors vendre quelque part des marchandises qui lui permettront d'obtenir 5 000 *l.* dans ce but. Si la France lui donne le monopole du marché du drap, elle exportera volontiers du tissu à cet effet ; mais si le commerce est libre, la concurrence des autres pays peut empêcher que le prix naturel du drap en Angleterre soit suffisamment bas pour lui permettre d'en obtenir 5,000 *l.* par la vente de draps, et d'obtenir les bénéfices habituels grâce à un tel emploi de son stock. L'industrie anglaise doit alors être employée à quelque autre marchandise ; mais il se peut qu'il n'y ait aucune de ses productions qu'elle puisse, au prix actuel de l'argent, se permettre de vendre au prix naturel d'autres pays. Quelle est la conséquence ? Les buveurs de vin d'Angleterre sont toujours prêts à donner 5 000 *litres.* pour leur vin, et par conséquent 5000 *l.* de l'argent est exporté en France à cet effet. Par cette exportation de monnaie, sa valeur augmente en Angleterre et diminue dans les autres pays ; et avec cela le *prix naturel* de toutes les marchandises produites par l'industrie britannique est également abaissé. La hausse du prix de la monnaie est la même chose que la baisse du prix des marchandises. Pour obtenir 5000 *l.* , les produits britanniques peuvent désormais être exportés ; car, à leur prix naturel réduit

, ils peuvent désormais entrer en concurrence avec les marchandises d'autres pays. Toutefois, davantage de marchandises sont vendues à bas prix pour obtenir les 5 000 *l.* requis, qui, une fois obtenu, ne procurera pas la même quantité de vin ; parce que, tandis que la diminution de la monnaie en Angleterre y a abaissé le prix naturel des marchandises, l'augmentation de la monnaie en France a élevé le prix naturel des marchandises et du vin en France. On importera donc moins de vin en Angleterre, en échange de ses marchandises, lorsque le commerce sera parfaitement libre, que lorsqu'il sera particulièrement favorisé par des traités commerciaux. Le *taux* des profits n'aura cependant pas varié ; la monnaie aura changé en valeur relative dans les deux pays, et l'avantage gagné par la France sera d'obtenir une plus grande quantité d'anglais, en échange d'une quantité donnée de marchandises françaises, tandis que la perte subie par l'Angleterre consistera à obtenir une plus petite quantité de marchandises anglaises. quantité de marchandises françaises en échange d'une quantité donnée de celles d'Angleterre.

Le commerce extérieur donc, qu'il soit graissé, encouragé ou libre, continuera toujours, quelle que soit la difficulté relative de la production dans les différents pays ; mais cela ne peut être réglé qu'en modifiant le prix naturel, et non la valeur naturelle à laquelle les marchandises peuvent être produites dans ces pays, et cela s'effectue en modifiant la distribution des métaux précieux. Cette explication confirme l'opinion que j'ai donnée ailleurs, selon laquelle il n'y a pas d'impôt, de prime ou d'interdiction sur l'importation ou l'exportation des marchandises qui n'occasionne une distribution différente des métaux précieux, et qui ne se produit donc nulle part à la fois . le prix naturel et le prix du marché des marchandises.

Il est donc évident que le commerce avec une colonie peut être réglé de telle manière qu'il soit à la fois moins bénéfique à la colonie et plus bénéfique à la métropole qu'un commerce parfaitement libre. De même qu'il est désavantageux pour un seul consommateur de se limiter à ses transactions dans un magasin particulier, de même il est désavantageux pour une nation de consommateurs d'être obligée d'acheter dans un pays particulier. Si le magasin ou le pays offrait les marchandises demandées au meilleur prix, ils seraient assurés de les vendre sans un tel privilège exclusif ; et s'ils ne vendaient pas moins cher, l'intérêt général exigerait qu'ils ne soient pas encouragés à continuer un commerce qu'ils ne pourraient pas exercer avec un égal avantage avec les autres. Le magasin ou le pays vendeur peut perdre en changeant d'emploi, mais le bénéfice général n'est jamais aussi pleinement assuré que par la répartition la plus productive du capital général ; c'est-à-dire par un libre-échange universel.

Une augmentation du coût de production d'une marchandise, s'il s'agit d'un article de première nécessité, ne diminuera pas nécessairement sa consommation ; car, bien que le pouvoir général de consommation des acheteurs soit diminué par la hausse d'une marchandise, ils peuvent néanmoins renoncer à la consommation de quelque autre marchandise dont le coût de production n'a pas augmenté. Dans ce cas, la quantité offerte sera dans la même proportion qu'auparavant par rapport à la demande ; le coût de production aura seulement augmenté, et pourtant le prix augmentera, et doit augmenter, pour placer les profits du producteur de la marchandise améliorée au niveau des profits tirés des autres métiers.

M. Say reconnaît que le coût de production est la base du prix, et pourtant, dans diverses parties de son livre, il soutient que le prix est réglé par la proportion qu'a la demande par rapport à l'offre. Le régulateur réel et ultime de la valeur relative de deux marchandises quelconques est le coût de leur production, et non pas les quantités respectives qui peuvent être produites, ni la concurrence entre les acheteurs.

Selon Adam Smith, le commerce des colonies, en étant un commerce dans lequel seul le capital britannique peut être employé, a élevé le taux de profit de tous les autres commerces ; et comme, à son avis, des profits élevés ainsi que des salaires élevés font monter les prix des marchandises, le monopole du commerce des colonies a été, selon lui, préjudiciable à la mère patrie ; car cela a diminué son pouvoir de vendre des produits manufacturés à un prix aussi bas que celui des autres pays. Il dit que « en conséquence du monopole, l'augmentation du commerce des colonies n'a pas tant entraîné une augmentation du commerce que la Grande-Bretagne avait auparavant, qu'un changement total dans sa direction. Deuxièmement, ce monopole a nécessairement contribué à maintenir le taux de profit dans toutes les différentes branches du commerce britannique, plus élevé qu'il ne l'aurait été naturellement, si toutes les nations avaient eu droit au libre-échange avec les colonies britanniques. "Mais tout ce qui élève dans un pays le taux de profit ordinaire plus haut qu'il ne le serait autrement, soumet nécessairement ce pays à un désavantage à la fois absolu et relatif dans chaque branche de commerce dont il n'a pas le monopole. Cela le soumet à un désavantage absolu, car dans de telles branches de commerce, leurs commerçants ne peuvent obtenir ce plus grand profit sans vendre plus cher qu'ils ne le feraient autrement, à la fois les marchandises des pays étrangers qu'ils importent dans leur propre pays, et les marchandises de leur propre pays qu'ils exportent. aux pays étrangers. Leur propre pays doit à la fois acheter plus cher et vendre plus cher ; doit à la fois acheter moins et vendre moins ; doit à la fois jouir de moins et produire moins qu'il ne le ferait autrement. »

« Nos marchands se plaignent souvent des salaires élevés du travail britannique comme étant la cause de la sous-vente de leurs produits sur les marchés étrangers ; mais ils restent silencieux sur les profits élevés des actions. Ils se plaignent des gains extravagants des autres, mais ils ne parlent pas des profits extravagants des autres. Les profits élevés des actions britanniques peuvent cependant contribuer à augmenter le prix des produits manufacturés britanniques dans de nombreux cas autant, et dans certains peut-être plus, que les salaires élevés de la main-d'œuvre britannique .

J'admets que le monopole du commerce des colonies changera, et souvent de manière préjudiciable, la direction du capital ; mais d'après ce que j'ai déjà dit au sujet des profits, on verra que tout changement d'un commerce extérieur à un autre, ou du commerce intérieur au commerce extérieur, ne peut, à mon avis, affecter le taux des profits. Le préjudice subi sera celui que je viens de décrire ; il y aura une moins bonne répartition du capital et de l'industrie en général, et par conséquent il y aura moins de production. Le prix naturel des marchandises augmentera et, par conséquent, même si le consommateur pourra acheter à la même valeur monétaire, il obtiendra une quantité moindre de marchandises. On verra aussi que si cela avait même pour effet d'augmenter les profits, cela n'entraînerait pas la moindre modification dans les prix ; les prix n'étant régulés ni par les salaires ni par les profits.

ou la valeur de l'or et de l'argent , comparés aux marchandises, dépendent de la proportion entre la quantité de travail nécessaire *pour* apporter une certaine quantité d'or et d'argent au marché, et ce qui est nécessaire pour apporter ensuite une certaine quantité de toute autre sorte de marchandises ? Cette quantité ne sera pas affectée, que les profits soient élevés ou faibles, ou les salaires faibles ou élevés. Comment alors les prix peuvent-ils augmenter grâce à des profits élevés ?

CHAPITRE XXIV.

SUR LE CHIFFRE D'AFFAIRES BRUT ET NET.

UN BARRAGE SMITH amplifie constamment les avantages qu'un pays tire d'un revenu brut élevé plutôt que d'un revenu net important. « Plus une plus grande part du capital d'un pays est employée à l'agriculture, dit-il, plus grande sera la quantité de travail productif qu'il met en mouvement à l'intérieur du pays ; de même que sera également la valeur que son emploi ajoute au produit annuel de la terre et au travail de la société. Après l'agriculture, le capital employé dans les manufactures met en mouvement la plus grande quantité de travail productif et ajoute la plus grande valeur au produit annuel. des trois, l'exportation a le moins d'effet. » [42]

Admettons un instant que cela soit vrai ; quel serait l'avantage résultant pour un pays de l'emploi d'une grande quantité de travail productif , si, qu'il emploie cette quantité ou une moindre, sa rente nette et ses profits ensemble étaient les mêmes. Le produit total de la terre et du travail de chaque pays est divisé en trois portions ; parmi celles-ci, une partie est consacrée aux salaires, une autre aux profits, et l'autre à la rente : c'est sur les deux dernières parties seulement qu'on peut faire des déductions quelconques pour les impôts ou pour l'épargne ; les premiers, s'ils sont modérés, constituent toujours les dépenses nécessaires à la production. A un particulier, disposant d'un capital de 20 000 *l.* , dont les bénéfices étaient de 2000 *l.* par an, il serait tout à fait indifférent que son capital emploie cent ou mille hommes, que la marchandise produite se vende 10 000 *l.* , ou pour 20 000 *l.* , à condition que, dans tous les cas, ses bénéfices ne soient pas diminués en dessous de 2 000 *l.* Le véritable intérêt de la nation n'est-il pas le même ? Pourvu que son revenu réel net, sa rente et ses profits soient les mêmes, peu importe que la nation compte dix ou douze millions d'habitants. Sa puissance de soutenir les flottes et les armées, et toutes les espèces de travail improductif , doit être proportionnelle à son revenu net, et non proportionnelle à son revenu brut. Si cinq millions d'hommes pouvaient produire autant de nourriture et de vêtements que nécessaire pour dix millions, la nourriture et les vêtements de cinq millions constitueraient le revenu net. Serait-il avantageux pour le pays que, pour produire ce même revenu net, il faille sept millions d'hommes, c'est-à-dire que sept millions soient employés à produire de la nourriture et des vêtements suffisants pour douze millions ? La nourriture et les vêtements de cinq millions de personnes constitueraient toujours le revenu net. L'emploi d'un plus grand nombre d'hommes ne nous permettrait ni d'ajouter un homme à notre armée et à notre marine, ni de contribuer une guinée de plus en impôts.

Ce n'est pas sur la base d'un prétendu avantage provenant d'une grande population, ni du bonheur dont peut jouir un plus grand nombre d'êtres humains, qu'Adam Smith soutient la préférence pour l'emploi du capital, qui donne le mouvement au plus grand nombre . la quantité d'industrie, mais expressément en raison de son augmentation de la puissance du pays ; car il dit que « les richesses et, dans la mesure où la puissance dépend des richesses, la puissance de chaque pays doivent toujours être proportionnelles à la valeur de son produit annuel, fonds à partir duquel tous les impôts doivent finalement être payés ». Cependant, il doit être évident que le pouvoir de payer des impôts est proportionnel au revenu net et non proportionnel au revenu brut.

Dans la répartition de l'emploi entre tous les pays, le capital des nations les plus pauvres sera naturellement employé à des activités dans lesquelles une grande quantité de travail est entretenue dans le pays, parce que dans de tels pays, la nourriture et les produits de première nécessité pour une population croissante peuvent être plus facilement obtenus. . Dans les pays riches, au contraire, où la nourriture est chère, les capitaux afflueront naturellement, lorsque le commerce sera libre, vers les métiers où il est le moins nécessaire d'entretenir chez soi la moindre quantité de travail : comme le transport, le transport de marchandises étrangères lointaines . le commerce, où les profits sont proportionnels au capital et non proportionnels à la quantité de travail employé. [43]

Bien que j'admette qu'en raison de la nature de la rente, un capital donné employé dans l'agriculture, sur toute terre autre que la dernière terre cultivée, met en mouvement une plus grande quantité de travail qu'un capital égal employé dans l'industrie et le commerce, je ne peux cependant pas admettre qu'il y ait est toute différence dans la quantité de travail employée par un capital engagé dans le commerce intérieur et par un capital égal engagé dans le commerce extérieur.

« Le capital qui envoie des manufactures écossaises à Londres et ramène du blé et des manufactures anglaises à Edimbourg », dit Adam Smith, « remplace nécessairement, par chaque opération de ce genre, deux capitaux britanniques qui avaient tous deux été employés dans l'agriculture ou les manufactures de la Grande-Bretagne. .

« Le capital employé à l'achat de marchandises étrangères destinées à la consommation intérieure, lorsque cet achat est effectué avec le produit de l'industrie nationale, remplace également, par chaque opération de ce genre, deux capitaux distincts ; mais l'un d'eux seulement est employé à soutenir l'industrie nationale. qui envoie des marchandises britanniques au Portugal et ramène des marchandises portugaises en Grande-Bretagne, remplace, par chaque opération de ce genre, un seul capital britannique, l'autre étant portugais. "rapidement comme le commerce intérieur, les capitaux qui y sont employés ne donneront que la moitié de l'encouragement à l'industrie ou au travail productif du pays."

Cet argument me paraît fallacieux ; car bien que deux majuscules, une portugaise et une anglaise, soient employées, comme le Dr. Smith suppose qu'un capital sera néanmoins employé dans le commerce extérieur, le double de celui qui serait employé dans le commerce intérieur. Supposons que l'Écosse emploie un capital de mille livres à la fabrication du lin, qu'elle échange contre le produit d'un capital similaire employé à la fabrication de la soie en Angleterre. Deux mille livres et une quantité de travail proportionnelle seront employées par les deux pays. Supposons maintenant que l'Angleterre découvre qu'elle peut importer plus de lin d'Allemagne, pour les soies qu'elle exportait auparavant en Écosse, et que l'Écosse découvre qu'elle peut obtenir de France plus de soies en échange de son lin, qu'elle n'en obtenait auparavant d'Angleterre . L'Angleterre et l'Écosse ne cesseront-elles pas immédiatement leurs échanges commerciaux, et le commerce intérieur de consommation ne sera-t-il pas remplacé par un commerce extérieur de consommation ? Mais même si deux capitaux supplémentaires entreront dans ce commerce, le capital de l'Allemagne et celui de la France, la même quantité de capital écossais et anglais ne continuera pas à être employée, et ne donnera-t-elle pas lieu à la même quantité d'industrie que lorsque il faisait du commerce intérieur ?

CHAPITRE XXV.

SUR LA MONNAIE ET LES BANQUES.

JE N'AI pas l'intention de retenir le lecteur par une longue dissertation sur le sujet de l'argent. On a déjà tant écrit sur la monnaie que parmi ceux qui s'intéressent à de tels sujets, seuls les prévenus en ignorent les véritables principes. Je ne ferai donc qu'un bref aperçu de quelques-unes des lois générales qui règlent sa quantité et sa valeur.

L'or et l'argent, comme toutes les autres marchandises, n'ont de valeur qu'en proportion de la quantité de travail nécessaire pour les produire et les amener sur le marché. L'or est environ quinze fois plus cher que l'argent, non pas parce qu'il y a une plus grande demande, ni parce que l'offre d'argent est quinze fois supérieure à celle de l'or, mais uniquement parce qu'il faut quinze fois plus de travail pour se procurer une quantité donnée . de celui-ci.

La quantité de monnaie qu'on peut employer dans un pays doit dépendre de sa valeur : si l'or seul était employé à la circulation des marchandises, il en faudrait une quantité, le quinzième seulement de ce qui serait nécessaire, si l'argent était employé à la circulation des marchandises. le même but.

Une circulation ne peut jamais être assez abondante au point de déborder ; car en diminuant sa valeur, dans la même proportion vous augmenterez sa quantité, et en augmentant sa valeur, vous diminuerez sa quantité. [44]

Tant que l'État frappera de la monnaie et ne facturera aucun seigneuriage , la monnaie aura la même valeur que toute autre pièce du même métal d'un poids et d'une finesse égale ; mais si l'État impose un seigneuriage pour la monnaie, la pièce de monnaie frappée dépassera généralement la valeur de la pièce de métal non frappée de la totalité du seigneuriage exigé, parce qu'elle exigera une plus grande quantité de travail , ou, ce qui est la même chose, la valeur du produit d'une plus grande quantité de travail , pour se le procurer.

Tant que l'État frappe seul, il ne peut y avoir de limite à cette charge de seigneuriage ; car en limitant la quantité de monnaie, on peut l'élever à n'importe quelle valeur imaginable.

C'est selon ce principe que circule le papier-monnaie : l'ensemble du lot de papier-monnaie peut être considéré comme du seigneuriage . Bien qu'il n'ait aucune valeur intrinsèque, cependant, en limitant sa quantité, sa valeur d'échange est aussi grande qu'une dénomination égale de pièce de monnaie, ou de lingot dans cette pièce. Sur le même principe aussi, à savoir que par une limitation de sa quantité, une monnaie dégradée circulerait à la valeur qu'elle devrait avoir, si elle avait le poids et le titre légaux, et non à la valeur de la quantité de métal qu'elle contient effectivement. . Dans l'histoire de la monnaie britannique, nous constatons donc que la monnaie n'a jamais été dépréciée dans la même proportion qu'elle s'est dégradée ; la raison en était qu'il n'était jamais multiplié en proportion de sa valeur diminuée. [45]

Après la création des banques, l'État n'a plus le pouvoir exclusif de frapper ou d'émettre de la monnaie. La monnaie peut aussi bien être augmentée par le papier que par la monnaie ; de sorte que si un État dévalorisait sa monnaie et en limitait la quantité, il ne pourrait pas soutenir sa valeur, parce que les banques auraient un pouvoir égal pour augmenter la quantité totale de la circulation.

D'après ces principes, on verra qu'il n'est pas nécessaire que le papier-monnaie soit payable en espèces pour garantir sa valeur ; il suffit que sa quantité soit réglée d'après la valeur du métal qui est déclaré comme étalon. Si l'étalon était de l'or d'un poids et d'une finesse donnés, le papier pourrait augmenter à chaque baisse de la valeur de l'or, ou, ce qui revient au même dans ses effets, à chaque hausse du prix des marchandises.

"En distribuant une trop grande quantité de papier", explique le Dr. Smith, « dont l'excédent revenait continuellement pour être échangé contre de l'or et de l'argent, la Banque d'Angleterre fut, pendant de nombreuses années, obligée de frapper de l'or à hauteur de huit cent mille livres et un million par an. , ou en moyenne, environ huit cent cinquante mille livres. Pour cette grande monnaie, la Banque, par suite de l'état usé et dégradé dans lequel la pièce d'or était tombée il y a quelques années, était fréquemment obligée d'acheter des lingots, au prix élevé de quatre livres l'once, qu'il publia peu après en monnaie à 3 *1.* 17 *s.* 10½ *d.* l'once, perdant ainsi entre deux et demi et trois pour cent sur la frappe d'une si grande monnaie. somme. Bien que la Banque n'ait donc payé aucun seigneuriage , bien que le gouvernement ait été à juste titre aux dépens de la monnaie, cette libéralité du gouvernement n'a pas empêché complètement les dépenses de la Banque.

D'après le principe énoncé ci-dessus, il me paraît très clair qu'en ne réémettant pas le papier ainsi apporté, la valeur de la monnaie entière, de la monnaie d'or dégradée aussi bien que de la nouvelle pièce d'or, aurait été augmentée ; alors que toutes les demandes adressées à la Banque auraient cessé.

M. Buchanan, cependant, n'est pas de cet avis, car il dit que « les dépenses importantes auxquelles la Banque était exposée à cette époque n'étaient pas causées, comme le Dr Smith semble l'imaginer, par une émission imprudente de papier. , mais par l'état dégradé de la monnaie et le prix constamment élevé du lingot. La Banque, comme on le remarquera, n'ayant d'autre moyen de se procurer [46] guinées qu'en envoyant du lingot à la Monnaie pour qu'il soit frappé, était toujours obligée d'émettre de nouvelles guinées frappées, en échange de ses billets restitués ; et lorsque la monnaie était généralement déficiente en poids et que le prix des lingots était élevé en proportion, il devenait rentable de retirer ces lourdes guinées de la Banque en échange de son papier ; de les convertir en lingots, et de les vendre avec profit contre du papier bancaire, pour les rendre de nouveau à la Banque contre une nouvelle provision de guinées, qui furent de nouveau fondues et vendues. A cette fuite d'espèces, la Banque doit toujours être exposée pendant que la monnaie est dépourvu de poids, car un profit à la fois facile et certain résulte alors de l'échange constant de papier contre de l'argent liquide. On peut cependant remarquer que, quels que soient les inconvénients et les dépenses que la banque fut alors exposée par la fuite de ses espèces, il n'a jamais été jugé nécessaire d'annuler l'obligation de payer de l'argent pour ses billets.

M. Buchanan pense évidemment que la monnaie entière doit nécessairement être ramenée au niveau de la valeur des pièces dégradées ; mais sûrement, par une diminution de la quantité de monnaie, le tout qui reste peut être élevé à la valeur des meilleures pièces.

Dr. Smith semble avoir oublié son propre principe dans son argumentation sur la monnaie des colonies. Au lieu d'attribuer la dépréciation de ce papier à sa trop grande abondance, il demande si, en supposant que la sécurité de la colonie soit parfaitement bonne, cent livres, payables dans quinze ans, auraient la même valeur avec cent livres à payer immédiatement ? Je réponds oui, si ce n'est pas trop abondant.

L'expérience montre cependant que ni un État ni une banque n'ont jamais eu le pouvoir illimité d'émettre du papier-monnaie, sans abuser de ce pouvoir : dans tous les États, l'émission du papier-monnaie devrait donc être soumise à un certain contrôle ; et aucune ne semble plus appropriée à cet effet que celle de soumettre les émetteurs de papier-monnaie à l'obligation de payer leurs billets, soit en pièces d'or, soit en lingots.

Une monnaie est dans son état le plus parfait lorsqu'elle est entièrement constituée de papier-monnaie, mais de papier-monnaie d'une valeur égale à celle de l'or qu'elle prétend représenter. L'utilisation du papier à la place de l'or remplace le support le moins cher par le support le plus cher et permet au pays, sans perte pour personne, d'échanger tout l'or qu'il utilisait auparavant à cette fin contre des matières premières, des ustensiles et de la nourriture. , grâce auquel sa richesse et ses jouissances sont augmentées.

Au point de vue national , peu importe que les émetteurs de ce papier-monnaie bien réglé soient le gouvernement ou une banque ; dans l'ensemble, il sera également productif de richesses, qu'il soit émis par l'un ou par l'autre ; mais il n'en est pas de même en ce qui concerne l'intérêt des individus. Dans un pays où le taux d'intérêt du marché est de 7 pour cent, et où l'État exige pour une dépense particulière 70,000 *l.* par an, c'est une question importante pour les individus de ce pays de savoir s'ils doivent être imposés pour payer ces 70 000 *l.* par an, ou s'ils pourraient l'augmenter sans impôts. Supposons qu'il faille un million d'argent pour équiper une expédition. Si l'État émettait un million de papier et distribuait un million de pièces de monnaie, l'expédition serait équipée sans aucun frais pour le peuple ; mais si une banque émettait un million de papier et le prêtait au gouvernement à 7 pour cent, remplaçant ainsi un million de pièces, le pays serait chargé d'un impôt continu de 70 000 *l.* par an : le peuple paierait l'impôt, la banque le recevrait, et dans les deux cas la société serait aussi riche qu'avant ; l'expédition aurait été vraiment équipée par l'amélioration de notre système, en rendant un capital, d'une valeur d'un million, productif sous forme de marchandises, au lieu de le laisser rester improductif sous forme de monnaie ; mais l'avantage serait toujours en faveur des émetteurs de papier ; et comme l'État représente le peuple, le peuple aurait économisé l'impôt si lui, et non la banque, avait émis ce million.

J'ai déjà observé que s'il y avait une parfaite sécurité que le pouvoir d'émettre du papier-monnaie ne serait pas abusé, cela n'aurait aucune importance quant à la richesse collective du pays par lequel il a été émis ; et j'ai maintenant montré que le public aurait un intérêt direct à ce que les émetteurs soient l'État, et non une société de commerçants ou de banquiers. Le danger, cependant, est que ce pouvoir risque davantage d'être abusé s'il était entre les mains du gouvernement que s'il était entre les mains d'une société bancaire. Une société serait, dit-on, davantage sous le contrôle de la loi, et même si elle pourrait avoir intérêt à étendre ses émissions au-delà des limites du pouvoir discrétionnaire, elle serait limitée et contrôlée par le pouvoir qu'auraient les individus d'exiger des lingots. ou espèce. On prétend que le même chèque ne serait pas respecté longtemps si le gouvernement avait le privilège d'émettre de la monnaie ; qu'ils seraient trop enclins à considérer la commodité présente plutôt que la sécurité future, et pourraient donc, pour des raisons d'opportunité, être trop enclins à supprimer les chèques par lesquels le montant de leurs émissions était contrôlé.

Sous un gouvernement arbitraire, cette objection aurait une grande force, mais dans un pays libre, doté d'une législature éclairée, le pouvoir d'émettre du papier-monnaie, sous les contrôles requis de convertibilité au gré de son détenteur, pourrait être déposé en toute sécurité entre les mains de des commissaires nommés à cet effet spécial, et ils pourraient être rendus totalement indépendants du contrôle des ministres.

Le fonds d'amortissement est géré par des commissaires, responsables uniquement devant le Parlement, et le placement de l'argent confié à leurs soins se fait avec la plus grande régularité ; Quelle raison peut-il y avoir de douter que les émissions de papier-monnaie puissent être réglées avec une égale fidélité, si elles étaient placées sous une direction similaire ?

On peut dire que, bien que l'avantage résultant pour l'État, et par conséquent pour le public, de l'émission de papier-monnaie soit suffisamment évident, car cela échangerait une partie de la dette nationale, sur laquelle les intérêts sont payés par le public. , en une dette ne portant aucun intérêt, mais cela serait désavantageux pour le commerce, car cela empêcherait les commerçants d'emprunter de l'argent et de faire escompter leurs effets, méthode par laquelle le papier bancaire est en partie émis.

Cela revient cependant à supposer que l'argent ne pourrait pas être emprunté si la Banque ne le prêtait pas, et que le taux d'intérêt et le profit du marché dépendent du montant des émissions de monnaie et du canal par lequel la monnaie est émise. . Mais comme un pays ne manquerait pas de drap, de vin ou de toute autre marchandise s'il avait les moyens de les payer, de la même manière il ne manquerait pas non plus d'argent à prêter si les emprunteurs offraient de bonnes sécurité et étaient prêts à payer le taux d'intérêt du marché pour cela.

Dans une autre partie de cet ouvrage, j'ai essayé de montrer que la valeur réelle d'une marchandise est réglée, non pas par les avantages accidentels dont peuvent jouir certains de ses producteurs, mais par les difficultés réelles rencontrées par le producteur le moins favorisé . . Il en est ainsi de l'intérêt de l'argent ; il n'est pas réglé par le taux auquel la Banque prêtera, qu'il soit de 5, 4 ou 3 pour cent, mais par le taux des profits, qui peuvent être réalisés par l'emploi du capital, et qui est totalement indépendant du taux de profit. la quantité ou la valeur de l'argent. Qu'une banque prête un million, dix millions ou cent millions, elle ne modifierait pas de façon permanente le taux d'intérêt du marché ; ils ne modifieraient que la valeur de la monnaie qu'ils émettraient ainsi. Dans un cas, il faudra peut-être 10 à 20 fois plus d'argent pour exploiter la même entreprise que dans l'autre. Les demandes d'argent adressées à la Banque dépendent donc de la comparaison entre le taux des profits qui peuvent être réalisés par l'emploi de cet argent et le taux auquel elles sont disposées à le prêter. S'ils facturent moins que le taux d'intérêt du marché, il n'y a aucune somme d'argent qu'ils ne pourraient prêter ; s'ils facturent plus que ce taux, il n'y aura que des dons et des prodigues pour les emprunter. Nous constatons donc que lorsque le taux d'intérêt du marché dépasse le taux de 5 pour cent. auquel la banque prête uniformément, le bureau d'escompte est vaincu par les demandeurs d'argent ; et, au contraire, lorsque le taux du marché est même temporairement inférieur à 5 pour cent. les commis de ce bureau n'ont pas d'emploi.

La raison pour laquelle, depuis vingt ans, la Banque a tant aidé au commerce, en aidant les commerçants avec de l'argent, c'est parce qu'ils ont, pendant toute cette période, prêté de l'argent au-dessous du taux d'intérêt du marché ; au-dessous du taux auquel les marchands auraient pu emprunter ailleurs ;

mais j'avoue que cela me semble plutôt une objection à leur établissement qu'un argument en sa faveur .

Que dire d'un établissement qui approvisionnerait régulièrement la moitié des drapiers en laine au prix du marché ? Quel bénéfice cela apporterait-il à la communauté ? Cela n'étendrait pas notre commerce, car la laine aurait été achetée de manière égale s'ils l'avaient facturée au prix du marché. Cela ne ferait pas baisser le prix du tissu pour le consommateur, car le prix, comme je l'ai déjà dit, serait réglé par le coût de sa production pour ceux qui étaient les moins favorisés . Son seul effet serait donc d'augmenter les profits d'une partie des drapiers au-delà du taux général et commun des profits. L'établissement serait privé de ses justes profits, et une autre partie de la communauté en bénéficierait dans la même mesure. Or c'est précisément l'effet de nos établissements bancaires ; un taux d'intérêt est fixé par la loi au-dessous de celui auquel on peut emprunter sur le marché, et à ce taux les banques sont tenues de prêter, ou de ne pas prêter du tout. De par la nature de leur établissement, elles disposent de fonds importants. dont ils ne peuvent disposer que de cette manière ; et une partie des commerçants du pays profitent injustement, et pour le pays de manière non rentable, du fait qu'ils peuvent se procurer un instrument de commerce à un prix moindre que ceux qui doivent être influencés uniquement par les prix du marché.

L'ensemble des affaires que la communauté tout entière peut entreprendre dépend de la quantité de capital, c'est-à-dire de ses matières premières, de ses machines, de ses aliments, de ses vaisseaux, etc., employée à la production. Une fois qu'un papier-monnaie bien réglementé est établi, celui-ci ne peut ni être augmenté ni diminué par les opérations bancaires. Si donc l'État émettait le papier-monnaie du pays, même s'il ne devait jamais escompter un billet ni prêter un shilling au public, il n'y aurait aucune modification dans le volume des échanges ; car nous devrions avoir la même quantité de matières premières, de machines, de nourriture et de navires ; et il est probable aussi que la même somme d'argent pourrait être prêtée, et non à 5 pour cent. il s'agit bien d'un taux fixé par la loi, mais à 6, 7 ou 8 pour cent, résultat de la concurrence loyale sur le marché entre les prêteurs et les emprunteurs.

Adam Smith parle des avantages que les commerçants tiraient de la supériorité du mode écossais de logement abordable pour commercer, sur le mode anglais, au moyen de comptes au comptant. Ces comptes de caisse sont des crédits accordés par le banquier écossais à ses clients, en plus des effets qu'il escompte pour eux ; mais comme le banquier, à mesure qu'il avance de l'argent et le met en circulation d'une manière, est empêché d'émettre autant d'argent dans l'autre, il est difficile de voir en quoi consiste l'avantage. Si l'ensemble du tirage ne contenait qu'un million de papier, un million seulement serait diffusé ; et il ne peut avoir aucune importance réelle ni pour le banquier ni pour le commerçant, que la totalité soit émise en effets à escompte, ou qu'une partie soit ainsi émise, et que le reste soit émis au moyen de ces comptes espèces.

Il sera peut-être nécessaire de dire quelques mots au sujet des deux métaux, l'or et l'argent, qui sont employés dans la monnaie, d'autant plus que cette question semble rendre perplexe, dans l'esprit de beaucoup de gens, les principes clairs et simples de la monnaie. "En Angleterre", explique le Dr. Smith, « l'or n'a pas été considéré comme une monnaie légale pendant longtemps après avoir été transformé en monnaie. La proportion entre les valeurs de l'or et de l'argent n'a été fixée par aucune loi publique ou proclamation ; par le marché. Si un débiteur proposait un paiement en or, le créancier pourrait soit rejeter complètement ce paiement, soit l'accepter à une telle évaluation de l'or, sur laquelle lui et son débiteur pourraient s'entendre.

Dans cet état de choses, il est évident qu'une guinée peut parfois valoir 22 *s* ou plus, et parfois 18 *s* ou moins, en fonction entièrement de la modification de la valeur marchande relative de l'or et de l'argent. Toutes les variations de la valeur de l'or, ainsi que de la valeur de l'argent, seraient également évaluées dans la pièce d'or ; il semblerait que l'argent était invariable et que l'or seul était sujet à des hausses ou des baisses. Ainsi, bien qu'une guinée valait 22 *s.* au lieu de 18 *s.* d'or, sa valeur n'ait pas varié, la variation aurait pu être entièrement confinée à l'argent, et par conséquent 22 *s.* n'auraient pu avoir une valeur de 18 *s. seulement.* étaient avant. Et au contraire, toute la variation aurait pu être dans l'or : une guinée, qui valait 18 *s.* , aurait pu s'élever à la valeur de 22 *s.*

Si maintenant nous supposons que cette monnaie d'argent soit dégradée par coupure, et aussi augmentée en quantité, une guinée pourrait passer pour 30 *s.* ; car l'argent en 30 *s.* d'une telle monnaie dégradée pourrait n'avoir pas plus de valeur que l'or en une guinée. En rétablissant la monnaie d'argent à sa valeur d'origine, la monnaie d'argent augmenterait ; mais il semblerait que l'or ait chuté, car une guinée ne vaudrait probablement pas plus que 21 de ces bons shillings.

Si maintenant l'or devenait également monnaie légale, et que chaque débiteur soit libre de s'acquitter d'une dette en payant 420 shillings, ou vingt guinées, pour chaque 21 l. ce qu'il doit, il paiera dans l'un ou l'autre, selon la manière dont il pourra s'acquitter de sa dette au moindre coût. Si, avec cinq quarts de blé, il peut se procurer autant de lingots d'or que la Monnaie peut monnayer en vingt guinées, et que pour le même blé, autant de lingots d'argent que la Monnaie peut monnaier pour lui en 430 shillings, il préférera payer en argent, car il gagnerait dix shillings en payant ainsi sa dette. Mais si, au contraire, il pouvait obtenir avec ce blé autant d'or qu'il serait monnayable en vingt guinées et demie, et autant d'argent seulement qu'il serait possible de monnayer en 420 shillings, il préférerait naturellement payer sa dette en or.

Si la quantité d'or qu'il pourrait se procurer pouvait être monnayée seulement en vingt guinées, et la quantité d'argent en 420 shillings, il lui serait parfaitement indifférent de savoir avec quelle monnaie, argent ou or, il payait son argent. dette. Ce n'est donc pas une question de hasard ; ce n'est pas parce que l'or est plus propre à faire fonctionner la circulation d'un pays riche, que l'or est toujours préféré pour payer les dettes ; mais simplement parce que c'est l'intérêt du débiteur de les payer.

Pendant une longue période précédant 1797, année de la restriction des paiements en espèces par la Banque, l'or était si bon marché, comparé à l'argent, qu'il convenait à la Banque d'Angleterre et à tous les autres débiteurs d'acheter de l'or sur le marché, et non pas de l'argent, dans le but de le transporter à la Monnaie pour y être frappé, car ils pourraient, avec ce métal frappé, s'acquitter à moindre coût de leurs dettes. La monnaie d'argent s'est beaucoup dégradée pendant une grande partie de cette période, mais elle existait dans une certaine rareté, et par conséquent, selon le principe que j'ai déjà expliqué, elle n'a jamais baissé dans sa valeur actuelle. Bien que si dégradés, les débiteurs avaient toujours intérêt à payer en pièces d'or. Si en effet la quantité de cette monnaie d'argent dégradée avait été extrêmement grande, ou si la Monnaie avait émis des pièces aussi dégradées, il aurait pu être dans l'intérêt des débiteurs de payer avec cette monnaie dégradée ; mais sa quantité était limitée et il maintenait sa valeur, et c'est pourquoi l'or était en pratique le véritable étalon de monnaie.

Qu'il en soit ainsi, cela n'est nulle part nié ; mais on a prétendu que cela était dû à la loi qui déclarait que l'argent ne devait pas avoir cours légal pour toute dette dépassant 25 *l.* , sauf en poids, selon la norme de menthe.

Mais cette loi n'empêchait pas tout débiteur de payer toute dette, si importante soit-elle, en monnaie d'argent fraîchement sortie de la Monnaie ; que le débiteur ne payait pas avec ce métal n'était pas une question de hasard, ni une question de contrainte, mais entièrement l'effet d'un choix ; cela ne lui convenait pas d'apporter de l'argent à la Monnaie, cela lui convenait d'y apporter de l'or. Il est probable que si la quantité de cet argent avili en circulation avait été extrêmement grande et avait également cours légal, cette guinée aurait à nouveau valé trente shillings ; mais ce serait le shilling dévalorisé qui aurait perdu de sa valeur, et non la guinée qui aurait augmenté.

Il apparaît donc que, tandis que chacun des deux métaux avait également cours légal pour des dettes de tout montant, nous étions soumis à un changement constant dans la principale mesure étalon de la valeur. Ce serait tantôt de l'or, tantôt de l'argent, dépendant entièrement des variations de la valeur relative des deux métaux, et alors le métal, qui n'était pas l'étalon, serait fondu et retiré de la circulation, car sa valeur serait plus grand en lingots qu'en pièces de monnaie. C'était un inconvénient auquel il était hautement désirable de remédier, mais les progrès de l'amélioration sont si lents, que bien qu'il ait été démontré de manière irréfutable par M. Locke et qu'il ait été remarqué par tous les écrivains sur le sujet de l'argent depuis son époque, un meilleur système n'a jamais été adopté jusqu'à la dernière session du Parlement, lorsqu'il a été décrété que seul l'or devait avoir cours légal pour toute somme dépassant quarante-deux shillings.

Dr. Smith ne semble pas avoir été tout à fait conscient de l'effet de l'emploi de deux métaux comme monnaie, et tous deux comme monnaie légale pour des dettes de n'importe quel montant ; car il dit qu'« en réalité, pendant le maintien d'une même proportion réglée entre les valeurs respectives des différents métaux de la monnaie, la valeur du métal le plus précieux règle la valeur de la monnaie entière. » Parce que l'or était à son époque le moyen par lequel il convenait aux débiteurs de payer leurs dettes, il pensait qu'il possédait une qualité inhérente par laquelle il le faisait alors et régulerait toujours la valeur de la pièce d'argent.

Lors de la réforme de la pièce d'or en 1774, une nouvelle guinée fraîchement frappée ne s'échangerait que contre vingt et un shillings dégradés ; mais sous le règne du roi Guillaume, lorsque la pièce d'argent était exactement dans le même état, une guinée également neuve et fraîchement frappée s'échangeait contre trente shillings. A ce sujet, M. Buchanan observe : « Voici donc un fait des plus singuliers, dont les théories courantes de la monnaie n'offrent aucun compte : la guinée échangeant à un moment donné contre trente shillings sa valeur intrinsèque dans une monnaie d'argent dégradée, et ensuite la même guinée n'a été échangée que contre vingt et un de ces shillings dégradés. Il est clair qu'un grand changement a dû intervenir dans l'état de la monnaie entre ces deux périodes différentes, dont l'hypothèse du Dr Smith n'offre aucune explication.

Il me semble que la difficulté peut être très simplement résolue, en rapportant cet état différent de la valeur de la guinée aux deux périodes mentionnées, aux différentes *quantités* de monnaie d'argent dégradée en circulation. Sous le règne du roi Guillaume, l'or n'avait pas cours légal, il n'avait qu'une valeur conventionnelle. Tous les paiements importants étaient probablement effectués en argent, notamment sous forme de papier-monnaie, et les opérations bancaires étaient alors peu comprises. La quantité de cette monnaie d'argent dégradée dépassait la quantité de monnaie d'argent qui aurait été maintenue en circulation, si l'on n'avait utilisé que de la monnaie non dégradée ; et par conséquent il fut déprécié et dégradé. Mais à l'époque prospère où l'or avait cours légal, où les billets de banque étaient également utilisés pour effectuer des paiements, la quantité de monnaie d'argent dégradée ne dépassait pas la quantité de monnaie d'argent fraîchement sortie de la Monnaie, qui aurait circulé s'il y avait eu pas de monnaie d'argent dégradée ; par conséquent, bien que l'argent ait été dégradé, il n'a pas été déprécié. L'explication de M. Buchanan est quelque peu différente, il pense qu'une monnaie subsidiaire n'est pas sujette à la dépréciation, mais que la monnaie principale l'est. Sous le règne du roi Guillaume, l'argent était la principale monnaie et était donc sujet à dépréciation. En 1774, c'était une monnaie subsidiaire et conservait donc sa valeur. Cependant, la dépréciation ne dépend pas du fait qu'une monnaie soit la monnaie subsidiaire ou la monnaie principale, elle dépend entièrement de son excédent par rapport à la quantité.

à un seigneuriage modéré sur la monnaie, particulièrement sur la monnaie qui doit effectuer les paiements les plus petits. L'argent est généralement valorisé à hauteur du montant total du seigneuriage , et c'est donc un impôt qui n'affecte en aucune manière ceux qui le payent, tant que la quantité d'argent n'est pas en excès. Il faut cependant remarquer que dans un pays où est établi un papier-monnaie, même si les émetteurs de ce papier devraient être tenus de le payer en espèces à la demande du détenteur, leurs billets et la pièce peuvent néanmoins être déprécié du plein montant du seigneuriage sur cette pièce, qui est seule la monnaie légale, avant que le chèque, qui limite la circulation du papier, n'opère. Si le seigneuriage sur les pièces d'or était de 5 pour cent, par exemple, la monnaie, par une émission abondante de billets de banque, pourrait être en réalité dépréciée de 5 pour cent. avant, il serait dans l'intérêt des détenteurs d'exiger de la monnaie pour la fondre en lingot ; une dépréciation à laquelle nous ne serions jamais exposés, s'il n'y avait pas de seigneuriage sur la pièce d'or ; ou, si un seigneuriage était autorisé, les détenteurs de billets de banque pourraient exiger en échange des lingots, et non des pièces de monnaie, au prix neuf de 3 *l*. 17 *p.10½ d* . À moins que la banque ne soit obligée de payer ses billets en lingots ou en pièces, au gré du détenteur, la loi tardive qui autorise un seigneuriage de 6 pour cent, ou quatre pence par once, sur la pièce d'argent, mais qui ordonne que l'or soit frappé par la Monnaie sans aucune charge, est peut-être la plus appropriée, car elle empêchera plus efficacement toute variation inutile de la monnaie. [47]

CHAPITRE XXVI.

SUR LA VALEUR COMPARATIVE DE L'OR, DU MAÏS ET DU TRAVAIL, DANS LES PAYS RICHES ET PAUVRES.

« L'OR et l'argent, comme toutes les autres marchandises », dit Adam Smith, « recherchent naturellement le marché où le meilleur prix est donné pour eux ; et le meilleur prix est généralement donné pour tout ce qui, dans le pays, peut le mieux se le permettre . il faut se rappeler que c'est le prix ultime qui est payé pour toute chose , et dans les pays où le travail est également bien récompensé, le prix monétaire du travail sera proportionnel à celui de la subsistance du travailleur . Mais l'or et l'argent seront " il est naturel d'échanger contre une plus grande quantité de subsistances dans un pays riche que dans un pays pauvre ; dans un pays qui abonde en subsistances que dans un pays qui n'en est qu'indifféremment pourvu. »

Mais le blé est une marchandise, au même titre que l'or, l'argent et d'autres choses ; Si donc toutes les marchandises ont une haute valeur échangeable dans un pays riche, il ne faut pas en excepter le blé ; et c'est pourquoi nous pourrions dire avec raison que le blé s'échangeait contre beaucoup d'argent, parce qu'il était cher, et cet argent aussi s'échangeait contre beaucoup de blé, parce que lui aussi était cher ; ce qui revient à affirmer que le blé est à la fois cher et bon marché. Il n'y a rien de mieux établi en économie politique que le fait qu'un pays riche est empêché d'augmenter sa population, dans la même proportion qu'un pays pauvre, par la difficulté progressive de fournir de la nourriture. Cette difficulté doit nécessairement augmenter le prix relatif des denrées alimentaires et encourager leur importation. Comment alors l'argent, ou l'or et l'argent, peuvent-ils s'échanger contre plus de blé dans les pays riches que dans les pays pauvres ? Ce n'est que dans les pays riches, où le blé est cher, que les propriétaires fonciers incitent le législateur à interdire l'importation du blé. Qui a jamais entendu parler d'une loi interdisant l'importation de produits bruts en Amérique ou en Pologne ? — La nature a effectivement empêché leur importation en raison de la facilité relative de leur production dans ces pays.

Comment peut-il alors être vrai que « si l'on excepte le blé et les autres légumes cultivés entièrement par l'industrie humaine, toutes les autres sortes de produits bruts, le bétail, la volaille, le gibier de toutes sortes, les fossiles et minéraux utiles de la nature ? la terre, etc., deviennent naturellement plus chères à mesure que la société progresse. Pourquoi le maïs et les légumes seuls devraient-ils être exclus ? Dr. L'erreur de Smith, tout au long de son ouvrage, consiste à supposer que la valeur du blé est constante ; que, même si la valeur de toutes les autres choses peut augmenter, la valeur du blé ne pourra jamais être augmentée. Le maïs, selon lui, a toujours la même valeur, car il nourrira toujours le même nombre de personnes. De la même manière, on pourrait dire que le drap a toujours la même valeur, parce qu'il fera toujours le même nombre d'habits. Que peut-il valoir la peine de faire avec le pouvoir de l'alimentation et des vêtements ?

Le maïs, comme toute autre marchandise, a son prix naturel dans chaque pays, à savoir. ce prix qui est nécessaire à sa production, et sans lequel il ne pourrait être cultivé : c'est ce prix qui gouverne son prix de marché, et qui détermine l'opportunité de l'exporter à l'étranger. Si l'importation du blé était interdite en Angleterre, son prix naturel pourrait s'élever jusqu'à 6 *l.* par quart en Angleterre, alors qu'il n'était que la moitié de ce prix en France. Si à ce moment-là l'interdiction d'importation était levée, le maïs chuterait sur le marché anglais, non pas à un prix compris entre 6 *l.* et 3 *litres.* , mais finalement et définitivement au prix naturel de la France, prix auquel il pourrait être fourni au marché anglais et procurer les profits habituels et ordinaires des actions en France ; et il en resterait à ce prix, que l'Angleterre en consomme cent mille ou un million de quarters. Si la demande de l'Angleterre portait sur cette dernière quantité, il est probable qu'en raison de la nécessité dans laquelle se trouverait la France d'avoir recours à des terres de moins bonne qualité pour fournir cette grande quantité, le prix naturel augmenterait en France ; et cela affecterait bien entendu également le prix du maïs en Angleterre. Tout ce que je soutiens, c'est que c'est le prix naturel des marchandises dans le pays exportateur qui détermine en fin de compte les prix auxquels elles seront vendues, si elles ne sont pas l'objet d'un monopole, dans le pays importateur.

Mais le Dr. Smith, qui a si bien soutenu la doctrine selon laquelle le prix naturel des marchandises régule en fin de compte leur prix de marché, a supposé un cas dans lequel il pense que le prix de marché ne serait régulé ni par le prix naturel du pays exportateur ni par celui du pays importateur. . « Diminuez l'opulence réelle soit de la Hollande, soit du territoire de Gênes, dit-il, tant que le nombre de leurs habitants reste le même ; diminuez leur capacité de s'approvisionner dans des pays éloignés et le prix du blé, au lieu de baisser avec que la diminution de la quantité de leur argent qui doit nécessairement accompagner cette déclinaison, soit comme cause, soit comme effet, s'élèvera au prix d'une famine.

Il me semble que c'est exactement l'inverse qui se produirait : la diminution du pouvoir d'achat général des Hollandais ou des Génois pourrait faire baisser le prix du blé pendant un certain temps au-dessous de son prix naturel dans le pays d'où il a été exporté, ainsi que dans les pays où il a été importé, mais il est bien impossible qu'il puisse jamais le faire monter au-dessus de ce prix. Ce n'est qu'en augmentant l'opulence des Hollandais ou des Génois qu'on pourrait accroître la demande et élever le prix du blé au-dessus de son ancien prix ; et cela n'aurait lieu que pour un temps très limité, à moins que de nouvelles difficultés ne surgissent pour obtenir l'approvisionnement.

Dr. Smith observe en outre à ce sujet : « Lorsque nous manquons de choses nécessaires, nous devons nous séparer de tous les superfluités, dont la valeur, à mesure qu'elle augmente en période d'opulence et de prospérité, diminue en période de pauvreté et de détresse. » C'est sans aucun doute vrai ; mais il continue : « Il en est autrement des choses nécessaires. Leur prix réel, la quantité de travail qu'ils peuvent acheter ou commander, augmente dans les temps de pauvreté et de détresse, et diminue dans les temps d'opulence et de prospérité, qui sont toujours des temps de grande abondance. , car autrement ils ne pourraient pas être des époques d'opulence et de prospérité. Le maïs est un nécessaire, l'argent n'est qu'un superflu.

Deux propositions sont avancées ici, qui n'ont aucun rapport l'une avec l'autre ; premièrement, que dans les circonstances supposées, le blé exigerait plus de travail , ce qui n'est pas contesté ; l'autre, que le blé se vendrait à un prix monétaire plus élevé, qu'il s'échangerait contre plus d'argent ; je prétends que c'est une erreur. Cela pourrait être vrai, si le blé était rare en même temps, si l'approvisionnement habituel n'avait pas été fourni. Mais dans ce cas , il est abondant, on ne prétend pas qu'on importe une quantité moindre que d'habitude, ni qu'il en faut davantage. Pour acheter du blé, les Hollandais ou les Génois ont besoin d'argent, et pour obtenir cet argent, ils sont obligés de vendre leurs superfluides. C'est la valeur marchande et le prix de ces superfluités qui diminuent, et l'argent semble augmenter par rapport à eux. Mais cela ne tendra pas à augmenter la demande de blé, ni à abaisser la valeur de la monnaie, les deux seules causes qui peuvent faire augmenter le prix du blé. L'argent, par manque de crédit ou pour d'autres causes, peut être très demandé, et par conséquent cher, comparativement au blé ; mais on ne peut soutenir selon aucun principe juste que, dans de telles circonstances , l'argent serait bon marché, et que par conséquent le prix du blé augmenterait.

Lorsque nous parlons de la valeur élevée ou faible de l'or, de l'argent ou de toute autre marchandise dans différents pays, nous devons toujours mentionner le support dans lequel nous les estimons, sinon aucune idée ne peut être attachée à la proposition. Ainsi, lorsqu'on dit que l'or est plus cher en Angleterre qu'en Espagne, si aucune marchandise n'est mentionnée, quelle idée véhicule cette affirmation ? Si le blé, les olives, l'huile, le vin et la laine sont à meilleur prix en Espagne qu'en Angleterre ; Estimé dans ces matières premières, l'or est plus cher en Espagne. Encore une fois, la quincaillerie, le sucre, le tissu, etc. être à un prix inférieur en Angleterre qu'en Espagne, alors, estimé dans ces marchandises, l'or est plus cher en Angleterre. Ainsi l'or paraît plus cher ou moins cher en Espagne, selon que l'imagination de l'observateur peut se fixer sur le moyen par lequel il estime sa valeur. Adam Smith, ayant fait du blé et du travail une mesure universelle de la valeur, estimerait naturellement la valeur comparative de l'or par la quantité de ces deux objets contre lesquels il s'échangerait : et, en conséquence, lorsqu'il parle de la valeur comparative de l'or en deux pays, je comprends qu'il entend sa valeur estimée en blé et en travail .

Mais nous avons vu que, estimé en blé, l'or peut avoir une valeur très différente dans deux pays. J'ai essayé de montrer qu'il sera faible dans les pays riches et élevé dans les pays pauvres ; Adam Smith est d'un avis différent : il pense que la valeur de l'or estimée en maïs est la plus élevée dans les pays riches. Mais sans examiner davantage laquelle de ces opinions est correcte, l'une ou l' autre suffit à montrer que l'or ne sera pas nécessairement plus bas dans les pays qui possèdent des mines, bien que ce soit une proposition soutenue par Adam Smith. Supposons que l'Angleterre possède des mines et que l'opinion d'Adam Smith, selon laquelle l'or a la plus grande valeur dans les pays riches, soit exacte : même si l'or circulerait naturellement de l'Angleterre vers tous les autres pays en échange de leurs biens, il ne s'ensuivrait *pas* que l'or était nécessairement plus bas en Angleterre, comparativement au blé et au travail , que dans ces pays-là. Dans un autre endroit, cependant, Adam Smith parle de métaux précieux étant nécessairement plus faibles en Espagne et au Portugal que dans d'autres parties de l'Europe, parce que ces pays se trouvent être presque les propriétaires exclusifs des mines qui les produisent. « La Pologne, où le système féodal continue à exister aujourd'hui, est un pays aussi misérable qu'il l'était avant la découverte de l'Amérique. *Le prix monétaire du blé a cependant augmenté* ; LA VALEUR RÉELLE DES MÉTAUX PRÉCIEUX A BAISSÉ en Pologne. , de la même manière que dans d'autres parties de l'Europe. Leur quantité a donc dû y avoir augmenté comme ailleurs, *et à peu près dans la même proportion avec le produit annuel de la terre et du travail* . Cette augmentation de la quantité de ces métaux Cependant, il semble que la production annuelle n'ait pas augmenté, que la production annuelle n'ait pas amélioré les manufactures et l'agriculture du pays, ni amélioré la situation de ses habitants. L'Espagne et le Portugal, les pays qui possèdent les mines, sont, après la Pologne, peut-être , les deux pays les plus pauvres de l'Europe. La valeur des métaux précieux, cependant, *doit être inférieure en Espagne et au Portugal* que dans toutes les autres parties de l'Europe, chargés, non seulement d'un fret et d'une assurance, mais des frais de contrebande, leur exportation étant soit interdite, soit soumise à un droit. *En proportion du produit annuel de la terre et du travail , leur quantité doit donc être plus grande dans* ces pays que dans toute autre partie de l'Europe ; mais ces pays sont plus pauvres que la plus grande partie de l'Europe. "Bien que le système féodal ait été aboli en Espagne et au Portugal, il n'a pas été remplacé par un système bien meilleur."

Dr. L'argument de Smith me semble être le suivant : L'or, lorsqu'il est estimé en blé, est meilleur marché en Espagne que dans les autres pays, et la preuve en est que d'autres pays ne donnent pas du blé à l'Espagne contre de l'or, mais que le tissu est donné à l'Espagne en échange d'or. le sucre, la quincaillerie, sont donnés par ces pays en échange de ce métal.

CHAPITRE XXVII.

TAXES PAYÉES PAR LE PRODUCTEUR.

M. SAY amplifie considérablement les inconvénients qui résultent du fait qu'un impôt sur une marchandise manufacturée est levé à une époque précoce plutôt qu'à une époque tardive de sa fabrication. Les fabricants, observe-t-il, entre les mains desquels la marchandise peut passer avec succès, doivent employer des fonds plus importants en raison de la nécessité d'avancer l'impôt, ce qui est souvent très difficile pour un fabricant au capital et au crédit très limités. Aucune objection ne peut être faite à cette observation.

Un autre inconvénient sur lequel il insiste, c'est qu'en conséquence de l'avance de l'impôt, les bénéfices de l'avance doivent aussi être mis à la charge du consommateur, et que cet impôt supplémentaire n'apporte aucun avantage au trésor.

Sur cette dernière objection, je ne puis être d'accord avec M. Say. L'État, supposons-le, veut augmenter *immédiatement* 1000 *l.* et il le prélève sur un fabricant, qui ne pourra pas, pendant douze mois, le facturer au consommateur sur son produit fini. En raison d'un tel retard, il est obligé de facturer pour sa marchandise un prix supplémentaire, pas seulement de 1 000 *l.* le montant de la taxe, mais probablement de 1100 *l.* , 100 *litres.* étant pour les intérêts sur les 1000 *l.* avancé. Mais en échange de ces 100 *l supplémentaires.* payé par le consommateur, il a un réel avantage, dans la mesure où son paiement de l'impôt que le gouvernement exigeait immédiatement, et qu'il doit finalement payer, a été différé d'un an ; l'occasion lui a donc été offerte de prêter au constructeur qui en avait besoin le 1000 *l.* à 10 pour cent, ou à tout autre taux d'intérêt qui pourrait être convenu. Onze cents livres payables au bout d'un an, lorsque l'argent est à 10 pour cent. intérêts, ne vaut pas plus de 1000 *l.* à payer immédiatement. Si le gouvernement retardait d'un an le paiement de la taxe jusqu'à ce que la fabrication du produit soit achevée, il serait peut-être obligé d'émettre un billet du Trésor portant intérêts, et il paierait les intérêts autant que le consommateur économiserait en prix, à l'exception des En fait, c'est la partie du prix que le fabricant pourrait, grâce à l'impôt, ajouter à ses propres gains réels. Si, pour les intérêts de la facture de l'Échiquier, le gouvernement avait payé 5 pour cent, un impôt de 50 *l.* est sauvé en ne le délivrant pas. Si le fabricant a emprunté le capital supplémentaire à 5 pour cent et a facturé au consommateur 10 pour cent, il aura également gagné 5 pour cent. sur son avance en sus de ses profits habituels, de sorte que le fabricant et le gouvernement ensemble gagnent ou épargnent précisément la somme que paie le consommateur.

M. Simonde , dans son excellent ouvrage *De la Richesse Commerciale* , suivant le même raisonnement que M. Say, a calculé qu'un impôt de 4,000 francs, payé originellement par un fabricant, dont les bénéfices étaient au taux modéré de 10 pour cent. cent., serait, si la marchandise fabriquée ne passait que par les mains de cinq personnes différentes, serait portée au consommateur à la somme de 6734 francs. Ce calcul part de l'hypothèse que celui qui avancera le premier l'impôt recevrait du prochain fabricant 4,400 francs, et lui encore du suivant, 4,840 francs ; de sorte qu'à chaque étape 10 pour cent. sur sa valeur y serait ajoutée. Cela suppose que la valeur de l'impôt s'accumulerait au taux d'intérêt composé et non au taux de 10 pour cent. par an, mais à un taux absolu de 10 pour cent, à chaque étape de son progrès. Cette opinion de M. de Simonde serait exacte s'il s'écoulait cinq ans entre la première avance de l'impôt et la vente de la marchandise taxée au consommateur ; mais si une année seulement s'écoulait, une rémunération de 400 francs, au lieu de 2734, donnerait un bénéfice au taux de 10 pour cent. par an, à tous ceux qui avaient contribué à l'avance de l'impôt, que la marchandise soit passée par les mains de cinq fabricants ou de cinquante.

CHAPITRE XXVIII.

SUR L'INFLUENCE DE LA DEMANDE ET DE L'OFFRE SUR LES PRIX.

C'EST LE coût de production qui doit en fin de compte réguler le prix des marchandises et non, comme on l'a souvent dit, la proportion entre l'offre et la demande peut, en fait, affecter pendant un certain temps la valeur marchande d'une marchandise, jusqu'à ce qu'elle soit vendue. fourni en plus ou moins abondance, selon que la demande a augmenté ou diminué ; mais cet effet ne sera que de durée temporaire.

Diminuez le coût de production des chapeaux, et leur prix finira par tomber à son nouveau prix naturel, même si la demande devrait être doublée, triplée ou quadruplée. Diminuez le coût de la subsistance des hommes, en diminuant le prix naturel de la nourriture et des vêtements, par lesquels la vie est soutenue, et les salaires finiront par baisser, même si la demande de travailleurs peut augmenter très considérablement.

L'opinion selon laquelle le prix des marchandises dépend uniquement de la proportion de l'offre à la demande, ou de la demande à l'offre, est devenue presque un axiome en économie politique et a été la source de nombreuses erreurs dans cette science. C'est cette opinion qui a fait soutenir à M. Buchanan que les salaires ne sont pas influencés par la hausse ou la baisse du prix des commissions, mais uniquement par la demande et l'offre de travail ; et qu'un impôt sur les salaires du travail n'augmenterait pas les salaires, parce qu'il ne modifierait pas la proportion de la demande d' ouvriers par rapport à l'offre.

On ne peut pas dire que la demande d'un produit augmente si aucune quantité supplémentaire n'est achetée ou consommée ; et pourtant, dans de telles circonstances, sa valeur monétaire peut augmenter. Ainsi, si la valeur de la monnaie devait baisser, le prix de chaque marchandise augmenterait, car chacun des concurrents serait prêt à dépenser plus d'argent qu'auparavant pour son achat ; mais bien que son prix ait augmenté de 10 ou 20 pour cent. si l'on n'en achetait pas davantage qu'auparavant, il ne serait pas, je crois, admissible de dire que la variation du prix de la marchandise était causée par l'augmentation de la demande. Son prix naturel, son coût monétaire de production, serait réellement modifié par la valeur altérée de la monnaie ; et sans aucune augmentation de la demande, le prix de la marchandise serait naturellement ajusté à cette nouvelle valeur.

« Nous avons vu, dit M. Say, que le coût de production détermine le prix le plus bas auquel les choses peuvent tomber : prix au-dessous duquel elles ne peuvent rester longtemps, parce que la production serait alors entièrement arrêtée ou diminuée. .Vol.ii.p.26.

Il dit ensuite que la demande d'or ayant augmenté dans une proportion encore plus grande que l'offre, depuis la découverte des mines, « son prix en marchandises, au lieu de baisser dans la proportion de dix pour un, ne baissa que dans la proportion de quatre ». à une;" c'est-à-dire qu'au lieu de baisser à mesure que son prix naturel baissait, il baissait à mesure que l'offre dépassait la demande. [48] « *La valeur de toute marchandise augmente toujours en raison directe de la demande et en raison inverse de l'offre.* »

La même opinion est exprimée par le comte de Lauderdale.

« En ce qui concerne les variations de valeur dont toute chose de valeur est susceptible, si nous pouvions supposer un instant qu'une substance quelconque possède une valeur intrinsèque et fixe, de manière à en rendre constamment, en toutes circonstances, une quantité supposée d'une valeur constante. valeur égale, alors le degré de valeur de toutes choses, déterminé par un tel étalon fixe, varierait selon la proportion *entre leur quantité* et la demande, et chaque marchandise serait bien entendu sujette à une variation de sa valeur. valeur, à partir de quatre circonstances différentes.

1. « Il serait sujet à une augmentation de sa valeur, par suite d'une diminution de sa quantité.

2. "À une diminution de sa valeur, par suite d'une augmentation de sa quantité.

3. "Il pourrait souffrir d'une augmentation de sa valeur, en raison d'une demande accrue.

4. « Sa valeur pourrait être diminuée par une baisse de la demande.

"Comme il apparaîtra cependant clairement qu'aucune marchandise ne peut posséder une valeur fixe et intrinsèque, de manière à la qualifier pour une mesure de la valeur des autres marchandises, l'humanité est amenée à choisir, comme mesure pratique de la valeur, ce qui semble la moindre responsabilité envers l'une de ces quatre sources de variations, *qui sont les seules causes de modification de la valeur* .

« Par conséquent, lorsque nous exprimons dans le langage courant la *valeur* d'une marchandise, elle peut varier à une époque par rapport à ce qu'elle est à une autre, en conséquence de huit contingences différentes.

1. « Des quatre circonstances énoncées ci-dessus, en relation avec la marchandise dont nous entendons exprimer la valeur.

2. "À partir des quatre mêmes circonstances, par rapport à la marchandise que nous avons adoptée comme mesure de valeur." [49]

Cela est vrai des produits monopolisés, et même du prix du marché de tous les autres produits pendant une période limitée. Si la demande de chapeaux devait doubler, le prix augmenterait immédiatement, mais cette augmentation ne serait que temporaire, à moins que le coût de production des chapeaux, ou leur prix naturel, ne soit augmenté. Si le prix naturel du pain devait baisser de 50 pour cent. à la suite d'une grande découverte dans la science de l'agriculture, la demande n'augmenterait pas beaucoup, car aucun homme ne désirerait plus que ce qui satisferait ses besoins, et comme la demande n'augmenterait pas, l'offre non plus ; car une marchandise n'est pas fournie simplement parce qu'elle peut être produite, mais parce qu'il y a une demande pour elle. Nous avons donc ici un cas où l'offre et la demande n'ont guère varié, ou si elles ont augmenté , elles ont augmenté dans la même proportion ; et pourtant le prix du pain aura baissé de 50 pour cent. à une époque aussi où la valeur de la monnaie était restée invariable.

Les marchandises qui sont monopolisées, soit par un individu, soit par une société, varient selon la loi que Lord Lauderdale a établie : elles diminuent à mesure que les vendeurs augmentent leur quantité, et augmentent proportionnellement à l'empressement des acheteurs à acheter. eux; leur prix n'a aucun rapport nécessaire avec leur valeur naturelle : mais les prix des marchandises, qui sont soumises à la concurrence et dont la quantité peut être augmentée dans une certaine mesure, dépendront en fin de compte, non de l'état de l'offre et de la demande, mais de l'état de l'offre et de la demande. augmentation ou diminution du coût de leur production.

CHAPITRE XXIX.

M. LES AVIS DE MALTHUS SUR LE LOYER.

BIEN QUE la nature de la rente ait été traitée assez longuement dans les pages précédentes de cet ouvrage ; cependant je me crois obligé de remarquer quelques opinions à ce sujet, qui me paraissent erronées, et qui sont d'autant plus importantes qu'elles se trouvent dans les écrits de celui pour qui, de tous les hommes d'aujourd'hui, certaines branches de l'économie la science est la plus endettée. À propos de l'Essai sur la population de M. Malthus, je suis heureux de l'occasion qui m'est offerte ici d'exprimer mon admiration. Les assauts des adversaires de cette grande œuvre n'ont servi qu'à prouver sa force ; et je suis persuadé que sa juste réputation se répandra avec la culture de cette science dont elle est un si éminent ornement. M. Malthus a également expliqué de manière satisfaisante les principes de la rente et montré qu'elle augmente ou diminue proportionnellement aux avantages relatifs, soit de fertilité, soit de situation, des différentes terres en culture, et a ainsi jeté beaucoup de lumière sur de nombreux points difficiles. liés au sujet de la rente, qui étaient auparavant soit inconnus, soit très imparfaitement compris ; cependant il me semble avoir commis quelques erreurs, que son autorité rend d'autant plus nécessaires, tandis que sa candeur caractéristique la rend moins désagréable à remarquer. L'une de ces erreurs consiste à considérer la rente comme un gain évident et une nouvelle création de richesses.

Je ne souscris pas à toutes les opinions de M. Buchanan concernant le loyer ; mais avec celles exprimées dans le passage suivant, cité de son ouvrage par M. Malthus, je suis entièrement d'accord ; et c'est pourquoi je dois être en désaccord avec le commentaire de M. Malthus à leur sujet.

« De ce point de vue, la rente ne peut constituer une addition générale au stock de la communauté, puisque l'excédent net en question n'est rien de plus qu'un revenu transféré d'une classe à une autre ; et du simple fait qu'il change ainsi de mains, Il est clair qu'aucun fonds ne peut être créé avec lequel payer les impôts. Le revenu qui paie les produits de la terre existe déjà entre les mains de ceux qui achètent ces produits, et, si le prix de la subsistance était inférieur, il resterait toujours entre leurs mains, où il serait tout aussi disponible pour l'impôt que lorsque, par un prix plus élevé, il serait transféré au propriétaire foncier.

Après diverses observations sur la différence entre les produits bruts et les marchandises manufacturées, M. Malthus demande : « Est-il donc possible, avec M. de Sismondi, de considérer la rente comme le seul produit du travail, qui a une valeur purement nominale, et le simple résultat de cette augmentation de prix qu'un vendeur obtient en conséquence d'un privilège particulier, ou, avec M. Buchanan, de considérer cela comme non pas une addition à la richesse nationale, mais simplement un transfert de valeur, avantageux seulement pour les propriétaires, et proportionnellement préjudiciable . aux consommateurs ?" [50]

J'ai déjà exprimé mon opinion à ce sujet en traitant de la rente, et je n'ai plus qu'à ajouter maintenant que la rente est une création de valeur, tel que j'entends ce mot, mais non une création de richesse. Si le prix du blé, à cause de la difficulté d'en produire une partie, devait passer de 4 *l.* à 5 *litres.* par trimestre, un million de quarters vaudra 5 000 000 *l.* au lieu de 4 000 000 *l.* et comme ce blé s'échangera non seulement contre plus d'argent, mais contre plus de toute autre marchandise, les possesseurs auront une plus grande valeur ; et comme personne d'autre n'en aura moins, la société dans son ensemble possédera une plus grande valeur, et en ce sens la rente est une création de valeur. Mais cette valeur est tellement nominale qu'elle n'ajoute rien à la richesse, c'est-à-dire aux nécessités, aux commodités et aux jouissances de la société. Nous aurions exactement la même quantité, et non plus de marchandises, et le même million de quarters de blé qu'avant ; mais l'effet d'être évalué à 5 *l.* par trimestre, au lieu de 4 *l.* , ce serait transférer une partie de la valeur du blé et des marchandises de leurs anciens possesseurs aux propriétaires fonciers. La rente est alors une création de valeur, mais pas une création de richesse ; cela n'ajoute rien aux ressources d'un pays, cela ne lui permet pas d'entretenir des flottes et des armées ; car le pays disposerait d'un fonds disponible plus important si ses terres étaient de meilleure qualité, et il pourrait employer le même capital sans générer de rente.

Dans une autre partie de « l'enquête » de M. Malthus, il observe « que la cause immédiate de la rente est évidemment l'excédent du prix sur le coût de production auquel les produits bruts se vendent sur le marché », et ailleurs il dit : « que Les causes du prix élevé des produits bruts peuvent être évoquées au nombre de trois :

« Premièrement et principalement, la qualité de la terre, grâce à laquelle elle peut produire une plus grande partie des choses nécessaires à la vie qu'il n'en faut pour l'entretien des personnes employées sur la terre.

« 2° Cette qualité propre aux choses nécessaires à la vie de pouvoir créer leur propre demande, ou susciter un nombre de demandes proportionnellement à la quantité de choses nécessaires produites.

"Et troisièmement. La rareté relative des terres les plus fertiles." En parlant du prix élevé du blé, M. Malthus ne parle évidemment pas du prix au quart ou au boisseau, mais plutôt de l'excédent du prix auquel le produit entier se vendra, au-dessus du coût de sa production, y compris toujours dans le terme « coût de production », les bénéfices ainsi que les salaires. Cent cinquante quarts de maïs à 3 *l.* 10 *shillings* par trimestre rapporteraient au propriétaire un loyer plus élevé que 100 quarters à 4 *l.* , à condition que le coût de production soit le même dans les deux cas.

Le prix élevé, si l'expression est utilisée dans ce sens, ne peut donc pas être appelé une *cause* de rente ; on ne peut pas dire « que la cause immédiate de la rente est évidemment l'excédent du prix au-dessus du coût de production auquel les produits bruts se vendent sur le marché », car cet excès est lui-même une rente. La rente, M. Malthus a défini comme étant « la partie de la valeur de l'ensemble du produit qui reste au propriétaire du fonds, après que toutes les dépenses appartenant à sa culture, de quelque nature qu'elles soient, aient été payées, y compris les bénéfices du capital employé, estimés d'après les règles habituelles et ordinaires. taux des profits du capital agricole à l'heure actuelle. Or, quelle que soit la somme à laquelle cet excédent peut se vendre, c'est une rente monétaire ; c'est ce que M. Malthus entend par « l'excès de prix au-dessus du coût de production auquel les produits bruts se vendent sur les marchés » ; et c'est pourquoi, en recherchant les causes qui peuvent élever le prix des produits bruts, par rapport au coût de production, nous recherchons les causes qui peuvent élever la rente.

A propos de la première cause de la hausse des loyers, M. Malthus fait les observations suivantes : « Nous voulons encore savoir pourquoi la consommation et l'offre sont telles qu'elles font que le prix dépasse si largement le coût de production, et la cause principale est évidemment la *fertilité* de la terre dans la production des nécessités de la vie. Diminuez cette abondance, diminuez la fertilité du sol, et l'excès diminuera ; diminuez-le encore davantage, et il disparaîtra. Il est vrai que l'excès du nécessaire diminuera et disparaîtra, mais là n'est pas la question. La question est de savoir si l'excédent de leur prix sur le coût de leur production diminuera et disparaîtra, car c'est de cela que dépend la rente monétaire. M. Malthus a-t-il raison de conclure que, parce que l'excès de quantité diminuera et disparaîtra, « la cause du *prix élevé* des biens de première nécessité au-dessus du coût de production doit être recherchée dans leur abondance plutôt que dans leur rareté ; et est-il non seulement essentiellement différent du prix élevé occasionné par des monopoles artificiels, mais du prix élevé de ces produits particuliers de la terre, sans rapport avec la nourriture, que l'on peut appeler des monopoles naturels et nécessaires ? »

N'y a-t-il aucune circonstance dans laquelle la fertilité de la terre et l'abondance de ses produits peuvent être diminuées, sans causer une diminution de son prix au-dessus des frais de production, c'est-à-dire une diminution de la rente ? Si tel est le cas, la proposition de M. Malthus est bien trop universelle ; car il me semble énoncer comme un principe général, vrai en toutes circonstances, que la rente augmentera avec la fertilité accrue de la terre, et diminuera avec sa fertilité diminuée.

M. Malthus aurait sans doute raison si, à mesure que la terre rapportait abondamment, une plus grande part du produit total était payée au propriétaire ; mais le contraire est le fait : quand seule la terre la plus fertile est en culture, le propriétaire foncier a la plus petite part du produit total, ainsi que la plus petite valeur, et ce n'est que lorsque des terres inférieures sont nécessaires pour nourrir une population croissante . population, que la part du propriétaire dans la totalité du produit et la valeur qu'il reçoit augmentent progressivement.

Supposons que la demande s'élève à un million de quarters de blé et qu'ils soient le produit de la terre actuellement cultivée. Supposons maintenant que la fertilité de toutes les terres soit tellement diminuée que ces mêmes terres ne produiront que 900 000 quarters. La demande étant d'un million de quarters, le prix du blé augmenterait, et il faudrait nécessairement recourir à des terres de qualité inférieure plus tôt que si les terres supérieures avaient continué à produire un million de quarters. Mais c'est cette nécessité de mettre en culture des terres inférieures qui est la cause de l'augmentation de la rente : la rente, il faut le rappeler, n'est pas proportionnelle à la fertilité absolue de la terre cultivée, mais en proportion de sa fertilité relative. Quelle que soit la cause qui pousse le capital vers des terres inférieures, elle doit élever les rentes ; la cause de la rente étant, comme l'affirme M. Malthus dans sa troisième proposition, « la rareté relative des terres les plus fertiles ». Le prix du blé augmentera naturellement avec la difficulté d'en produire les dernières portions ; mais comme le coût de production n'augmentera pas, et que les salaires et les profits pris ensemble resteront toujours de la même valeur, il est ^{évident} que l'excédent du prix sur le coût de production, ou, en d'autres termes, la rente, doit augmenter avec la même valeur. la diminution de la fertilité de la terre, à moins qu'elle ne soit contrecarrée par une forte réduction du capital, de la population et de la demande. Il ne semble donc pas que la proposition de M. Malthus soit exacte : la rente n'augmente pas ou ne diminue pas immédiatement et nécessairement avec l'augmentation ou la diminution de la fertilité de la terre ; mais sa fécondité accrue la rend capable de payer dans l'avenir une rente augmentée : une terre qui possède très peu de fertilité ne peut jamais supporter aucune rente ; les terres de fertilité modérée peuvent être amenées, à mesure que la population augmente, à supporter une rente modérée ; et une terre d'une grande fertilité un loyer élevé ; mais c'est une chose de pouvoir supporter un loyer élevé, et une autre chose de le payer effectivement. La rente peut être inférieure dans un pays où les terres sont extrêmement fertiles que dans un pays où elles rapportent un rendement modéré, car elle est proportionnelle plutôt à la fertilité relative qu'absolue, à la valeur du produit et non à son abondance. M. Malthus dit que « la cause de l'excès du prix des choses nécessaires à la vie par rapport aux coûts de production doit être recherchée dans leur abondance plutôt que dans leur rareté, et est essentiellement différente du prix élevé de ces produits particuliers de la vie ». la terre, sans rapport avec la nourriture, que l'on peut appeler des monopoles naturels et nécessaires.

En quoi sont-ils essentiellement différents ? L'abondance de ces produits particuliers de la terre ne provoquerait-elle pas une augmentation des rentes, si en même temps la demande augmentait ? et la rente peut-elle jamais augmenter, quelle que soit la marchandise produite, par simple abondance et sans accroissement de la demande ?

La seconde cause de rente mentionnée par M. Malthus, à savoir « cette qualité particulière aux choses nécessaires à la vie, de pouvoir créer leur propre demande, ou susciter un nombre de demandes proportionné à la quantité de choses nécessaires produites », ne me paraît en rien essentiel. Ce n'est pas l'abondance du nécessaire qui suscite les exigences, mais l'abondance des exigences qui suscite le nécessaire.

Nous ne sommes pas obligés de produire en permanence une quantité de marchandise supérieure à celle demandée. Si par accident une plus grande quantité était produite, elle tomberait au-dessous de son prix naturel, et par conséquent ne paierait pas les frais de production, ainsi que les bénéfices habituels et ordinaires du stock : ainsi l'offre serait contrôlée jusqu'à ce qu'elle se conforme à la demande. et le prix du marché s'éleva jusqu'au prix naturel.

M. Malthus me semble trop enclin à penser que la population ne s'accroît que par la fourniture préalable de nourriture, — « que c'est la nourriture qui crée sa propre demande », — que c'est en fournissant d'abord de la nourriture que l'on encourage. au mariage, au lieu de considérer que le progrès général de la population est affecté par l'augmentation du capital, la demande de travail qui en résulte et l'augmentation des salaires ; et que la production de nourriture n'est que l'effet de cette demande.

C'est en donnant à l'ouvrier plus d'argent, ou toute autre marchandise donnant lieu à un salaire et dont la valeur n'a pas diminué, que sa situation s'améliore. L'augmentation de la population et l'augmentation de la nourriture seront généralement l'effet, mais non l'effet nécessaire, des salaires élevés. L'amélioration de la condition du travailleur , par suite de l'augmentation de la valeur qui lui est payée, ne l'oblige pas nécessairement à se marier et à prendre sur lui la charge d'une famille ; il peut, s'il lui plaît, échanger son salaire augmenté contre n'importe quelle marchandise. cela peut contribuer à ses plaisirs – pour les chaises, les tables et la quincaillerie ; ou pour de meilleurs vêtements, du sucre et du tabac. Ses salaires accrus n'auront alors d'autre effet qu'une demande accrue de certaines de ces marchandises ; et comme la race des ouvriers n'augmentera pas matériellement, ses salaires resteront constamment élevés. Mais bien que cela puisse être la conséquence de salaires élevés, les délices de la société domestique sont si grands que, dans la pratique, on constate invariablement qu'un accroissement de population suit l'amélioration de la condition du travailleur ; et c'est seulement parce qu'il en est ainsi qu'une demande nouvelle et accrue de nourriture apparaît. Cette demande est donc l'effet d'un accroissement de population, mais non la cause : c'est seulement parce que les dépenses du peuple prennent cette direction, que le prix du marché des produits de première nécessité dépasse le prix naturel, et que la quantité de nourriture nécessaire est produite. ; et c'est parce que le nombre des hommes augmente que les salaires baissent encore.

Quel motif un fermier peut-il avoir pour produire plus de blé qu'il n'en demande réellement, quand la conséquence serait une dépression de son prix de marché au-dessous de son prix naturel, et par conséquent une privation pour lui d'une partie de ses bénéfices, en les réduisant au-dessous du prix général ? taux? « Si, dit M. Malthus, les choses nécessaires à la vie, les produits les plus importants de la terre, n'avaient pas la propriété de créer un accroissement de demande proportionnel à leur quantité accrue, cette quantité accrue entraînerait une baisse de leur valeur échangeable. Cependant, si les produits d'un pays étaient abondants, sa population pouvait rester stationnaire, et cette abondance, sans une demande proportionnée et avec un prix du travail très élevé, qui aurait naturellement lieu dans ces circonstances, pourrait faire baisser le prix du travail. produits bruts, comme le prix des produits manufacturés, au coût de production. »

« Pourrait-il réduire le prix des produits bruts au coût de production ? » Est-ce que cela dure parfois au-dessus ou en dessous de ce prix ? M. Malthus lui-même ne déclare-t-il pas qu'il ne doit jamais en être ainsi ? « J'espère, dit-il, être excusé de m'attarder un peu et de présenter au lecteur sous diverses formes la doctrine selon laquelle le blé, par rapport à la quantité réellement produite, est vendu au prix nécessaire comme les produits manufacturés, parce *que* je considérez-le comme une vérité de la plus haute importance, qui a été négligée par les économistes, par Adam Smith et tous ces écrivains qui ont représenté les produits bruts comme se vendant toujours à un prix de monopole.

« Chaque pays étendu peut ainsi être considéré comme possédant une gradation de machines pour la production du blé et des matières premières, incluant dans cette gradation non seulement toutes les diverses qualités des terres pauvres, dont chaque territoire a généralement une abondance, mais aussi les machines inférieures. On peut dire qu'elles sont employées lorsque de bonnes terres sont de plus en plus forcées de produire des produits supplémentaires. À mesure que le prix des produits bruts continue à augmenter, ces machines inférieures sont successivement mises en action ; et à mesure que le prix des produits bruts continue de baisser, elles sont successivement mis hors service. L'illustration utilisée ici sert à montrer à la fois la *nécessité du prix réel du blé par rapport au produit réel*, et l'effet différent qui accompagnerait une grande réduction du prix d'une fabrication particulière, et un grand réduction du prix des produits bruts. [53]

Comment concilier ces passages avec celui qui affirme que si les choses nécessaires à la vie n'avaient pas la propriété de créer un accroissement de la demande proportionnel à leur quantité accrue, la quantité abondante produite réduirait alors, et alors seulement, le prix des produits bruts. au coût de production ? Si le blé n'est jamais au-dessous de son prix naturel, il n'est jamais plus abondant que ce que la population actuelle exige pour sa propre consommation ; aucun magasin ne peut être ouvert pour la consommation d'autrui ; il ne pourra jamais alors stimuler la population en raison de son bon marché et de son abondance. Dans la mesure où le blé pourra être produit à bon marché, les salaires accrus des ouvriers auront plus de pouvoir pour entretenir les familles. En Amérique, la population augmente rapidement parce que la nourriture peut être produite à bas prix, et non parce qu'une offre abondante a été fournie auparavant. En Europe, la population augmente relativement lentement, car la nourriture ne peut pas être produite à bas prix. Dans le cours habituel et ordinaire des choses, la demande de toutes les marchandises précède leur offre. En disant que le blé, comme les industries manufacturières, baisserait jusqu'à son prix de production s'il ne pouvait faire monter la demande, M. Malthus ne peut pas vouloir dire que toute la rente serait absorbée ; car il a lui-même fait remarquer à juste titre que si les propriétaires fonciers renonçaient à toute rente, le prix du blé ne baisserait pas ; la rente étant l'effet et non la cause du prix élevé, et il y a toujours une qualité de terre en culture qui ne paie aucune rente, dont le blé ne remplace par son prix que des salaires et des profits.

Dans le passage suivant, M. Malthus a donné un exposé habile des causes de la hausse du prix des matières premières dans les pays riches et progressistes, avec lequel je souscris en chaque mot ; mais il me semble qu'il est en contradiction avec certaines des propositions qu'il soutient dans certaines parties de son Essai sur la rente. "Je n'hésite pas à affirmer que, quelles que soient les irrégularités de la monnaie d'un pays et d'autres circonstances temporaires et accidentelles, la cause du prix monétaire comparé élevé du blé est son prix réel comparatif élevé, ou la plus grande quantité de *capital* . et le travail qu'il faut employer pour le produire, et que les raisons pour lesquelles le prix réel du blé est plus élevé et augmente continuellement dans les pays qui sont déjà riches et qui progressent toujours en prospérité et en population, doivent être trouvées dans la nécessité de recourir à constamment vers des terres plus pauvres, vers des machines qui exigent une plus grande dépense pour les travailler, et qui par conséquent font que chaque ajout nouveau aux produits bruts du pays est acheté à un plus grand prix ; en un mot, on le trouve dans l'importance de la vérité. , que le blé, dans un pays progressiste, est vendu au prix nécessaire pour produire l'approvisionnement réel ; et que, à mesure que cet approvisionnement devient de plus en plus difficile, le prix augmente en proportion.

On dit ici à juste titre que le prix réel d'une marchandise dépend de la quantité plus ou moins grande de travail et de capital (c'est-à-dire de travail accumulé) qui doit être employée pour la produire. Le prix réel ne dépend pas, comme certains l'ont soutenu, de la valeur monétaire ; ni, comme d'autres l'ont dit, sur la valeur relative au blé, au travail ou à toute autre marchandise prise individuellement, ou à toutes les marchandises collectivement ; mais, comme vient de le dire M. Malthus, « sur la quantité plus grande (ou moindre) de capital et de travail qui doit être employée pour le produire ».

Parmi les causes de la hausse des loyers, M. Malthus mentionne « un accroissement de la population tel qu'il fera baisser les salaires du travail ». Mais si, à mesure que les salaires du travail diminuent, les profits des capitaux augmentent, et qu'ils soient ensemble toujours de la même valeur, aucune baisse des salaires ne peut augmenter la rente, car elle ne diminuera ni la part ni la valeur de la part des biens. le produit qui sera attribué ensemble au fermier et à l'ouvrier , et par conséquent ne laissera pas une plus grande part, ni une plus grande valeur au propriétaire. Dans la mesure où moins on affecte aux salaires, plus on affecte aux profits, et *vice versa* . Ce partage sera réglé par le fermier et ses ouvriers , sans aucune interférence du propriétaire ; et en effet , c'est une question dans laquelle il ne peut avoir aucun intérêt, sinon qu'une division peut être plus favorable qu'une autre, à de nouvelles accumulations et à une nouvelle demande de terres. Si les salaires baissent, ce sont les profits, et non les loyers, qui augmenteront. Si les salaires augmentaient, ce serait les profits, et non les loyers, qui diminueraient. La hausse des rentes et des salaires, et la baisse des profits, sont généralement les effets inévitables de la même cause : la demande croissante de nourriture, la quantité accrue de travail nécessaire pour la produire, et son prix par conséquent élevé. Si le propriétaire renonçait à la totalité de son loyer, les ouvriers n'en bénéficieraient pas du tout. Si les ouvriers abandonnaient la totalité de leur salaire, les propriétaires fonciers n'en tireraient aucun avantage ; mais dans les deux cas, le fermier recevrait et conserverait tout ce à quoi il avait renoncé. J'ai essayé de montrer dans cet ouvrage qu'une baisse des salaires n'aurait d'autre effet que d'augmenter les profits.

Une autre cause de l'augmentation des fermages, selon M. Malthus, est « de tels progrès agricoles ou une telle augmentation des efforts, qui diminueront le nombre de travailleurs nécessaires pour produire un effet donné ». Cela n'augmenterait pas la valeur de l'ensemble du produit, et par conséquent n'augmenterait pas la rente : cela aurait plutôt une tendance contraire, cela diminuerait la rente ; car si, grâce à ces améliorations, la quantité réelle de nourriture nécessaire pouvait être fournie soit par moins de mains, soit avec une moindre quantité de terre, le prix des produits bruts baisserait et le capital serait retiré de la terre. [55] Rien ne peut augmenter la rente, si ce n'est la demande de nouvelles terres de qualité inférieure, ou quelque cause qui causera une altération de la fertilité relative des terres déjà cultivées. [567] Les améliorations dans l'agriculture et dans la division du travail sont communes à toutes les terres ; ils augmentent la quantité absolue de produits bruts obtenus de chacun, mais ne troublent probablement pas beaucoup les proportions relatives qui existaient auparavant entre eux.

M. Malthus vient de commenter une erreur d'Adam Smith et dit : « La substance de son argument (du Dr Smith) est que le blé est d'une nature si particulière que son prix réel ne peut être augmenté par une augmentation de son prix. et que, comme c'est clairement une augmentation du prix réel seule qui peut encourager sa production, la hausse du prix en argent, provoquée par une prime, ne peut avoir un tel effet.

Il poursuit : « Il n'est nullement question de nier la puissante influence du prix du blé sur le prix du travail , en moyenne sur un nombre considérable d'années ; mais que cette influence n'est pas de nature à empêcher le mouvement des capitaux. vers ou depuis le pays, ce qui est le point précis en question, sera rendu suffisamment évident par une brève enquête sur la manière dont le travail est payé et introduit sur le marché, et par une considération des conséquences que l'hypothèse de la proposition d'Adam Smith mènerait inévitablement. » [57]

M. Malthus montre ensuite que la demande et le prix élevé encourageront aussi efficacement la production de produits bruts que la demande et le prix élevé de toute autre marchandise encourageront sa production. De ce point de vue, il ressort de ce que j'ai dit des effets des primes que je suis entièrement d'accord. J'ai remarqué le passage des « Observations sur les lois sur les grains » de M. Malthus, dans le but de montrer dans quel sens différent le terme prix réel est utilisé ici et dans son autre brochure intitulée « Motifs d'une opinion, etc. ». Dans ce passage, M. Malthus nous dit que « c'est clairement une augmentation du prix réel seule qui peut encourager la production du blé », et par prix réel il entend évidemment l'augmentation de sa valeur par rapport à toutes les autres choses, ou à d'autres choses. en d'autres termes, la hausse de son marché au-dessus de son prix naturel, ou du coût de sa production. Si c'est ce qu'on entend par prix réel, l'opinion de M. Malthus est sans aucun doute correcte ; c'est la hausse du prix du blé sur le marché qui seule encourage sa production, car on peut poser comme principe uniformément vrai que le seul encouragement à l'augmentation de la production d'une marchandise est que sa valeur marchande dépasse sa valeur naturelle ou nécessaire. .

Mais ce n'est pas le sens que M. Malthus, à d'autres occasions, attache au terme de prix réel. Dans l'Essai sur la rente, M. Malthus dit que par « le prix réel croissant du blé, j'entends la *quantité* réelle de travail et de capital *qui a été employée* pour produire les dernières additions qui ont été apportées au produit national ». Dans une autre partie, il déclare que « la cause du prix réel comparatif élevé du blé est la plus grande *quantité* de capital et de travail qui doit être *employée* pour le produire ». Supposons que dans le passage précédent nous substituions cette définition du prix réel, cela ne fonctionnerait-il pas alors ainsi ? sa production." Ce serait dire que c'est évidemment la hausse du prix naturel ou nécessaire du blé qui favorise sa production, proposition qui ne saurait être maintenue. Ce n'est pas le prix auquel le blé peut être produit qui a une influence sur la quantité produite, mais le prix auquel il peut être vendu : il est proportionnel au degré d'excédent de son prix sur le coût de production. ce capital est attiré ou repoussé vers la terre. Si cet excédent est tel qu'il donne au capital ainsi employé un profit supérieur au profit général des capitaux, le capital ira à la terre ; si elle est inférieure, elle en sera retirée.

Ce n'est donc pas par une modification du prix réel du blé que sa production est encouragée, mais par une modification de son prix de marché. Ce n'est pas « parce qu'une plus grande quantité de capital et de travail doit être employée pour le produire », selon la juste définition du prix réel donnée par M. Malthus, que plus de capital et de travail sont attirés dans le pays, mais parce que le prix du marché s'élève au-dessus de ce prix réel. et, malgré l'augmentation des taxes, fait de la culture de la terre l'emploi le plus rentable du capital.

Rien ne peut être plus juste que les observations suivantes de M. Malthus sur l'étalon de valeur d'Adam Smith. "Adam Smith a évidemment été conduit dans cette suite d'arguments, à cause de son habitude de considérer *le travail comme la mesure standard de la valeur* , et le maïs comme la mesure du travail . Mais ce maïs est une mesure très inexacte du travail , l'histoire de notre propre pays Nous le démontrerons amplement, où le travail , comparé au blé, aura éprouvé des variations très grandes et frappantes, non seulement d'année en année, mais de siècle en siècle, et pendant dix, vingt et trente années ensemble . *Le travail ni aucune autre marchandise ne peut être une mesure précise de la valeur réelle dans l'échange* , est maintenant considérée comme l'une des doctrines les plus incontestables de l'économie politique ; et, en effet, découle de la définition même de la valeur dans l'échange. »

Si ni le blé ni le travail ne sont des mesures précises de la valeur réelle dans l'échange, ce qui n'est manifestement pas le cas, quelle autre marchandise l'est ? — certainement aucune. Si donc l'expression prix réel des marchandises a un sens, ce doit être celui qu'a dit M. Malthus dans l'Essai sur la rente : il doit être mesuré par la quantité proportionnelle de capital et de travail nécessaire pour les produire .

Dans son Enquête sur la nature de la rente, M. Malthus dit que, quelles que soient les irrégularités de la monnaie d'un pays et d'autres circonstances temporaires et accidentelles, la cause du prix monétaire comparé élevé du blé est son prix élevé. prix réel comparatif, *ou la plus grande quantité de capital et de travail qui doit être employée pour le produire .*

Ceci, je crois, est le compte rendu exact de toutes les variations permanentes des prix, qu'il s'agisse du blé ou de toute autre marchandise. Le prix d'une marchandise ne peut augmenter de façon permanente que parce qu'il faut employer une plus grande quantité de capital et de travail pour la produire, ou parce que la monnaie a perdu de sa valeur ; et au contraire, son prix ne peut que baisser, soit parce qu'une moindre quantité de capital et de travail peut être employée à sa production, soit parce que la monnaie a augmenté en valeur.

Une variation résultant de la dernière de ces alternatives, une valeur altérée de la monnaie, est commune à toutes les marchandises ; mais une variation provenant de la première cause est limitée à la marchandise particulière exigeant plus ou moins de travail pour sa production. En autorisant la libre importation du maïs ou en améliorant l'agriculture, les produits bruts diminueraient ; mais le prix d'aucune autre marchandise ne serait affecté que dans la mesure de la baisse de la valeur réelle, ou du coût de production, du produit brut qui entre dans sa composition.

M. Malthus, ayant reconnu ce principe, ne peut, je pense, soutenir de manière cohérente que la valeur monétaire totale de toutes les marchandises du pays doit baisser exactement en proportion de la baisse du prix du blé. Si la valeur du blé consommé dans le pays était de dix millions par an, et si les marchandises manufacturées et étrangères consommées valaient vingt millions, ce qui ferait un total de trente millions, il ne serait pas admissible d'en déduire que la dépense annuelle a été réduit à 15 millions , parce que le maïs avait chuté de 50 pour cent, soit de 10 à 5 millions .

La valeur des produits bruts entrant dans la composition de ces manufactures ne pourrait, par exemple, excéder 20 pour cent. de leur valeur totale, et donc la baisse de la valeur des produits manufacturés, au lieu d'être de 20 à 10 millions , ne serait que de 20 à 18 millions ; et après la baisse du prix du blé de 50 pour cent, le montant total de la dépense annuelle, au lieu de tomber de 30 à 25 millions , tomberait de 30 à 23 millions . [60]

Au lieu de considérer ainsi l'effet d'une baisse de la valeur des produits bruts ; comme M. Malthus était tenu de le faire par son aveu précédent ; il considère que c'est exactement la même chose avec une hausse de 100 pour cent. dans la valeur de l'argent et, par conséquent, raisonne comme si toutes les marchandises allaient chuter à la moitié de leur prix antérieur.

« Durant les vingt années commençant en 1794, dit-il, et se terminant en 1813, le prix moyen du maïs britannique par trimestre était d'environ quatre-vingt-trois shillings ; pendant les dix années se terminant en 1813, quatre-vingt-douze shillings ; et pendant les cinq dernières années des vingt, cent huit shillings. Au cours de ces vingt années, le gouvernement a emprunté près de cinq cent millions de capital réel, pour lequel, en moyenne grossière, sans compter le fonds d'amortissement, il s'est engagé à mais si le blé tombait à cinquante shillings par trimestre, et les autres marchandises en proportion, au lieu d'un intérêt d'environ cinq pour cent, le gouvernement paierait en réalité un intérêt de sept, huit, neuf et, pour les deux cents derniers millions , dix pour cent.

« A cette générosité extraordinaire envers les actionnaires, je serais disposé à ne faire aucune sorte d'objection, s'il n'était pas nécessaire de considérer par qui elle doit être payée ; et un instant de réflexion nous montrera qu'elle ne peut être payée que par les classes industrielles de la société, et les propriétaires fonciers, c'est-à-dire par tous ceux dont le revenu nominal variera avec les variations de la mesure de la valeur. Les revenus nominaux de cette partie de la société, comparés à la moyenne des cinq dernières années , sera réduit de moitié, et sur ce revenu nominalement réduit, ils devront payer le même montant nominal d'impôts. [61]

En premier lieu, je pense, comme je l'ai déjà montré, que le revenu nominal de tout le pays ne diminuera pas dans la proportion que prétend ici M. Malthus ; il ne s'ensuit pas que, parce que le blé a chuté de cinquante pour cent, le revenu de chaque homme serait réduit de cinquante pour cent. en valeur. [62]

En second lieu, je pense que le lecteur conviendra avec moi que l'augmentation de la charge, si elle était admise, ne retomberait pas exclusivement « sur les propriétaires fonciers et les classes industrielles de la société » : l'actionnaire, par ses dépenses, apporte sa part à la société. soutenir les charges publiques au même titre que les autres classes de la société. Si alors l'argent devenait réellement plus précieux, même s'il recevait une plus grande valeur, il paierait également une plus grande valeur en impôts, et, par conséquent, il ne peut pas être vrai que la totalité de l'augmentation de la valeur réelle des intérêts serait payée par " les propriétaires fonciers et les classes industrielles.

Mais toute l'argumentation de M. Malthus repose sur une base infirme : elle suppose que, parce que le revenu brut du pays est diminué, le revenu net doit donc aussi être diminué, dans la même proportion. L'un des objectifs de cet ouvrage était de montrer qu'à chaque baisse de la valeur réelle des biens de première nécessité, les salaires du travail diminueraient et que les profits des actions augmenteraient, en d'autres termes, celui d'une valeur annuelle donnée. une part moindre serait versée à la classe ouvrière , et une part plus importante à ceux dont les fonds employaient cette classe. Supposons que la valeur des marchandises produites dans une manufacture particulière soit de 1 000 *l.* , et à partager entre le maître et ses ouvriers , dans la proportion de 800 *l.* aux ouvriers , et 200 *l.* au maître; si la valeur de ces marchandises tombait à 900 *l.* , et 100 *l.* être économisé sur les salaires du travail , par suite de la diminution des biens de première nécessité, le revenu net des maîtres ne serait en aucune manière diminué, et, par conséquent, il pourrait avec autant de facilité payer le même montant d'impôts, après, comme avant la réduction du prix. [63]

Et que les salaires baisseraient autant que la masse des marchandises, ou plutôt que le revenu net restant aux propriétaires fonciers, aux agriculteurs, aux industriels, aux commerçants et aux actionnaires, les seuls véritables payeurs d'impôts, serait aussi grand qu'avant, c'est très hautement probable. ; car la société ne perdrait rien, même nominalement, par l'importation la plus libre de blé, si ce n'est la part de la rente dont les propriétaires seraient privés par suite de la baisse des produits bruts.

La différence entre la valeur du blé et celle de toutes les autres marchandises vendues dans le pays, avant et après l'importation du blé à bon marché, ne serait égale qu'à la baisse de la rente ; car, quelle que soit la rente, la même quantité de travail produirait toujours la même valeur.

Toute la réduction qui s'effectue dans les salaires est une valeur effectivement ajoutée à la valeur du revenu net auparavant possédé par la société ; tandis que la seule valeur qu'on retire de ce revenu net est la valeur de la partie de leur rente dont les propriétaires seront privés par une baisse des produits bruts. Quand on considère que la baisse des produits agit sur un nombre limité de propriétaires fonciers, tandis qu'elle réduit les salaires non seulement de ceux qui sont employés dans l'agriculture, mais de tous ceux qui sont occupés dans les manufactures et le commerce, on peut fort bien douter que le revenu net de la société subirait une réduction quelconque. [64]

Mais si tel était le cas, il ne faut pas supposer que la capacité de payer des impôts diminuerait dans la même mesure que la valeur monétaire, même du revenu net. Supposons que mon revenu net soit passé de 1 000 *l.* à 900 *litres.* ; mais que mes impôts restaient les mêmes, à 100 *l.* : n'est-il pas probable que ma capacité à payer ces 100 *l.* peut-il être plus grand avec les revenus les plus petits qu'avec les revenus les plus élevés ? Les marchandises ne peuvent pas chuter aussi universellement que le suggère M. Malthus, sans que les consommateurs profitent grandement, sans leur permettre, avec un revenu monétaire beaucoup plus faible, de disposer de davantage de commodités, de choses nécessaires et de luxes de la vie humaine ; et la question se résume à ceci : ceux qui possèdent le revenu net du pays profiteront autant de la baisse du prix des marchandises qu'ils souffriront d'un impôt réel plus élevé. De quel côté la balance pourra prépondérer, cela dépendra de la proportion que représentent les impôts par rapport au revenu annuel ; si elle est extrêmement importante, elle peut sans aucun doute faire plus que contrebalancer les avantages que procurent des produits de première nécessité bon marché ; mais j'espère qu'on en a assez dit pour montrer que M. Malthus a très largement surestimé la perte pour les contribuables, résultant d'une diminution de l'un des besoins les plus importants de la vie ; et que s'ils n'étaient pas entièrement rémunérés de l'augmentation réelle des impôts, par la baisse des salaires et l'augmentation des profits, ils seraient plus que compensés par le prix moins élevé de tous les objets pour lesquels leurs revenus étaient dépensés.

Il ne fait aucun doute que l'actionnaire profite d'une forte baisse de la valeur du blé ; mais si personne d'autre n'est blessé, ce n'est pas une raison pour que le blé devienne cher : car les gains de l'actionnaire sont des gains nationaux et augmentent, comme tous les autres gains, la richesse et la puissance réelles du pays. S'ils en bénéficient injustement, il faut déterminer avec précision dans quelle mesure ils le sont, et il appartient alors au législateur de trouver un remède ; mais aucune politique ne peut être plus imprudente que de nous exclure des grands avantages découlant du blé bon marché et des productions abondantes, simplement parce que l'actionnaire aurait une proportion indue de l'augmentation.

On n'a jamais encore tenté de régler les dividendes des actions par la valeur monétaire du blé. Si la justice et la bonne foi exigeaient une telle réglementation, une grande dette serait due aux anciens actionnaires ; car ils reçoivent les mêmes dividendes en argent depuis plus d'un siècle, bien que le prix du blé ait peut-être doublé ou triplé. [65]

M. Malthus dit : « Il est vrai que les dernières additions à la production agricole d'un pays en voie de développement ne s'accompagnent pas d'une grande proportion de rente ; et c'est précisément cette circonstance qui peut obliger un pays riche à importer une certaine partie de sa production. de son blé, s'il peut être assuré d'obtenir un approvisionnement égal. Mais dans tous les cas, l'importation de blé étranger ne pourra pas répondre au niveau national, s'il n'est pas tellement moins cher que le maïs qu'on peut cultiver chez soi, au point d'égaler à la fois les profits et la rente du grain qu'il déplace. *Motifs* , etc. p. 36.

Comme la rente est l'effet du prix élevé du maïs, la perte de rente est l'effet d'un prix bas. Le blé étranger n'entre jamais en concurrence avec le blé national qui rapporte une rente ; la baisse des prix affecte invariablement le propriétaire jusqu'à ce que la totalité de sa rente soit absorbée ; — si la baisse des prix s'accentue encore, le prix ne permettra même pas les profits communs des capitaux ; Le capital quittera alors la terre pour un autre emploi, et le blé, qui y poussait auparavant, sera alors importé, et seulement alors. De la perte de rente, il y aura une perte de valeur, de valeur monétaire estimée, mais il y aura un gain de richesse. La quantité des produits bruts et des autres productions ensemble sera augmentée, à cause de la plus grande facilité avec laquelle ils sont produits ; ils seront, bien qu'augmentés en quantité, diminués en valeur.

Deux hommes emploient des capitaux égaux, l'un dans l'agriculture, l'autre dans l'industrie. Celui de l'agriculture produit une valeur annuelle nette de 1 200 *l.* dont 1000 *l.* est conservé à des fins de profit, et 200 *l.* est payé pour le loyer ; l'autre, en manufacture, ne produit qu'une valeur annuelle de 1000 *l.* Supposons que par importation, la même quantité de maïs puisse être obtenue pour des produits qui coûtent 950 *l.* , et qu'en conséquence le capital employé dans l'agriculture est détourné vers les manufactures, où il peut produire une valeur de 1000 *l.* le revenu net du pays sera de moindre valeur, il sera réduit de 2200 *l.* à 2000 *litres.* , mais il y aura non seulement la même quantité de marchandises et de blé pour sa propre consommation, mais aussi autant d'addition à cette quantité que 50 *l.* achèterait, la différence entre la valeur à laquelle ses produits manufacturés étaient vendus au pays étranger et la valeur du blé qui lui était acheté.

M. Malthus dit : « Adam Smith vient d'observer qu'aucune quantité égale de travail productif employée dans les manufactures ne pourra jamais occasionner une reproduction aussi grande que dans l'agriculture. » Si Adam Smith parle de valeur, il a raison, mais s'il parle de richesse, ce qui est le point important, il se trompe, car il a lui-même défini la richesse comme étant constituée des choses nécessaires, des commodités et des jouissances de la vie humaine. Un ensemble de nécessités et de commodités n'admet aucune comparaison avec un autre ensemble ; la valeur d'usage ne peut être mesurée par aucune norme connue, elle est estimée différemment par différentes personnes.

------

[1] Ch. XV. première partie . "Des Débouchés " contient notamment quelques principes très importants, qui, je crois, ont été expliqués pour la première fois par cet écrivain distingué.

[2] Livre I. type. 5.

[3] « Mais bien que le travail soit la mesure réelle de la valeur échangeable de toutes les marchandises, ce n'est pas celui par lequel leur valeur est communément estimée. Il est souvent difficile de déterminer la proportion entre deux quantités différentes de travail . deux sortes de travaux différents ne détermineront pas toujours à eux seuls cette proportion. Il faut également tenir compte des différents degrés de fatigue endurée et d'ingéniosité exercée. Il peut y avoir plus de travail dans une heure de dur labeur que dans deux heures de travail facile . ou, dans une heure d'application à un métier, qu'il faut dix ans de travail pour apprendre, que dans un mois d'industrie pour un emploi ordinaire et évident. Mais il n'est pas facile de trouver une mesure précise, soit de la difficulté, soit de l'ingéniosité. En effet, en élargissant les différentes productions de différentes sortes de travail les unes pour les autres, on tient généralement compte des deux, mais cela est ajusté, non pas par une mesure précise, mais par les marchandages et les marchandages du marché, selon ce qui précède. sorte d'égalité grossière qui, bien qu'elle ne soit pas exacte, est suffisante pour mener les affaires de la vie commune. » – *Richesse des nations*. Livre I. _ type. dix.

[4] Richesse des nations, livre I . type. dix.

[5] « La terre, comme nous l'avons déjà vu, n'est pas le seul agent de la nature qui possède un pouvoir productif ; mais c'est le seul, ou presque, qu'un groupe d'hommes s'approprie, à l'exclusion de tout autre agent. d'autres, et dont par conséquent ils peuvent s'approprier les bénéfices. Les eaux des fleuves et de la mer, par le pouvoir qu'elles ont de donner le mouvement à nos machines, de porter nos bateaux, de nourrir nos poissons, ont aussi une puissance productive ; le vent qui fait tourner nos moulins, et même la chaleur du soleil, travaillent pour nous ; mais heureusement personne n'a encore pu dire : « le vent et le soleil sont à moi, et le service qu'ils rendent doit être payé ». " —*Économie Politique, par J.B. Say* , vol. ii. p. 124.

[6] M. Say n'a-t-il pas oublié, dans le passage suivant, que c'est le coût de production qui règle finalement le prix ? "Le produit du travail employé sur la terre a cette propriété particulière qu'elle ne devient pas plus chère en devenant plus rare, parce que la population diminue toujours en même temps que la nourriture diminue, et par conséquent la quantité de ces produits *demandée* diminue en même temps que la quantité fourni. D'ailleurs, on ne remarque pas que le blé soit plus cher dans les endroits où il y a beaucoup de terres incultes que dans les pays complètement cultivés. L'Angleterre et la France étaient bien plus imparfaitement cultivées au moyen âge qu'elles ne le sont aujourd'hui ; ils produisaient beaucoup moins de matières premières : néanmoins, d'après tout ce qu'on peut en juger par la comparaison avec la valeur des autres choses, le blé ne se vendait pas plus cher. Si la production était moindre, la population l'était aussi ; la faiblesse de la demande compensait la faiblesse de l'offre. Pour augmenter la population au-delà de

ce qu'elle serait autrement, et donc pour abaisser les salaires, il dit : « Je soupçonne que le bon marché des marchandises qui viennent d'Angleterre est en partie causé par les nombreuses institutions charitables qui existent dans ce pays. » vol. 277. C'est une opinion constante chez celui qui soutient que les salaires règlent les prix.

[7] "Dans l'agriculture aussi", dit Adam Smith, "la nature travaille avec l'homme ; et bien que son travail ne coûte rien, son produit a sa valeur, aussi bien que celle de l'ouvrier le plus cher." Le travail de la nature est payé, non parce qu'elle fait beaucoup, mais parce qu'elle fait peu. A mesure qu'elle devient avare dans ses dons, elle exige un plus grand prix pour son travail. Là où elle est généreusement bienfaisante, elle travaille toujours gratuitement. « Le bétail de travail employé dans l'agriculture donne non seulement lieu, comme les ouvriers des manufactures, à la reproduction d'une valeur égale à leur propre consommation ou au capital qui les emploie, ainsi qu'aux profits de son propriétaire, mais d'une valeur bien plus grande. Au-delà du capital du fermier et de tous ses profits, ils occasionnent régulièrement la reproduction de la rente du propriétaire : cette rente peut être considérée comme le produit des puissances de la nature dont le propriétaire prête au fermier l'usage. Elle est plus ou moins grande selon l'étendue supposée de ces puissances, ou en d'autres termes, selon la fertilité naturelle ou améliorée supposée de la terre. C'est l'ouvrage de la nature qui reste, après déduction ou compensation de tout ce qu'on peut considérer . comme le travail de l'homme. Il représente rarement moins d'un quart, et souvent plus du tiers du produit total. Aucune quantité égale de travail productif employée dans les manufactures ne pourra jamais occasionner une reproduction aussi grande. *Dans ces industries, la nature n'y fait rien, l'homme fait tout* ; et la reproduction doit toujours être proportionnelle à la force des agents qui la provoquent. Le capital employé dans l'agriculture met donc en mouvement non seulement une plus grande quantité de travail productif que tout capital égal employé dans les manufactures, mais aussi en proportion de la quantité de travail productif. qu'elle emploie, elle ajoute une valeur bien plus grande au produit annuel de la terre et du travail du pays, à la richesse *réelle* et au revenu de ses habitants. De toutes les manières dont un capital peut être employé, c'est de loin la plus avantageuse pour la société. " - Livre II, chap. vp 15.

La nature ne produit-elle rien pour l'homme ? Les puissances du vent et de l'eau, qui font bouger nos machines et facilitent la navigation, ne sont-elles rien ? La pression de l'atmosphère et l'élasticité de la vapeur, qui nous permettent de faire fonctionner les machines les plus prodigieuses, ne sont-elles pas des dons de la nature ? sans parler des effets de la matière sur le ramollissement et la fusion des métaux, de la décomposition de l'atmosphère dans le processus de teinture et de fermentation. Il n'existe pas une seule manufacture où la nature ne prête son concours à l'homme, et ne le donne aussi généreusement et gratuitement.

En commentant le passage que j'ai copié d'Adam Smith, M. Buchanan observe : « J'ai essayé de montrer, dans les observations sur le travail productif et improductif , contenues dans le quatrième volume, que l'agriculture n'ajoute pas plus au stock national que En s'attardant sur la reproduction de la rente comme un si grand avantage pour la société, le Dr Smith ne pense pas que la rente est l'effet d'un prix élevé, et que ce que le propriétaire gagne de cette manière, il le gagne au même moment. aux dépens de la communauté dans son ensemble. Il n'y a pas de gain absolu pour la société par la reproduction de la rente ; c'est seulement une classe qui profite aux dépens d'une autre classe. La notion d'agriculture produisant un produit, et une rente en conséquence, parce que la nature Ce n'est pas du produit, mais du prix auquel le produit est vendu, que dérive la rente, et ce prix est obtenu, non pas parce que la nature y contribue. la production, mais parce que c'est le prix qui adapte la consommation à l'offre."

[8] Pour rendre cela évident et montrer les degrés dans lesquels la rente du blé et de l'argent variera, supposons que le travail de dix hommes obtienne, sur une terre d'une certaine qualité, 180 quarters de blé, et sa valeur à être 4 *l.* par trimestre, soit 720 *l.* ; et que le travail de dix hommes supplémentaires, dans le même pays ou dans tout autre pays, ne produira que 170 quarters de plus ; le blé passerait de 4 *l.* à 4 *l.* 4s.8d . _ _ pour 170 : 180 : 4 *l.* : 4 *l.* 4s.8d . _ _ ; ou bien, comme pour la production de 170 quarters, le travail de 10 hommes est nécessaire dans un cas, et seulement de 9,44 dans l'autre, l'augmentation serait de 9,44 à 10, ou de 4 *l.* à 4 *l.* 4s.8d . _ _ Si 10 hommes sont encore employés, le rendement sera de

160,	le prix augmentera jusqu'à	4 £	dix	0
150,	- - - - - -	4	16	0
140,	- - - - - -	5	2	dix

Or, si aucun loyer n'était payé pour la terre qui rapportait 180 quarters alors que le maïs était à 4 *l.* par trimestre, la valeur de 10 trimestres serait payée en loyer alors qu'on ne pourrait en acquérir que 170, ce qui, à 4 *l.* 4s.8d . _ _ serait de 42 *l.* 7 *p.6 j* .

20 qrs. quand 160	ont été produits, qui à	4 £	dix	0	serait	4 £ 90	0
30 qrs. .. 150	. . . .	4	16	0	. . .	144	0 0

| 40 qrs. | .. | 140 | .... | 4   2 dix | ... | 205 13 4 |

	100		100
La rente du maïs augmenterait alors dans la proportion de	212	et un loyer en argent dans la proportion de	100
	340		100
	400		465

[9] Avec M. Buchanan dans le passage suivant, s'il se réfère à des états temporaires de misère, je suis jusqu'à présent d'accord que « le grand mal de la condition du travailleur est la pauvreté, provenant soit d'une pénurie de nourriture, soit de travail ; et dans tous les pays, des lois innombrables ont été promulguées pour son soulagement. Mais il y a des misères dans l'état social que la législation ne peut soulager, et il est donc utile d'en connaître les limites, afin de ne pas, en visant ce qui est impraticable, manquer le bien qui est réellement en notre pouvoir. "- *Buchanan* , page 61.

[10] Le lecteur est prié de garder à l'esprit que, dans le but de rendre le sujet plus clair , je considère que la valeur de l'argent est invariable et que, par conséquent, toute variation de prix est liée à une modification de la valeur de la marchandise. .

[11] Le lecteur sait que nous laissons de côté les variations accidentelles résultant de mauvaises et de bonnes saisons, ou de la demande augmentant ou diminuant par un effet soudain sur l'état de la population. Nous parlons du prix naturel et constant, non du prix accidentel et fluctuant du blé.

[12] Les 180 quarters de blé seraient partagés dans les proportions suivantes entre propriétaires fonciers, fermiers et ouvriers , avec les variations mentionnées ci-dessus dans la valeur du blé.

Prix par qr.	Louer.	Profit.	Salaires.	Total.
£. Dakota du Sud.	En blé.	En blé.	En blé.	
4 0 0	Aucun.	120 qrs.	60 qrs.	
4 4 8	10 qrs	111,7	58.3	
4 10 0	20 qrs	103.4	56,6	180
4 16 0	30	95	55	
5 2 10	40	86,7	53,5	

et, dans les mêmes circonstances, la rente monétaire, les salaires et le profit seraient les suivants :

Prix par qr.			Louer.			Profit.			Salaires.			Total.		
£.	s.	d.	£.	s.	d.	£.	s.	d.	£.	s.	d.	£.	s.	d.
4	0	0	Aucun.			480	0	0	240	0	0	720	0	0
4	4	8ème	42	7	8ème	473	0	0	247	0	0	762	7	6
4	dix	0	90	0	0	465	0	0	255	0	0	810	0	0
4	16	0	144	0	0	456	0	0	264	0	0	864	0	0
5	2	dix	205	13	4	445	15	0	274	5	0	925	13	4

[13] Voir Adam Smith, livre I. type. 9.

[14] Il apparaîtra donc qu'un pays possédant des avantages très considérables en matière de machines et d'habileté, et qui peut par conséquent être en mesure de fabriquer des marchandises avec beaucoup moins de travail que ses voisins , peut, en échange de ces marchandises, importer une partie du blé. nécessaire à sa consommation, même si ses terres étaient plus fertiles, et que le maïs pouvait être cultivé avec moins de travail que dans le pays d'où il était importé. Deux hommes peuvent tous deux fabriquer des chaussures et des chapeaux, et l'un est supérieur à l'autre dans les deux métiers ; mais dans la fabrication de chapeaux, il ne peut dépasser son concurrent que d'un cinquième ou 20 pour cent, et dans la fabrication de chaussures, il peut le surpasser d'un tiers ou 33 pour cent. - ce ne sera pas dans l'intérêt des deux . que l'homme supérieur doit s'employer exclusivement à fabriquer des chaussures, et l'homme inférieur à fabriquer des chapeaux ?

[15] Livre V. ch. ii.

[16] M. Say paraît s'être imprégné de l'opinion générale à ce sujet. En parlant du blé, dit-il, « il en résulte alors que son prix influence le prix de *toutes* les autres marchandises. Un fermier, un fabricant ou un commerçant emploie un certain nombre d'ouvriers, qui ont tous occasion de consommer une certaine quantité de blé. Si le prix du blé augmente, il est obligé d'augmenter, dans une égale proportion, le prix de ses productions. Tome I. _ p. 255.

[17] M. Say dit que « l'impôt, ajouté au prix d'une marchandise, en augmente le prix. Toute augmentation du prix d'une marchandise réduit nécessairement le nombre de ceux qui peuvent l'acheter, ou du moins la quantité qu'ils en consommeront. Ce n'est en aucun cas une conséquence nécessaire. Je ne crois pas que si l'on taxait le pain, la consommation du pain diminuerait plus que si l'on taxait le tissu, le vin ou le savon.

[18] La remarque suivante du même auteur me paraît également erronée : « Lorsqu'un droit élevé est imposé sur le coton, la production de tous les biens dont le coton est la base est diminuée. Si la valeur totale ajoutée au coton dans ses diverses manufactures, dans un pays donné, s'élevait à 100 millions de francs par an, et l'effet de l'impôt était de diminuer la consommation de moitié, alors l'impôt priverait ce pays chaque année de 50 millions de francs , en en plus de la somme reçue par le gouvernement. Tome II. p. 314.

[19] M. Say observe : « qu'un fabricant n'est pas en mesure de faire payer au consommateur la totalité de l'impôt levé sur sa marchandise, parce que son prix accru diminuera sa consommation ». Si tel était le cas, si la consommation diminuait, l'offre ne diminuerait-elle pas aussi rapidement ? Pourquoi le fabricant devrait-il continuer à exercer son activité si ses bénéfices sont inférieurs au niveau général ? M. Say semble ici aussi avoir oublié la doctrine qu'il soutient ailleurs, « selon laquelle les frais de production déterminent le prix au-dessous duquel les marchandises ne peuvent pas tomber pendant un certain temps, parce que la production serait alors soit suspendue, soit diminuée. » . ii. p. 26.

"Dans ce cas, l'impôt retombe donc en partie sur le consommateur qui est obligé de donner plus pour le produit taxé, et en partie sur le producteur, qui, après déduction de l'impôt, recevra moins. Le trésor public bénéficiera de ce que l'acheteur paye en plus, et aussi par le sacrifice que le producteur est obligé de faire une partie de ses profits. C'est l'effort de la poudre, qui agit à la fois sur la balle qu'elle projette, et sur le canon qu'elle fait tirer. recul." Tome II. p. 333.

[20] « Melon dit que les dettes d'une nation sont des dettes dues de la main droite vers la gauche, par lesquelles le corps n'est pas affaibli. Il est vrai que la richesse générale n'est pas diminuée par le paiement des intérêts de retard. de la dette : Les dividendes sont une valeur qui passe de la main du contributeur au créancier national : Que ce soit le créancier national ou le contributeur qui l'accumule ou le consomme, est j'en conviens de peu d'importance pour la société ; mais le principal de la dette, qu'est-il devenu ? Elle n'existe plus. La consommation qui a suivi l'emprunt a anéanti un capital qui ne rapportera plus jamais de revenu. La société n'est pas privée du montant de l'intérêt, puisque celui-ci passe d'une personne à l'autre. de l'autre, mais du revenu d'un capital détruit. Ce capital, s'il avait été employé productivement par celui qui le prête à l'État, lui aurait également rapporté un revenu, mais ce revenu aurait été tiré d'un revenu réel. production, et n'aurait pas été fourni de la poche d'un concitoyen. "- *Say*, vol. ii. p. 357. Ceci est à la fois conçu et exprimé dans le véritable esprit de la science.

[21] « L'industrie manufacturière augmente sa production proportionnellement à la demande, et le prix baisse ; *mais la production de la*

terre ne peut pas être ainsi augmentée ; et un prix élevé est encore nécessaire pour empêcher la consommation de dépasser l'offre. » *Buchanan* , vol. iv. p. 40. Est-il possible que M. Buchanan puisse sérieusement affirmer que la production de la terre ne peut pas être augmentée si la demande augmente ?

[22] J'aurais aimé que le mot « Profit » soit omis. Dr. Smith doit supposer que les bénéfices des locataires de ces précieux vignobles sont supérieurs au taux général des bénéfices. S'ils ne le faisaient pas, ils ne paieraient pas la taxe, à moins qu'ils ne puissent la transférer soit au propriétaire, soit au consommateur.

[23] Voir note, p. 346.

[24] Tome III. p. 355.

[25] Dans une partie précédente de cet ouvrage, j'ai remarqué la différence entre la rente proprement dite et la rémunération payée au propriétaire sous ce nom, pour les avantages que la dépense de son capital a procurés à son locataire ; mais je n'ai peut-être pas suffisamment distingué la différence qui naîtrait des différents modes d'application de ce capital. Comme une partie de ce capital, une fois dépensée dans l'amélioration d'une ferme, est inséparablement amalgamée à la terre et tend à accroître sa puissance productive, la rémunération payée au propriétaire pour son usage est strictement de la nature d'une rente, et est soumis à toutes les lois de la rente. Que l'amélioration soit faite aux frais du propriétaire ou du locataire, elle ne sera pas entreprise en premier lieu, à moins qu'il n'y ait une forte probabilité que le rendement soit au moins égal au le profit qui peut être réalisé par la disposition de tout autre capital égal ; mais une fois fait, le rendement obtenu sera toujours tout entier de la nature d'une rente, et sera sujet à toutes les variations de la rente. Quelques-unes de ces dépenses cependant ne donnent des avantages à la terre que pour une période limitée, et n'ajoutent rien à la terre. en permanence à ses puissances productives : étant donnés aux bâtiments et autres améliorations périssables, ils nécessitent d'être constamment renouvelés, et par conséquent n'obtiennent pour le propriétaire aucun ajout permanent à sa rente réelle.

[26] Adam Smith dit que « la différence entre le prix réel et le prix nominal des marchandises et du travail n'est pas une question de simple spéculation, mais peut parfois être d'une utilité considérable dans la pratique ». Je suis d'accord avec lui; mais le prix réel du travail et des marchandises ne peut pas plus être déterminé par leur prix en marchandises, la mesure réelle d'Adam Smith, que par leur prix en or et en argent, sa mesure nominale. L' ouvrier ne reçoit un prix très élevé pour son travail que lorsque son salaire permet d'acheter le produit d'une grande quantité de travail .

[27] Dans le vol. je . p. 108, M. Say en déduit que l'argent a aujourd'hui la même valeur que sous le règne de Louis XIV, « parce que la même quantité d'argent achètera la même quantité de blé ».

[28] "Le premier homme qui a su ramollir les métaux par le feu n'est pas le créateur de la valeur que ce procédé ajoute au métal fondu. Cette valeur est le résultat de l'action physique du feu ajoutée à l'industrie et au capital de ceux qui ont profité de cette connaissance.

« De cette erreur Smith a tiré ce faux résultat, que la valeur de toutes les productions représente le travail récent ou antérieur de l'homme, *ou en d'autres termes, que les richesses ne sont rien d'autre que du travail accumulé ; d'où, par une seconde conséquence, un résultat également faux. , le travail est la seule mesure de la richesse, ou de la valeur des productions* . [29] Les déductions avec lesquelles M. Say conclut sont les siennes, et non celles du Dr. celui de Smith ; ils sont corrects si aucune distinction n'est faite entre la valeur et la richesse : mais bien qu'Adam Smith, qui définissait la richesse comme consistant dans l'abondance des nécessités, des commodités et des jouissances de la vie humaine, aurait admis que les machines et les agents naturels pourraient grandement contribuer à la richesse. les richesses d'un pays, il n'aurait pas permis qu'elles ajoutent quoi que ce soit à la valeur en échange.

[29] Ch. iv. p. 31.

[30] M. Say, *Catéchisme d'Économie Politique* , p. 99.

[31] Adam Smith parle de la Hollande comme d'un exemple de la chute des profits résultant de l'accumulation du capital et du fait que tout emploi est par conséquent surfacturé. "Le gouvernement y emprunte à 2 pour cent, et les particuliers ayant un bon crédit, à 3 pour cent." Mais il faut se rappeler que la Hollande était obligée d'importer presque tout le blé qu'elle consommait, et qu'en imposant de lourdes taxes sur les nécessités de l' ouvrier , elle augmentait encore les salaires du travail . Ces faits suffisent à expliquer le faible taux de profits et d'intérêts en Hollande.

[32] Ce qui suit est-il tout à fait conforme au principe de M. Say ? « Plus les capitaux disponibles sont abondants proportionnellement à l'étendue de leur emploi, plus le taux d'intérêt sur les prêts de capital baissera. » — Vol. ii. p. 108. Si le capital peut, dans une certaine mesure, être employé par un pays, comment peut-on dire qu'il est abondant par rapport à l'étendue de l'emploi qu'il contient ?

[33] Adam Smith dit que « Lorsque le produit d'une branche particulière de l'industrie dépasse ce que la demande du pays exige, le surplus doit être envoyé à l'étranger et échangé contre quelque chose pour lequel il existe une demande dans le pays. Sans une telle exportation . *Une partie du travail productif du pays doit cesser et la valeur de son produit annuel diminuer.* La terre et le travail de

la Grande-Bretagne produisent généralement plus de blé, de laine et de quincaillerie que n'exige la demande du marché intérieur. il faut donc en envoyer quelques-uns à l'étranger et les échanger contre quelque chose pour lequel il y a une demande au dedans. C'est seulement au moyen d'une telle exportation que cet excédent peut acquérir une valeur suffisante pour compenser le travail et les dépenses de sa production . " On serait amené à penser, d'après le passage ci-dessus, que nous avons conclu qu'Adam Smith était dans une certaine nécessité de produire un excédent de blé, de laine et de quincaillerie, et que le capital qu'ils produisaient ne pouvait être utilisé autrement. Cependant, c'est toujours une question de choix de la manière dont un capital doit être employé, et c'est pourquoi il ne peut jamais y avoir, pendant un certain temps, un excédent d'une marchandise quelconque ; car s'il y en avait, il tomberait au-dessous de son prix naturel, et le capital serait détourné vers un emploi plus rentable. Aucun écrivain n'a montré de manière plus satisfaisante et plus compétente que le Dr. Smith, la tendance du capital à quitter les emplois dans lesquels les biens produits ne remboursent pas par leur prix la totalité des dépenses, y compris les bénéfices ordinaires, nécessaires à leur production et à leur mise sur le marché. [34]

[34] Lac Chap. 10. Livre I

[35] « Toutes sortes d'emprunts publics, observe M. Say, ont l'inconvénient de retirer du capital, ou des parties de capital, des emplois productifs, pour les consacrer à la consommation ; et lorsqu'ils ont lieu dans un pays, *dont le gouvernement n'inspire pas beaucoup de confiance* , ils ont en outre l'inconvénient d'augmenter les intérêts des capitaux.Qui prêterait à 5 pour cent par an à l'agriculture, aux fabricants et au commerce, quand on trouve un emprunteur prêt à payer un intérêt de 7 ou 8 pour cent. Cette sorte de revenu, qu'on appelle profit des actions, augmenterait alors aux dépens du consommateur. La consommation serait réduite par la hausse du prix des produits, et les autres revenus productifs les services seraient moins demandés, moins bien payés. La nation entière, à l'exception des capitalistes, souffrirait d'un tel état de choses. A la question : « Qui prêterait de l'argent aux agriculteurs, aux industriels et aux commerçants, à 5 pour cent par an, quand un autre emprunteur ayant peu de crédit en donnerait 7 ou 8 ? Je réponds que tout homme prudent et raisonnable le ferait. Parce que le taux d'intérêt est de 7 ou 8 pour cent. là où le prêteur court un risque extraordinaire, est-ce une raison pour qu'il soit également élevé là où il est assuré contre de tels risques ? M. Say admet que le taux de l'intérêt dépend du taux des profits ; mais il ne s'ensuit pas pour autant que le taux des profits dépende du taux de l'intérêt. L'une est la cause, l'autre l'effet, et aucune circonstance ne peut les faire changer de place.

[36] Ailleurs, il dit que « toute extension du marché étranger qui peut être occasionnée par la générosité, doit, chaque année particulière, se faire

entièrement aux dépens du marché intérieur ; comme chaque boisseau de maïs exporté par Les moyens de la prime, et qui n'auraient pas été exportés sans la prime, seraient restés sur le marché intérieur pour augmenter la consommation et abaisser le prix de cette denrée. toute autre prime à l'exportation impose au peuple deux impôts différents : d'abord, l'impôt qu'il est obligé de contribuer pour payer la prime ; et, deuxièmement, l'impôt qui provient de l'augmentation du prix de la marchandise dans le pays. et qui, comme le corps tout entier du peuple achète du blé, doit, pour ce produit particulier, être payé par le corps tout entier du peuple. Par conséquent, dans ce produit particulier, ce deuxième impôt est de beaucoup le plus lourd des deux. ". "Par conséquent, pour chaque tranche de cinq shillings qu'ils contribuent au paiement du premier impôt, ils doivent contribuer six livres quatre shillings au paiement du second." « L'exportation extraordinaire de blé, occasionnée par la générosité, non seulement diminue chaque année le foyer, tout autant qu'elle étend le marché et la consommation étrangers, mais, en restreignant la population et l'industrie du pays, son exportation finale . "La tendance est de freiner et de restreindre l'expansion graduelle du marché intérieur et, par conséquent, à long terme, plutôt de diminuer que d'augmenter l'ensemble du marché et de la consommation de maïs."

[37] La même opinion est partagée par M. Say. Tome II. p. 335.

[38] Lac Chap. sur le loyer.

[39] M. Say suppose que l'avantage des fabricants à l'intérieur est plus que temporaire. « Un gouvernement qui interdit absolument l'importation de certaines marchandises étrangères établit un monopole *en faveur de ceux* qui produisent ces marchandises chez lui, *contre ceux* qui les consomment ; en d'autres termes, ceux chez eux qui les produisent ont le privilège exclusif de les vendre. , peuvent élever leur prix au-dessus du prix naturel ; et les consommateurs intérieurs, ne pouvant se les procurer ailleurs, sont obligés de les acheter à un prix plus élevé. » Tome I. _ p. 201.

Mais comment peuvent-ils maintenir durablement le prix de marché de leurs marchandises au-dessus du prix naturel, alors que chacun de leurs concitoyens est libre d'entrer dans le commerce ? ils sont garantis contre la concurrence étrangère, mais pas contre la concurrence nationale. Le véritable mal qui résulte pour le pays de ces monopoles, si on peut les appeler ainsi, réside, non pas dans l'augmentation du prix de ces biens sur le marché, mais dans l'augmentation de leur prix réel et naturel. En augmentant le coût de production, une partie de la main-d'œuvre du pays est employée de manière moins productive.

[40] Les passages suivants ne sont-ils pas contradictoires avec celui cité ci-dessus ? « D'ailleurs, ce commerce intérieur, quoique moins remarqué (parce qu'il est entre des mains diverses) est le plus considérable, il est aussi le plus

lucratif. Les marchandises échangées dans ce commerce sont nécessairement les productions du même pays. Tome I. _ p. 84.

« Le gouvernement anglais n'a pas observé que les ventes les plus profitables sont celles qu'un pays se fait à lui-même, parce qu'elles ne peuvent avoir lieu sans que deux valeurs soient produites par la nation : la valeur qui est vendue et la valeur avec laquelle l'achat est effectué." Tome I. _ p. 221.

J'examinerai, dans le chapitre 24, le bien-fondé de cette opinion.

[41] Voir page 198.

[42] M. Say est du même avis qu'Adam Smith : « L'emploi le plus productif du capital, pour le pays en général, après celui de la terre, est celui des manufactures et du commerce intérieur ; parce qu'il met en activité l'industrie. dont les profits sont gagnés dans le pays, tandis que les capitaux qui sont employés au commerce extérieur rendent productifs l'industrie et les terres de tous les pays, sans distinction.

« L'emploi du capital le moins favorable à une nation est celui de transporter les produits d'un pays étranger dans un autre. » *Dis* , vol. ii. p. 120.

[43] « Il est heureux que le cours naturel des choses attire les capitaux, non vers les emplois où sont réalisés les plus grands profits, mais vers ceux où leur exploitation est la plus profitable à la communauté. » — Vol. ii. p. 122. M. Say ne nous a pas dit quels sont ces emplois qui, s'ils sont les plus profitables à l'individu, ne le sont pas pour autant à l'État. Si les pays dotés de capitaux limités, mais dotés de terres fertiles en abondance, ne se lancent pas très tôt dans le commerce extérieur, c'est parce que celui-ci est moins rentable pour les individus, et donc aussi moins rentable pour l'État.

[44] « L'usage de l'or et de l'argent établit alors partout une certaine nécessité pour ces marchandises ; et lorsque les pays possèdent la quantité nécessaire pour satisfaire ce besoin, tout ce qui est ensuite importé, n'étant pas demandé, est infructueux en valeur. , et d'aucune utilité à ses propriétaires. "- *Say* , vol. je . p. 187.

A la page 196, M. Say dit que, supposant qu'un pays ait besoin de 1,000 voitures et en possède 1,500, tout au-dessus de 1,000 serait inutile ; et puis il en déduit que si elle possède plus d'argent qu'il n'en *faut* , l'excédent ne sera pas employé.

[45] Tout ce que je dis de la monnaie d'or s'applique également à la monnaie d'argent ; mais il n'est pas nécessaire de mentionner les deux à chaque occasion.

[46] « Dans les transactions du gouvernement avec les particuliers, et dans celles des particuliers entre eux, une pièce d'argent n'est jamais reçue, quelle

que soit la dénomination qu'on lui donne, mais à sa valeur intrinsèque, augmentée de la valeur de l'utilité qu'on lui donne. l'impression qu'il porte y a ajouté. "- *Say* , vol. je . p. 327.

« L'argent est si peu une marque de valeur, que si les pièces de monnaie perdent une partie de leur valeur par frottement, par usage ou par la fourberie des coupeurs d'argent, toutes les marchandises augmentent de prix en proportion de l'altération qu'elles ont subie. ont éprouvé ; et si le gouvernement ordonne une refonte et redonne à chaque pièce son poids et sa finesse légale, les marchandises tomberont à leur ancien prix ; si elles n'ont pas été exposées à des variations provenant d'autres causes. "- Say, *vol* . je . p. 346.

[47] M. Say recommande que le seigneuriage varie selon la quantité d'affaires que la Monnaie pourrait être appelée à accomplir.

« Le gouvernement ne devrait pas frapper les lingots des particuliers, sauf contre paiement, non seulement des dépenses, mais aussi des bénéfices de la frappe. Ce profit pourrait être porté à une hauteur considérable, en conséquence du privilège exclusif de la frappe ; mais il doit varier. selon les circonstances de l'atelier et la quantité nécessaire à la circulation. Tome I. _ p. 380.

Une telle réglementation serait extrêmement pernicieuse et nous exposerait à des variations considérables et inutiles de la valeur des lingots de la monnaie.

[48] Si avec la quantité d'or et d'argent qui existe actuellement, ces métaux ne servaient qu'à la fabrication d'ustensiles et d'ornements, ils seraient abondants, et coûteraient beaucoup moins cher qu'ils ne le sont actuellement ; en d'autres termes, en les échangeant contre toute autre espèce de biens, nous serions obligés d'en donner proportionnellement une plus grande quantité. Mais comme une grande quantité de ces métaux sert à la monnaie, et que cette partie ne sert à aucun autre usage, il en reste moins à employer en meubles et en bijoux ; or cette rareté ajoute à leur valeur. — *Dis* , vol. je . p. 316. Voir également la note à la p . 78.

[49] Enquête sur la nature et l'origine de la richesse publique, page 13.

[50] Enquête sur la nature et l'évolution des loyers, p. 15.

[51] Voir page 124, où j'ai essayé de montrer que, quelle que soit la facilité ou la difficulté qu'il puisse y avoir dans la production du blé ; Les salaires et les bénéfices auront ensemble la même valeur. Quand les salaires augmentent, c'est toujours aux dépens des profits, et quand ils baissent, les profits augmentent toujours.

[52] De quelle quantité accrue parle M. Malthus ? Qui doit le produire ? Qui peut avoir un quelconque motif pour le produire, avant qu'il existe une demande pour une quantité supplémentaire ?

[53] Enquête, etc. "Dans tous les pays progressistes, le prix moyen du maïs n'est jamais supérieur à ce qui est nécessaire pour poursuivre l'augmentation moyenne de la production." Observations, p. 21.

« Dans l'emploi de nouveaux capitaux sur la terre, pour subvenir aux besoins d'une population croissante, que ce nouveau capital soit employé à mettre davantage de terres sous labourage ou à améliorer des terres déjà en culture, la question principale dépend toujours de l'avenir attendu. les rendements de ce capital, et aucune partie des profits bruts ne peut être diminuée sans diminuer le motif de ce mode d'emploi. Toute diminution de prix, qui n'est pas entièrement et immédiatement compensée par une somme proportionnée à toutes les dépenses nécessaires d'une ferme, tout impôt sur la terre, tout impôt sur le bétail, tout impôt sur les nécessités des agriculteurs, sera indiqué dans le calcul ; et si, après toutes ces dépenses prises en compte, le prix du produit ne laissera pas une juste rémunération pour le capital employé, d'après le taux général des profits, et une rente au moins égale à la rente du pays dans son ancien état, il ne peut exister aucun motif suffisant pour entreprendre l'amélioration projetée. Observations, p. 22.

[54] Voir p. 124.

[55] Voir p. 70, etc.

[56] Il n'est pas nécessaire de déclarer à chaque occasion, mais il faut toujours comprendre que le même effet sera produit en employant des portions différentes, mais égales, de capital sur la terre déjà en culture, avec des résultats différents. La rente est la différence des produits obtenus avec des capitaux égaux et avec un travail égal sur la même qualité de terre ou sur des qualités différentes.

[57] Observations sur les lois sur les céréales, p. 4.

[58] En montrant ce passage à M. Malthus, au moment où ces journaux étaient sous presse, il observa « que dans ces deux cas il avait utilisé par inadvertance le terme prix réel, au lieu de *coût* de *production* . On voit d'après ce que j'ai déjà dit, qu'il me semble que dans ces deux cas il a utilisé le terme *prix réel* dans sa véritable et juste acceptation, et que dans le premier cas seulement il est appliqué incorrectement.

[59] Page 40.

[60] En effet, les manufactures ne pourraient pas diminuer dans une telle proportion, parce que, dans les circonstances supposées, il y aurait une nouvelle répartition des métaux précieux entre les différents pays. Nos

marchandises bon marché seraient exportées en échange de blé et d'or, jusqu'à ce que l'accumulation d'or diminue sa valeur et augmente le prix monétaire des marchandises.

[61] Les motifs d'une opinion, etc. page 36.

[62] M. Malthus, dans une autre partie du même ouvrage, suppose que les marchandises varient de 25 ou 20 pour cent. lorsque le maïs varie 33 ⅓ .

[63] Au Chap. 24. J'ai observé que les ressources réelles d'un pays et sa capacité à payer des impôts dépendent de son revenu net et non de son revenu brut.

[64] Cela suppose que la monnaie continue à avoir la même valeur. Dans la dernière note, j'ai essayé de montrer que la monnaie ne conserverait plus la même valeur, qu'elle diminuerait à cause d'une importation accrue ; un fait qui est beaucoup plus favorable à mon argument.

[65] M. M'Culloch , dans une publication compétente, a très fortement soutenu qu'il était juste de rendre les dividendes de la dette nationale conformes à la valeur réduite du maïs. Il est favorable au libre-échange du blé, mais il estime qu'il devrait s'accompagner d'une réduction des intérêts du créancier national.

LA FIN.